AtV

Friedrich Schorlemmer, geboren 1944, aufgewachsen in der Altmark, Volkshochschulabitur, von 1962–67 Studium der Theologie in Halle, Vikar in Halle-Neustadt, 1967–71 Studieninspektor in den Franckeschen Stiftungen, 1971–78 Jugend- und Studentenpfarrer in Merseburg, 1978–92 Dozent am Evangelischen Predigerseminar und Prediger an der Schloßkirche in Wittenberg, seit 1992 Studienleiter an der Evangelischen Akademie Sachsen-Anhalt in der Lutherstadt Wittenberg, P.E.N.-Zentrum Bundesrepublik Deutschland seit 1991, 1989 Carl-von-Ossietzky-Medaille der Internationalen Liga für Menschenrechte, 1993 Friedenspreis des Deutschen Buchhandels.

Veröffentlichungen: *Träume und Alpträume. Einmischungen 1982–1990* (Berlin 1990), *Es ist nicht umsonst. Predigten und Reden 1983–1993* (Kiepenheuer Leipzig 1993), *Eisige Zeiten. Ein Pamphlet* (München 1996/Berlin 1998), *Die Wende in Wittenberg* (Wittenberg 1997), *Zeitansagen* (Berlin 1999).

Friedrich Schorlemmer, Mitbegründer der Oppositionsbewegung in der DDR, legt Defizite und Fehlentwicklungen der gesamtdeutschen Republik offen. Die Interventionen des kritischen Theologen erschöpfen sich nicht im Moralisieren. Ost- wie Westdeutsche werden aufgefordert, die bequemen Sessel der Zuschauerdemokratie zu verlassen und sich mutig ihres Verstandes zu bedienen: »Das Land braucht Schulen als Probierräume von Demokratie.«

Schorlemmer setzt sich polemisch mit Ausländerfeindlichkeit, der wachsenden Kluft zwischen Arm und Reich und Politikverdrossenheit auseinander. Wer Verantwortung für das eigene Handeln und Denken übernimmt, hilft, alte und neue, bewußt geschürte wie unbewußt gebrauchte Feindbilder zu entlarven, Frieden und Menschenrechte zu schützen.

# Inhalt

# Statt eines Vorwortes: Mein Buch des Jahrhunderts

»Der Mensch in der Revolte« ist mein Buch des Jahrhunderts.

Exakt auf dem Scheitel des Jahrhunderts (1950) hat Albert Camus dem »Jahrhundert ohne Gott«, das zugleich das Jahrhundert der verbrecherischen Selbst-Götter war, die Fragen unserer Zukunft ins Stammbuch geschrieben. Es geht um den einzelnen, der sich den Ideologien und ihren Verführungen widersetzt, der den großen Utopien mißtraut, weil sie stets der Rechtfertigung großer Verbrechen dienen.

Der Dichter, selbst ein Mensch in der Revolte, betätigt sich nicht als Richter, sondern als Verteidiger. Er ist der unermüdliche Fürsprecher des lebendigen Geschöpfes. Er plädiert für Nächstenliebe, nicht für jene »Fernsten-Liebe«, die den zeitgenössischen Humanismus zu einem Katechismus der Gerichtshöfe erniedrigt hat. Er warnt davor, daß wir uns kollektiv der Bequemlichkeit, der Kurzweil oder dem Konformismus überlassen. Er hält daran fest, daß die Freiheit zu wählen nicht heißt, sich gegen die Gerechtigkeit zu entscheiden.

»Wenn jemand euch eurer Freiheit beraubt, dann wißt ihr, daß euer Brot bedroht ist.«

Lieber aufrecht zu sterben, als auf den Knien zu leben gilt ihm als Lebensentwurf eines freien Menschen, der sich den Zustimmungszeremonien und -ritualen der Massengesellschaft verweigert.

Die Massengesellschaft ist inzwischen zu einer von Massen-Medien gesteuerten Gesellschaft geworden, in der die Jagd nach Einschaltquoten die schwierigen Wahrheiten und nötigen Differenzierungen, die Ernsthaftigkeit und Verantwortungsbereitschaft, den Tiefgang und den guten Geschmack unter sich begräbt. Wo alles möglich ist, wird alles gleichgültig. In der totalen Spaß-Gesellschaft gehört auch jegliches Abschlachten zum Spaß. Und ein bißchen Spaß muß sein ...

Was wird aus den Menschen werden? Ist das der Preis der Freiheit? Und wohin stürzen wir?

# I. Der Phantomschmerz DDR und der aufrechte Gang in die Freiheit

Man könnte sagen, daß die Idee einer demokratischen Regierung lebendiger ist und schärfer konturiert wird in einem Staat, der nicht demokratisch regiert wird. Der Mangel an Demokratie prägt Demokratie viel entscheidender aus; und durch die scharfen und oft sehr weitgehenden Eingriffe des Staates in das persönliche Leben seiner Bürger kristallisiert sie sich noch deutlicher heraus.

*Uwe Johnson, 1970*

## Freiheit, die ich meine

Die Freiheit wird besonders geschätzt, wenn Menschen ihre Abwesenheit täglich als bedrängend, einengend und entwürdigend erfahren. Sehnsucht nach Freiheit läßt Freiheit hell erstrahlen, verleiht ihr gar eine Aura. Solange jemand nach der Freiheit verlangt, macht er sich kaum klar, was sie einem abfordert. Freiheit entfaltet sich nur in dem Maße, wie ihre Grenzen nüchtern erkannt und ihre Chancen entschlossen ergriffen werden.

Der Wunsch nach Freiheit war in der DDR im Herbst 1989 übermächtig geworden. Er verband sich mit der Einsicht, daß der gesellschaftliche Umbruch nur auf dem Weg der Gewalt-Freiheit zu erreichen sei, da ein Bürgerkrieg an der Grenze der beiden hochgerüstetesten Weltsysteme zu Krieg führen konnte, zumal 400 000 Sowjetsoldaten für jeden denkbaren Fall bereitstanden. Gewaltvermeidung wurde zur kollektiven Weisheit des Volkes und auch zur Weisheit der »kollektiven Führung«.

Der Freiheitswunsch, also der Wunsch nach freier Information, nach individueller Lebensgestaltung, nach Reise-, Versammlungs- und Vereinigungsfreiheit, nach unreglementierter wirtschaftlicher Betätigung und nach Eigentum war nur wenige Wochen ein »innenpolitischer« Impuls. Die Freiheitssehnsüchte richteten sich nach dem 9. November 1989 ganz auf das Erfolgsmodell der freiheitlich-demokratischen Bundesrepublik, auf deren wirtschaftlichen Standard und stabile Währung. Die D-Mark wurde zum Fetisch für alle, die nicht darüber verfügen konnten, D-Mark zu haben war der Ausdruck von Freiheit schlechthin.

Es gab und gibt eine Ambivalenz: frei sein wollen u n d keinesfalls frei sein wollen! Einerseits Sehnsucht nach Geborgenheit, der Wunsch, Verantwortung an das »Ganze« zu delegieren, an die Fürsorgepflicht des Staates zu appellieren, andererseits Sehnsucht nach Autonomie, Individualität, Selbstverantwortung, ja nach Risiko. Freiheit braucht Ordnungen, um der Freiheit willen müssen Schranken gesetzt werden, weil die eigene Entfaltung daran gebunden ist, daß auch der andere die Freiheit dazu erhält. Dies ist eine mühsam zu erringende Erkenntnis und schwer zu praktizierende Aufgabe im Alltag der Demokratie.

Menschen, die in Diktaturen gelebt haben, entwickeln ein geradezu romantisches Verhältnis zur Freiheit, das sie um so tiefer fallen läßt, als Enttäuschung angesichts der Realität in dem Maße anwächst, wie die illusionären Erwartungen genährt und verinnerlicht worden sind. So resultiert aus dem sehnlichsten Wunsch die Erfahrung eines schmerzhaften Absturzes; denn die Freiheit widerspricht zunächst ganz und gar der selbstverständlichen Solidarität, die der einzelne jeweils vom a n d e r e n erwartet, ohne zu spüren, daß sie nur gegenseitig oder gar nicht funktioniert. Wer aus der Zwangssolidargemeinschaft einer sozialistischen Konsensgesellschaft in die kapitalistische Konkurrenzgesellschaft kommt, erlebt schockartig, wie Freiheit neben Selbstentfaltung die Selbstdurchsetzung und Selbstdarstellung des einzelnen auslöst und derjenige in dem Maße ein Gewinner wird, wie er sich einen Gewinn zu erwirtschaften vermag. Da werden sofort regressive Wünsche wach: nach erneuter Umhegung, Beschränkung, Ordnung und Sicherheit, nach sozialer Geborgenheit – kurzum nach dem Handeln des Staates, nach autoritärem Eingriff, nach einer »Adresse«, die man um Hilfe angehen und bei der man seine Beschwerde abladen kann. (Diese paternalistische Staatsauffassung abzustreifen fällt schwer und gestaltet sich langwierig.)

Bald merkten die in die Freiheit entlassenen Ostdeutschen zudem, daß die individuelle Freiheit zur individualisierten mutiert und Vereinzelung und Vereinsamung folgen.

Wem stets gesagt wurde, was er zu tun hat, und wer immer Angst hatte, daß er etwas falsch macht, fragt wie selbstverständlich nach den Ordnungen, die ihm Verhaltenssicherheit geben – oder er reagiert anarchisch-chaotisch. Im Prinzip war im SED-Staat alles verboten, was nicht ausdrücklich erlaubt war. Wer plötzlich selber entscheiden *darf*, hat das Gefühl, daß er nun entscheiden *muß*, auch wenn er nicht will. Freiheit wird als Last erlebt. So wird die Lust der Wahl zur Qual der Wahl – im Supermarkt der Waren und auf dem Supermarkt der Meinungen. Die Ungeduld angesichts schwerfälliger demokratischer Entscheidungsprozesse weckt das Bedürfnis nach schnellen Lösungen.

Viele, die in der DDR gelitten haben, bekommen nachträglich Wundschmerzen. Manches, was verarbeitet schien, war offensichtlich nur unterdrückt worden und kommt nach Jahren wieder hoch; was kleingehalten worden war, wird nun übermächtig. Die Seele erlaubt sich wohl erst jetzt die Erinnerungen, die keine heilende und lösende, sondern eher eine verhärtende und verbitternde Wirkung haben. Viele Betroffene glauben, sie könnten ihre Schmerzen dadurch loswerden, daß sie Täter suchen. Sind die konkreten Täter nicht mehr aufzufinden, so möchten sie Systemverantwortliche leiden sehen, da jeder Täter, der an ihnen seine Ideologie aus

Überzeugung oder auf Befehl – meist beides! – exekutierte, Teil des Systems gewesen war.

Die gewonnene Freiheit wird auf diese Weise nicht als ein innerer, lösender Befreiungsprozeß erlebt, sondern führt geradezu zu innerer Unfreiheit: durch (Selbst)fixierung auf das, was (lang) zurückliegt. Ausgerechnet die nicht mehr erwartete, aber nun erlebte Freiheit erzeugt eine Wut, die es vorher in dieser Intensität nicht gegeben oder die man sich nicht erlaubt hatte. Gelungene Verdrängung entpuppt sich als erzwungene Verdrängung. Wäre es nicht zum demokratischen Aufbruch und schließlich zur deutschen Einheit gekommen, wären die meisten mit mehr oder weniger gelungenen Verdrängungen zufrieden gestorben! Bis dahin hätten sie weiterhin unauffällig-angepaßt gelebt. Dieser nachholende psychische Prozeß geht allerdings mit hartleibigen Illusionen einher, daß Strafmaßnahmen für konkrete Täter oder für Symbolfiguren des »Täterstandes« den Opfern Entlastung im Sinne von innerer Befriedung bringen würden und so Befriedigung zu erreichen sei. Wird diese Illusion nicht als Illusion erkannt, kommt es zu einer fortdauernden Selbstblockade. Die Wut (mit Strafwunsch) richtet sich folgerichtig auch auf die Insuffizienz des Rechtsstaates, genugtuende Gerechtigkeit zu schaffen – wenigstens »Auge um Auge«, also z. B. vergleichbare Strafvollzugsbedingungen für die Täter! Erst recht wendet sich die Wut gegen jene, die ein Ende der Strafverfolgung anstreben, nicht etwa, um die politische und moralische Auseinandersetzung abzuschließen, sondern um sie zu befördern.

Das Freiwerden von den Schmerzen der Vergangenheit ist ein ganz subjektiver Prozeß, der zu ureigener Befreiung des einzelnen führt. Die Alternative wäre ein Verbleiben im Gefängnis von Wut, Enttäuschung und Verbitterung über vergebliches Leben! Innere Freiheit zu gewinnen ist ein komplexer Prozeß, der die Wahrheit über sich selbst einschließt, zur Freiheit von Feindbildern führt, das Freiwerden von Projektionen auf die »Oberen« wagt, die Annahme eigenen schuldhaften Tuns oder Unterlassens in der Vergangenheit einschließt, von Haß-, Vergeblichkeits- und Genugtuungsgefühlen erlöst und vor jeder neuen Wahrheitsanmaßung bewahrt.

Wer für den Frieden mit dem Feind streitet, riskiert Feindschaft selbst mit Freunden. Erst ein versöhnter Rückblick auf Vergangenes erlaubt es einem, a l l e s zu erinnern; sich mit seinem eigenen alltäglichen Versagen, mit zu spätem Erkennen des Verwerflichen, mit feigem Schweigen oder geduldigem Mitmachen zu konfrontieren.

Versöhnung kann wie ein Befreiungsschlag wirken, mit dem der Panzer der Vergeblichkeit, der Bitternis und des verschütteten Zorns durchbrochen wird. Man läßt sich nicht mehr vom Haß in den Haß hineinziehen; eine aggressive »Infektion« wird durch die Gelassenheit des Geistes verhindert.

Es gibt freilich eine Opferautorität, die etwas Unbefragbares hat. So kannten Menschen, die das KZ überlebt hatten, »kein Pardon« für alle, die sie als »Täter« ansahen; sie merkten nicht, mit welcher Unerbittlichkeit sie einstigen Tätern und allen, die sie – kollektiv – dafür hielten, gegenübertraten. Mit zitternder Schärfe reagierten sie, wenn sie hinter einem bestimmten Menschen, seiner Herkunft oder seinen Worten einen Geist vermuteten, der sie ins Unglück gebracht hatte.

Entsprechend gibt es heute einen Antitotalitarismus, der durch den Totalitarismus so geschädigt ist, daß er keinen differenzierenden Blick auf die überwundene diktatorische Wirklichkeit zuläßt und nicht merkt, wie sehr er an sein Gegenbild gebunden bleibt.

Es ist ein schwerer innerer Weg zu innerer Freiheit gegenüber dem Feind, dem Gegner, dem Täter – all denen, die Bedrücker waren. Wer das Feind-Tabu bricht, wird abwertend bis bösartig etikettiert, als ginge es ihm um die Rechtfertigung der Täter, ohne daß er merke, welche Verhöhnung das für die Opfer bedeute. Manche meinen gar, zu altbekannten Wortknüppeln greifen zu müssen: Verräter an unseren Idealen...

Wer sich in der DDR-Diktatur keinen freien Gedanken erlaubt und kaum einen freien Satz »öffentlich« gewagt hatte, muß nach dem Ende dieser Diktatur so gnadenlos mit den einstigen Unterdrückern wie gnadenvoll mit sich selbst sein. Dazu gehören Selbsttäuschungen und Idealisierungen, man selber sei ein permanenter Gegner gewesen, der seinen Widerstand auch gezeigt habe. Freilich ist meist der häusliche Fernseher der einzige Zeuge systemkritischer Äußerungen gewesen. Und das zensierte Ab-Lachen im Kabarett war letztlich kalkulierte Systemstabilisierung.

Einige der irgendwann in Ungnade gefallenen SED-Mitglieder, die das wahre Gesicht der SED erlebt hatten, berichten gewöhnlich nur kurz und knapp davon, daß sie »in die SED gezwungen worden waren«, obwohl sie 15 oder 20 oder gar 30 Jahre in dieser Partei gewirkt und sich den Reglements in der üblichen Art unterworfen hatten. Frei wird erst, wer sich seine damaligen und heutigen Ängste eingesteht, keine Selbstidealisierungen zuläßt und die Wahrheit über sich selbst annehmen kann. Sobald man Selbstrechtfertigungszwänge ablegt, Verharmlosungen und Übertreibungen vermeidet und eigene Schuld eingesteht, kann man auch anderen gegenüber nachsichtig sein. Nur wer zur Barmherzigkeit – aktiv und passiv! – fähig ist, ist letztlich auch zur Wahrheit fähig. Wer dazu nicht fähig ist, wird nicht frei. Er bleibt ein gebrochener Untertan, ein moralischer Feigling, ein Kretin, einer, der sich und andere verzerrt wahrnimmt – freilich ohne dies selbst zu erkennen.

Einige von denen, die in ihrer Jugendzeit besonders begeisterte Mitläufer und Propagandisten der sozialistischen Idee gewesen sind, wurden nach ihrem politischen Aufwachen und ihrer persönlichen Wende radikale Gegner d e s Systems, dessen gehorsame Kinder sie einmal gewesen waren – wobei sie spiegelverkehrt das gleiche tun wie als treue Söhne und Töchter der Partei der Arbeiterklasse. Dies reicht bis zur verunglimpfenden Sprache und zum eilfertigen Vergessenmachen ihrer eigenen Vergangenheit bei besonderer Betonung einer späteren Widerstands- und Opferrolle. Die Öffentlichkeit goutiert das; man denke nur daran, wie glimpflich sie mit der Stasi-Zuarbeit von Robert Havemann, Wolfgang Templin oder gar der stalinistischen Spitzelarbeit Marcel Reich-Ranickis umgegangen ist.

Vierzig Jahre DDR haben einen »Phantomschmerz DDR« hinterlassen. Wer innerlich von belastender Vergangenheit nicht frei wird, will offensichtlich auch anderen nicht erlauben, davon frei zu werden. Geradezu penetrant sind eine Frontalbelehrung über die »schreckliche SED-Herrschaft« und der Vorwurf, der andere habe dies weder wahrgenommen noch bekämpft, noch sich um Opfer gekümmert und für sie eingesetzt. Dies erklären besonders jene gern, die sich seinerzeit nur um ihr eigenes Fort- und dann später um ihr Rauskommen gesorgt hatten! Es gibt auch bewunderungswürdige Gegner des totalitären Sozialismus, die mehr als ihre eigenen Dinge im Blick behielten. Sie kamen zumeist aus den Reihen der Partei wie Walter Janka, Erich Loest, Heinz Brandt u. a.

Die Läuterung, der kathartische Akt, ist ein schmerzlicher Prozeß, den besonders Menschen durchzustehen haben, die nachhaltige Beschädigungen in ihrer persönlichen Entwicklung (auch psychisch) in der DDR stark empfinden oder die Folter des Systems auf vielfältige Weise (nachweisbar) erlitten haben. Wie subtil das sein konnte, kann man in Erwin Strittmatters »Wundertäter Bd. III« ebenso nachlesen wie in Reiner Kunzes »Die wunderbaren Jahre«.

Bedrückend ist die Beobachtung, wie viele sich heute in der Opferschlange anstellen, wo doch 98 % der Ostdeutschen vierzig Jahre lang peinlichst bemüht blieben, möglichst wenig aufzufallen. Sie hatten bei ihrer Daueranstrengung kein schlechtes Gefühl oder gar schlechtes Gewissen, »spielten« alle zwei Jahre zu den sogenannten Volkswahlen beim öffentlichen Zettelfalten »mit« und erteilten sich selbst dadurch die Salvierung, daß sie alles zum »freiwilligen Zwang« erklärten oder bei Rückfragen sagten, wir »mußten doch«, hatten keine Wahl und wüßten nicht, was wir hätten anders machen sollen. Sie hätten sich »doch nur selber geschadet« und »keinem genutzt«, wenn sie nicht mitmachten, also parierten sie, schwiegen tapfer und waren organisiert im FDGB, in der DSF, in der FDJ, bei den Jungen Pionieren und den Thälmannpionieren, in der SED und in den Blockparteien. Wer weiterkommen wollte, mußte »gesellschaftliche Mitarbeit« nachweisen, von der ersten Schulklasse an. Die meisten Menschen ließen sich in diesem totalitären und alternativlosen System zu Objekten – zu Untertanen und Opfern – machen, auf jeden Fall wirkten sie in diesem vormundschaftlichen Staat an ihrer Selbstentmündigung persönlich mit! Die Menschen aber, die sich einen Standpunkt und ihre Würde erhalten hatten, haben sich nicht so leicht zu »Opfern« machen lassen und bezeichnen sich in der Regel auch jetzt nicht als Opfer. Wer sich nachträglich zum Opfer erklärt, entwürdigt sich selbst noch, da er nachträglich sein Subjektsein negiert und sich auf die Rolle eines Lammes fixiert.

Freiheit gewinnen wir, wenn wir uns weder zu Helden stilisieren noch zu Opfern herabwürdigen, sondern uns dem stellen, was wir waren, uns auch erinnern, wo wir unsere Würde unter unwürdigen Bedingungen punktuell bewahrt, bei Enttäuschung, Schmerz und Isolation durchgehalten hatten – und häufig wieder verstummten und im Gleichmaß, im Gleichschritt, im dumpfen Gleichklang der Masse untergingen.

Freiheit gewinnen Menschen, die in einer Diktatur überlebten oder aktive Teilhaber an der Diktatur waren, erst dann, wenn sie sich deren Herrschaftsmechanismen klarmachen. Dazu gehört die Erkenntnis, welche Macht sich eine selbsternannte Avantgarde anmaßte, die uns das Brot gab, unser Gewissen zu besetzen trachtete und stete Dankbarkeit als stete Unterwürfigkeit verlangte. Die Partei wurde »der Gott«, vor dem sich jeder zu rechtfertigen hatte. Sie konnte erlösen und vernichten. Die Kommunistischen Parteien griffen gewissenlos nach dem Schwerte Cäsars und glichen ganz und gar dem Großinquisitor Dostojewskis, als sie die emanzipatorischen Ideen der sozialistischen Bewegung in ihre Machthände nahmen. Dostojewski läßt einen Großinquisitor sagen: »Nichts quält ja den Menschen ohne Unterlaß mehr, als in voller Freiheit möglichst rasch darüber zu entscheiden, vor wem er sich beugen soll. Er will sich aber bloß beugen vor dem, was so zweifellos Ehrerbietung erfordert, daß alle Menschen sich vor ihm beugen müssen ..., denn nichts ist jemals der Menschheit, dem einzelnen Menschen und der menschlichen Gesellschaft unerträglicher gewesen als die Freiheit.«

Die Parteien operierten mit einem dem Menschen angeborenen Instinkt, leben zu wollen, und dem Bestreben diesem Instinkt die Freiheit zu opfern. Sie ermöglichten allen ein Dasein zwischen Angst und Verlockung: begeistertes Mittrotten, Mitmarschieren und Mitvoranstürmen. Ein deterministisches Welt-, Gesellschafts- und Menschenbild nahm jedem die freie Entscheidung ab.

Die Kommunisten gaben den Menschen »Brot«, und das Volk lag vor ihnen auf den Knien, weil nichts zweifelloser ist als das Brot. Gehorsam wird stets erkauft durch Brot. In einer Gesellschaft, in der die Mächtigen über die Freiheit u n d das Brot total verfügen, kommt es auch zur totalen Unterwürfigkeit. Dem Zynismus der Machthaber entspricht das Bedürfnis der Masse, nicht verantwortlich, also nicht frei zu sein.

All dies – in der Demokratie angekommen – zu erkennen ist genauso wichtig wie die Erinnerung daran, daß dieses gleiche, so gebeutelte, gebückte, bedrückte, genormte Volk im Herbst 1989 in einer Mißachtung aus Verzweiflung und erwachendem Stolz, ja mit Todesmut, den Mächtigen so geduldig wie standhaft ihre Macht abtrotzte. Das Volk vermied dabei genau das, was die Gewaltigen gewünscht und gefürchtet hatten: Gewalt. Die Erinnerung an diesen Moment der Freiheitssehnsucht und den Mut, für die Freiheit allabendlich hunderttausendfach in nahezu allen Städten der einstigen DDR auf die Straße zu gehen, ist für das Selbstbewußtsein eines Volkes von eminenter Bedeutung, um möglichen Selbstbeschädigungen durch erneute Unterwerfung entgegenwirken zu können.

Wer einmal zum eigenständigen Handeln fähig war, sollte sich daran ständig erinnern, so wie er sich der Tatsache des jahrzehntelangen Untertanenverhaltens erinnern sollte. Wer erlebt hat, daß es auf ihn ankommt und er sich aus eigener Entscheidung mit anderen um der Freiheit willen zusammentun und wirksam handeln kann, entwickelt heute unter gänzlich neuen Handlungszwängen viel stärker das Bedürfnis, eigenständig und zielgerichtet einzugreifen. Die Rahmenbedingungen östlicher Unfreiheit waren erkennbar, benennbar und durchbrechbar: Mauer, Ideologie, Parteiherrschaft. Nun alles sagen zu können ist noch längst keine Freiheit. In der komplexen pluralistischen Gesellschaft ist die Unfreiheit, eigenständig zu handeln, ungleich größer geworden, die Ohnmachtsgefühle sind dramatischer. Enttäuschung angesichts der Freiheit kann zu regressiven Wünschen führen, wieder in die Überschaubarkeit der Unfreiheit zurückzukehren, in der wenigstens die schöne Sehnsucht nach Freiheit waltet.

Wie schwer es ist, den Sklaven aus sich herauszudrücken, schildert Anton Tschechow eindrücklich in einem Brief an seinen Schriftstellerkollegen Suworin am 7. 1. 1889:

»Schreiben Sie doch mal eine Erzählung darüber, wie ein junger Mensch, Sohn eines Leibeigenen, seinerzeit Ladenschwengel, Kirchensänger, Gymnasiast und Student, erzogen zur Ehrfurcht vor Ranghöheren, zum Küssen von Popenhänden, zur Verbeugung vor fremden Gedanken, zur Dankbarkeit für jedes Stückchen Brot, oft verprügelt, ohne Galoschen zum Unterricht gegangen, der sich geprügelt hat, Tiere gequält, gern bei reichen Verwandten gegessen hat, ohne Notwendigkeit geheuchelt hat vor Gott und den Menschen, nur aus dem Bewusstsein seiner Minderwertigkeit – schreiben Sie, wie dieser junge Mensch tropfenweise den Sklaven aus sich herauspresst und wie er eines schönen Morgens aufwacht und spürt, in seinen Adern fließt kein Sklavenblut mehr, sondern echtes, menschliches …«

(Das Cechov-Lesebuch. Hrsg. Peter Urban. Diogenes Taschenbuch, 3. Auflage 1999, S. 182 f.)

## Implosion oder Befreiung

Für das Erstarken des Veränderungsdruckes in der DDR war die Vielzahl der Bürger, die sowohl vor der Gründung der beiden deutschen Staaten wie danach über die »grüne Grenze« gingen, unter Lebensrisiken flohen oder ausreisten, mitentscheidend.

Hatte die DDR in den ersten Jahren geradezu darauf gesetzt, daß die Großgrundbesitzer und Vertreter der großbürgerlichen Klasse das Land möglichst gen Westen verließen, um die sozialistische Umgestaltung zu fördern und nicht ein permanentes Problem mit überfüllten Gefängnissen oder gar Lagern zu haben, so wurde der massenhafte Verlust von Menschen für die DDR nach und nach zu einem Überlebensproblem, weil immer mehr gut ausgebildete Fachleute flohen, auch solche, in die die DDR »viel Geld gesteckt« hatte. Immer mehr Bürgerinnen und Bürger verließen das Arbeiter- und Bauernparadies. »Republikflucht« war ein offizieller Straftatbestand, dessen Ahndung nach dem Mauerbau nochmals verschärft wurde. »Ausreiser« hießen im Volksmund diejenigen Mitbürger, die in den darauffolgenden Jahrzehnten erfolgreich einen »Ausreiseantrag« gestellt hatten. Ihr Motiv war primär ökonomisch, hatte aber elementar etwas mit Bewegungsfreiheit in einem umfassenden Sinne zu tun.

Die weitaus größere Zahl derer, die nach der Unterzeichnung der Schlußakte der KSZE am 1. August 1975 Anträge auf Ausreise (als »Familienzusammenführung«) stellten, gehörte vorher eher zur Masse der Still-Angepaßten, also der Widerständler vor dem heimischen Fernsehapparat, bzw. zu denen, die die Vorzüge des Systems bis dahin durchaus zu nutzen gewußt hatten.

Hinzu kamen jene, die in der DDR persönlich und beruflich für sich selbst und ihre Kinder keine akzeptablen Lebensmöglichkeiten mehr sahen. Nicht wenige haben sich an der Borniertheit der staatlichen Organe buchstäblich kaputt gerieben. Prinzipielle Ablehnung des sozialistischen Systems hatte sich hinter reibungsloser Anpassung verstecken können. Innere Emigration war das Ergebnis. Doppelgleisiges und doppelzüngiges Leben wurden systemkonstitutiv für die DDR. Tagsüber brav funktionieren, abends Westen sehen …

Das sozialistische Weltsystem hätte wahrscheinlich noch auf unbestimmte Zeit existieren können, wenn es nicht im wirtschaftlichen Desaster geendet hätte. Es ist im wesentlichen nicht aus Mangel an Freiheit zusammengebrochen, sondern aus Mangel an Konsumgütern. Die Sowjetunion hielt der Spannung zwischen den Lebensbedingungen eines Drittweltlandes und gleichzeitiger Weltmachtstellung im Militärischen nicht länger stand. Moskau zeigte sich zunehmend von den

Kosten seines Imperiums überfordert; Kuba, Afghanistan, Äthiopien und Angola waren nicht länger auszuhalten ...

Die DDR-Führung konnte sich seit Oktober 1989 nicht mehr auf die Hilfe der Roten Armee verlassen und wurde sich ihrer eigenen Machtinsuffizienz bewußt, als sie sich auch ihrer eigenen Basis nicht mehr sicher sein konnte. Kampfgruppen und Volksarmee standen nun plötzlich nicht mehr »Gewehr bei Fuß«, wenn es gelten sollte, gegen das eigene Volk vorzugehen. Die Partei hatte »unsere Menschen« immer belehrt, war aber selbst immer unbelehrbarer geworden. In den achtziger Jahren hatte sich eine Art Wirklichkeitsallergie bei der DDR-Führung ausgebreitet. Dazu gehörte ein strukturelles Defizit in der Kommunikation mit den Bürgern, bis die Führung selber an ihre zeitungsgeschönte Wirklichkeit glaubte. Kommunikationsbrüche und die beständige, aber nicht eingestandene Legitimationslücke versuchte die SED durch ihre Staatssicherheitsorgane zu schließen, die über alles und alle Bescheid wissen und Bescheid geben sollten, ohne daß dies am Ende noch irgendwie handlungsrelevant werden konnte. Die auftraggebende Partei mißtraute selbst ihrem gewissenhaft-gewissenlos arbeitenden Sicherheitsdienst. Dennoch glaubte sie jeder übertriebenen Gefahrenanalyse über die »feindlich-negativen Kräfte«. Die wahren Daten über Wirtschaft und Volksstimmung interessierten sie nicht.

Die achtziger Jahre wurden zur Inkubationszeit für den Untergang der DDR. Die kleinen Oppositionsgruppen wuchsen in dem Maße, wie die Widersprüche im Lande zunahmen. Ihren unerwarteten Aufschwung und auch ihre partielle Unangreifbarkeit bekamen sie dadurch, daß sie die Glasnost- und Perestroika-Parolen aus Moskau aufgriffen und sie mit Zitaten sowjetischer Parteiführer, Philosophen und Schriftsteller anreicherten.

Untergrundzeitschriften, beinahe sämtlich in kirchlichen Räumen gefertigt, kursierten im Lande. Den Oppositionsgruppen ging es um Freiheit und demokratische Mitbestimmung – unter der Voraussetzung, daß die geostrategische Machtbalance erhalten und das sozialistische System im Prinzip auch bestehen bleiben würde, aber in einer grundlegend verwandelten Gestalt. Die Angst vor einem großen atomaren Weltkonflikt bestimmte die Oppositionsgruppen, die aus der Friedensbewegung des Ostens erwachsen waren und sich sowohl gegen die SS 20-Rüstung wie gegen die amerikanische »Nachrüstung« gewandt hatten. Sie waren über die innere und äußere Militarisierung im Lande ebenso besorgt wie über die Verschleuderung der Naturressourcen durch den mörderischen weltweiten Rüstungswettlauf der Großmächte.

Die meisten DDR-Oppositionsgruppen sahen sehr nüchtern die Weltmachtstellung und Weltmachtambitionen der Sowjetunion als Folge des Zweiten Weltkrieges und akzeptierten die Existenz des Sowjetblocks als Nachkriegsrealität. Sie richteten ihre Aktivitäten deshalb auf Neugestaltung als Umgestaltung, aber nicht auf Abschaffung des Systems aus. Demokratische Mitbestimmung und ein Gleichgewicht zwischen bürgerlichen und sozialen Menschenrechten war gemeinsames Ziel, auch wenn es dafür keine gemeinsamen Organisationen gab.

Die KSZE-Schlußakte vom August 1975 war der immer präsente Hintergrund aller Oppositionsaktivitäten. Sie wurde Alarmsignal für die Sicherheitsorgane und Hoffnungszeichen für die Freiheitssuchenden. Ihre Dokumente waren Legitimationsurkunden für praktischen Widerstand. Nicht von ungefähr wurden 1976 vom Mielke-Ministerium die konkreten Anweisungen zur systematischen Zersetzung feindlich-negativer Elemente erlassen.

Unter der Führung der SED blieb die DDR allerdings der Hort der reinen Lehre des Marxismus-Leninismus. Nichts veränderte sich in der DDR.

Doch als in Polen schon seit Februar 1989 der Runde Tisch

als Vorstufe einer Demokratie etabliert wurde, wuchs die Zuversicht, daß sich im Widerstand gegen die gefälschten Kommunalwahlen vom Mai 89 auch in der DDR etwas regte. Rolf Henrichs Buch »Der vormundschaftliche Staat« erschien im Westen und der Autor blieb auf freiem Fuß. Alle Hoffnung, die am Platz des Himmlischen Friedens erwachte, wurde allerdings angesichts der Massaker und der darauffolgenden Propagandawelle in der DDR – ganz im Sinne der chinesischen Volksbefreiungsarmee – tief enttäuscht. Angst und Depression machten sich wiederum breit.

Als sich im Sommer 1989 durch die Fluchtwelle über osteuropäische Grenzen und Botschaften der Ausreise-Druck verstärkte, entstand dennoch mehr und mehr auch ein widerständiger Hier-Bleibe-Druck. Plötzlich waren die Hauptakteure und die näheren Sympathisanten der Oppositionsgruppen bereit, aufs Ganze zu gehen. Sie gewannen die Freiheit, auch eine Internierung in Lager zu riskieren, jede Rücksicht auf sich und ihre Familien aufzugeben. Dieser Stimmungsumschwung vollzog sich auf merkwürdige Weise unabgesprochen gleichzeitig, vielleicht weil die jüngere Generation – die meiner Kinder – nicht mehr bereit war, »noch zwanzig Jahre zu warten«, und über Ungarn verschwinden wollte.

Diesen Exodus vor Augen, bildeten sich ohne den Schutz der Kirchen Gruppen von Oppositionellen und gingen daran, sich als politische Faktoren der Öffentlichkeit zu präsentieren. Die Machtfrage war gestellt. Da die Perestroika nicht von oben gekommen war, kam sie jetzt von unten und ergriff in einem unerwarteten Maße die Massen. Ob der Freiheitswille allerdings ausgereicht hätte und der Widerstandswille erhalten geblieben wäre, wenn am 9. Oktober 1989 in Leipzig geschossen und »Rädelsführer« in Lager deportiert worden wären, bleibt zweifelhaft.

Die DDR-Führung hatte ihre Bürger solange im Griff, wie sie »das Brot« geben konnte, wie sie also systemstabilisierend das Linsengericht einer passablen Rundumversorgung gegen die Bedürfnisse nach Freiheit aufwiegen konnte – samt ihrer Kindergärten und Kinderkrippen, der sozialpolitischen Maßnahmen, dem FDGB-Urlaub, gesicherter Schweinefleischversorgung und der berühmten Arbeitsplatzsicherheit. Sie konnte sich gegenüber den Demokratisierungsideen aus Moskau geradezu arrogant verhalten, s o l a n g e die Russen ihre Bürger materiell sehr viel schlechter versorgen konnten, als dies die SED-Führung mit ihrer Politik der sogenannten »Einheit von Wirtschafts- und Sozialpolitik« vermochte. Honecker zumal verhielt sich hochmütig gegenüber den Russen, wie auch die Mehrheit der DDR-Bürger gegenüber den freiheitssuchenden Polen abschätzig reagierte. Es kursierte ein Jahrzehnt lang der böse Satz: »Wir arbeiten für euch – und ihr streikt für uns.«

Wie der damalige Leiter der staatlichen Plankommission Gerhard Schürer heute zu Protokoll gibt, war die DDR 1989 pleite und dies habe er der Führung auch ungeschminkt mitgeteilt. Die bis dahin abgegebene Versorgungsgarantie erwies sich als nicht bezahlbar, zumal die Produktivität ständig abfiel und zuletzt um 50 Prozent unter der der Bundesrepublik lag. Für die nach dem 9. November kollektiv west-süchtig gewordenen 16 Millionen DDR-Bürger schob sich das »Begrüßungsgeld« von 100 DM und damit ein Stückchen langersehnter Konsumfreiheit in den Vordergrund. Dafür nahmen sie selbst ihre Babys als gleichberechtigte Subjekte mit in »den Westen«. Gleichzeitig entstanden große Erwartungen, ja Illusionen. Welchen Preis würde die Freiheit haben und wer sollte ihn zahlen? Nun sahen die DDR-Bürger mit eigenen Augen, was man ihnen – rein materiell – jahrzehntelang vorenthalten hatte, und daß z.B. die Städte wirklich so aussahen, wie zuvor im *(West-)* Fernsehen bewundert. Sie ließen sich blenden von der Verpackung. Wer sich besonders klug dünkte und gar zum SED-System gehört hatte, siedelte schnell noch in den Westen über und brauchte sich fortan nicht mehr mit seiner eigenen Geschichte konfrontieren lassen …

In den Ergebnissen der auf den 18. März 1990 vorverlegten Volkskammer-Wahlen spiegelten sich noch die Befürchtungen der ostdeutschen Bevölkerung vor einer Wiederkehr der SED oder irgendwelcher sozialistischer Experimente wider. Der linke sozialistische Gedanke war so besudelt, daß man erfolgreich mit der Drohung einer neuen Verbrüderung zwischen SED/PDS und SPD Stimmen gewinnen konnte. Man verwies darauf, daß die PDS im Einzelnen und im Ganzen lediglich eine umbenannte SED sei, die die Strategie-Taktik-Dialektik weiterhin politisch anzuwenden und zu beherrschen wisse nach dem Motto: »Ein Schritt zurück, zwei Schritt voran – und wir sind wieder da.« Zusätzlich wurde der abschreckende Vorwurf erhoben, die Sozialdemokraten stünden doch auch für ein nur leicht gemildertes sozialistisches Experiment zur Verfügung.

Also hieß die Parole: Keine Experimente – deutsche Einheit. Die Wahlen wurden mit primitivster antikommunistischer Stimmungsmache und den Ängsten vor einer Wiederkehr der »Roten« geführt und gewonnen. »Freiheit statt Sozialismus« plakatierte die »Allianz für Deutschland«, die aus Ost-CDU, Demokratischem Aufbruch und DSU bestand. Und die Liberalen boten sich als dritte Kraft an, unterstellend, die Ostdeutschen wollten auch die Schwarzen nicht. Wer »Freiheit« und »Wohlstand für alle« zugleich versprach – und das in einem vereinigt-starken Deutschland –, der mußte das Rennen machen.

Die Ansätze zu einem politisch und ökonomisch eigenständigen Weg fanden kaum Akzeptanz, ob sie von Reformkräften in der SED kamen oder von Gruppen, die sich als Bürgerbewegung formiert, aber zersplittert hatten. Letztere vertraten vornehmlich sehr moralisch anmutende Ziele, was jedoch nicht mehr dem Willen der nach einer »Politik des harten Geldes« strebenden Massen entsprach. Nicht die Freiheit zur Mitbestimmung stand im Mittelpunkt, sondern die Freiheit des Reisens, die freie Verfügung über konvertierbare Währung sowie der freie Zugang zu den Gütern der westlichen Warenwelt. Dem Drang, in die westliche Demokratie zu kommen, entsprach nicht der Drang, endlich die demokratische Freiheit zu gewinnen, zu genießen und auch selbst zu gestalten. Die ursprünglich demokratische Energie der Erhebung gegen die »rote Diktatur« wurde zur pekuniären.

Viele klatschten im Herbst 1989 auf den Demonstrationen, in den Kirchen und großen Sälen begeistert für Freiheit, Demokratie, Mitbestimmung, Menschenrechte, sogar für Ökologie und Wehrdienstverweigerung. Als die SED-Führung per 1.12.1989 offiziell auf den in der Verfassung festgeschriebenen prinzipiellen Führungsanspruch verzichtete und versprach, den Weg in die parlamentarische Demokratie zu ebnen, wurde die Bürgerbewegung kurzzeitig Sprachrohr des Volkes. Ohne wirklich zu wissen, was die Menschen dachten und wollten, wurde sie zum Gegenüber der bisherigen Machtelite. Auf allen Seiten gab es die kurze schöne Illusion identischer Absichten, es war ein Kairos der Über-Ein-Stimmung im gemeinsamen Ausbruch aus der Verkrustung.

Nachdem die 28 Jahre lang Eingesperrten die verheißenen äußeren Annehmlichkeiten selber in Augenschein nehmen konnten und der Westen die Slogans von Wohlstand und Einheit propagierte, verloren die Bürgerbewegung wie auch die Kirchen ihren Einfluß auf die Volksmassen so schnell, wie sie ihn gewonnen hatten. Die Masse machte im Umbruch spontan mit, war aber nachhaltig nicht bereit, an der kontinuierlichen konkreten Ausgestaltung der demokratischen Strukturen mitzuwirken. Das bis heute wirksame Resultat vierzigjähriger totaler Zwangspolitisierung der Gesellschaft war weitgehende politische Abstinenz. Darin zeigt sich die eigentliche nachhaltige Beschädigung der Freiheit ... Individualisierung als Privatisierung und Spaßgesellschaft als Glücksbringer tun ein übriges dazu.

Auch jene, die wegen der Freiheit aufgestanden waren, erlebten herbe Täuschungen und Enttäuschungen beim Aufbau der Demokratie, deren Gestaltung vom Vereinigungsprozeß überlagert wurde: Wie verletzlich die Freiheit ist und wie verführbar Menschen sind, wie wenig manche Mehrheitsentscheidungen auf den wirklichen Interessen der Mehrheit basieren, wie mächtig dumpfe nationalistische Gefühle werden können, wie wenige die Mündigkeit tatsächlich schätzen und wie leicht die Freiheit sich von der Verantwortung ablöst, wie Freiheit gar zur Destruktion wird sowie zum Freiheitswunsch »für uns« und »gegen die anderen«, wie schnell Freiheit der medialen Vermarktung zum Opfer fällt – das alles mußten Ostdeutsche im Schnelldurchlauf zur Kenntnis nehmen.

## 10 Jahre Drachentöterei des totalitären SED-Stasi-Doping-Systems

Die Kritik am diktatorischen System und an den dafür verantwortlichen Personen kam in den aufrührerischen Wochen des Herbstes 1989 von denjenigen, die den »realen Sozialismus« erlebt und erlitten hatten. Darunter waren viele, die sich aus willfährigen Mitläufern und »Überzeugten« zu freiheitssüchtigen Demonstranten gemausert hatten.

In jenen dramatischen Monaten waren die Nachrichten in Ost und West voll von Meldungen über die Bonzensiedlung Wandlitz, von dem sich der Anklage entziehenden und bei einem Pfarrer untergekrochenen kranken Erich Honecker, von den Jagdparadiesen der einst so mächtigen Gerontologen aus dem Politbüro und von der SED, die sich zur »Nachfolgepartei PDS« entwickelte (und diesen Makel des verpaßten Neubeginns bis heute behalten hat).

Je mehr man von Schalck-Golodkowski und von seinen merkwürdigen Ost-West-Connections erfuhr, die über den Zusammenbruch der DDR hinaus weiter zu seinen Gunsten wirkten, desto mehr wurde aus Erstaunen Wut. Weil der »DDR-Devisenbeschaffer« viel – zuviel – wußte, lebt er bis heute unbehelligt am Tegernsee.

Zugleich mußte das bespitzelte Volk, das sich 1989/90 selbst der verhaßten Stasizentralen entledigt hatte, erleben, wie es die Stasi nun erneut angehängt bekam. Von Jahr zu Jahr, von Tag zu Tag wurde dem Nachlaß des Staatssicherheitsdienstes mehr ein nachträglicher und nachhaltiger Wahrheitsgehalt zugemessen, wo doch jeder wissen mußte, daß die Akten angelegt worden waren, um Menschen zu diskreditieren, zu diskriminieren und zu »zersetzen«. Faszination des Bösartigen, ja des Bösen? Der enttarnte IM jedenfalls galt als Bösewicht schlechthin. Diese Fixierung entließ die Auftraggeber aus der Verantwortung und behinderte die Analyse des DDR-Systems als Teil des Ostblocks, als Staatsgebiet mit ideologischem Überbau, das einer unüberwindlichen Mauer und eines lückenlosen Spitzelsystems zu seiner Existenz bedurfte.

Ergänzend wurde die wirtschaftliche Pleite der zusammengebrochenen DDR pauschal zur Begründung für jedwedes Plattmachen herangezogen. Asbestverseuchung entwickelte sich geradezu zur Hysterie, besonders bezogen auf den Symbolort »Palast der Republik«.

Folgerichtig wurden auch die olympischen Erfolge der (früher darum beneideten) DDR lediglich auf Doping zurückgeführt. Die Reduzierung auf dieses im Westen wirkungsvoll diskreditierende Thema verstellte den Blick auf weit Schlimmeres: systematische Auslese, strengstes Training und höchste Motivation. DDR-Sport als Fortsetzung des internationalen Klassenkampfes mit sportlichen Mitteln. Man kämpfte nicht nur für eine Medaille, sondern für »unsere DDR«, für »unseren« sozialistischen Staat und seine Überlegenheit, für seine internationale Anerkennung. Deshalb das absurde Theater der gegenseitigen Glückwünsche und Dankbarkeitstelegramme derer, die gewonnen hatten! Sportler wie Kati Witt assistierten den Einäugigen. Sie trat außerhalb des Eises nun auch als Stasiverfolgte auf und wollte die bunten Gratulationsbilder bei Erich Honecker und ihr stolzes DDR-Lächeln vergessen machen.

Zuletzt bekamen noch einige Schriftsteller und Künstler, die der DDR an Vorzeigbarem verblieben, das Etikett »Staatskünstler« aufgedrückt, sofern sie nicht – im doppelten Sinne – »ausgewiesene« Dissidenten gewesen waren.

Besonders problematisch erweist sich der heute weitverbreitete Antitotalitarismus, der antikommunistisch motiviert und durch den Totalitarismus so geschädigt ist, daß er keinen differenzierenden Blick auf die überwundene diktatorische Wirklichkeit zuläßt. Die Fragen, die das sozialistische Gesellschaftssystem gestellt hat, sind jedoch nicht dadurch zu erledigen, daß man alles, aber auch alles, was das Leben in der DDR ausgemacht hat, schwarz einfärbt und gar auf eine Stufe mit dem Leben im moralisch und politisch indiskutablen, menschenfeindlichen, rassistischen und chauvinistischen deutschen Faschismus in seiner spezifischen Ausprägung als Nationalsozialismus mit germanischen Vorherrschaftsambitionen stellt. Das fatale Wort vom »Auschwitz in den Seelen« oder von der »Stasi, die viel schlimmer als die Gestapo« gewesen sei, zeigt, welche verbalen Geschütze aufgefahren werden, um jede Differenzierung unmöglich zu machen.

Ein konkretes Beispiel dafür ist der Umgang mit dem, was im KZ Buchenwald durch die Nazis bis zur Befreiung 1945 geschah, und dem, was nach 1945 im sogenannten Buchenwald

II angerichtet wurde. Wurde in der DDR nicht nur geflissentlich, sondern geradezu angstbesetzt darüber geschwiegen, wie dort nach 1945 Schuldige und Unschuldige zu Tode kamen, so scheinen nicht wenige heute ein Interesse daran zu haben, über »Buchenwald II« in besonderer Weise zu reden und damit »Buchenwald I« zu relativieren.

Totalitär waren beide Systeme in Anspruch und Ausdrucksformen; aber die DDR war eben kein menschenvernichtender Killerstaat und hat keinen Weltkrieg entfesselt. Wer dies sagt, darf gleichzeitig die Waldheim-Prozesse nicht verschweigen oder darüber hinweggehen wie in Bautzen sozialistischer Strafvollzug im »gelben Elend« praktisch ablief, wie Indoktrinierung, Militarisierung, Gleichschaltung funktionierten und mit welch abstoßendem »Grenzreglement« dieses Land sein politisches Überleben sicherte.

Ich fühlte mich von meinem 17. bis 45. Lebensjahr – 28 Jahre – in die DDR eingemauert, und ich schämte mich für das Land, aus dem ich kam. Aber ich war und bin froh, daß ich nicht im Dritten Reich habe leben müssen, auch wenn es schwer war, in Ulbrichts Mauerstaat ein eigenständiges und würdiges Leben zu führen. Doch der Aktionsradius, die Kritik- und die Lebensgestaltungsmöglichkeiten waren unvergleichlich höher als im Goebbels-Staat. In der DDR gab es zum Beispiel FDJ-Aktionen, mit denen man Westfernsehen dadurch zu unterbinden versuchte, daß auf den Dächern die Antennen in Richtung Osten gedreht wurden. Und viele fürchteten so sehr um ihre Karriere, daß sie nur heimlich Deutschlandfunk hörten und ihren Kindern einschärften, nirgendwo darüber zu erzählen. Geradezu als Erlaubnis zum Westfernsehen werteten es deshalb viele, als Honecker Mitte der siebziger Jahre eingestand, daß »wir« den Sozialismus unter »weltoffenen Bedingungen aufbauen müss(t)en«. Wie anders war das zur Nazizeit, als man ins Konzentrationslager kommen konnte, wenn man Radio »London« hörte.

Einen prinzipiellen Unterschied zwischen Nationalsozialismus und Realsozialismus sehe ich nach wie vor darin, daß die Kritik am sozialistischen System aus den Quellen dieser im Grunde emanzipatorischen Idee gewonnen werden konnte und gewonnen wurde. Aus dem Kern des sozialistischen Gedankens – von Marx selbst! – konnte der Widerstand kommen. Fast alle Dissidenten in der Sowjetunion waren einmal überzeugte Kommunisten gewesen, die früher oder später ihre Irrtümer sich und anderen eingestanden und dafür zu büßen bereit waren. Es sei hier an Lew Kopelew oder Andrej Sacharow oder Leszek Kolakowski aus Polen, Georg Lukács aus Ungarn, Milan Machovec aus der ČSSR oder eben an Wolf Biermann, Robert Havemann, Rudolf Bahro, Christa Wolf und Stefan Heym aus der DDR erinnert.

Die DDR war nicht mehr und nicht weniger als eine »fürsorgliche Diktatur« – im Kleide einer äußerst repressiv agierenden Erziehungsmacht mit entmündigender Belagerung, Bespitzelung, Versorgung und Belehrung. Den ideologischen Unterbau lieferte eine »wissenschaftliche« Weltanschauung, die bei einigen wegen der angeblich von den Klassikern erkannten »Gesetzmäßigkeit« des Geschichtsverlaufs geradezu metaphysische Sicherheitsgefühle auslöste. Die SED nahm für sich in Anspruch, dieses Wissen mit großer Weisheit zu nutzen und sich als »Avantgarde des Volkes« an die Spitze einer »wahrhaft historischen Mission« gestellt zu haben. Wer wollte sich als einzelner gegen eine historische Mission stellen, die notwendiger Ausfluß eines objektiven Geschichtsverlaufes ist?!

Folglich wurden alle zu Gliedern einer großen historischen »Volks«bewegung. Dem einzelnen wurde die Verantwortung abgenommen, jegliche menschliche Aktivität in die parteigesteuerten Kampagnen und Volksinitiativen eingemeindet. Das persönliche Risiko ließ sich minimieren, sofern man peinlichst darauf bedacht war, die jeweilige Linie einzuhalten und für die Verarbeitung der verschiedenen politischen und ideologischen Schwenke der Partei den Kunstgriff der Dialektik zu beherrschen. Der Staat als immerwährende Amme ließ den Bürger unmündig und abhängig, ja bedürfnisorientiert symbiotisch bleiben. Gleichzeitig implantierte er als Über-Vater-Staat den Gehorsam und die Erfüllung der Direktiven der Partei als Gewissensersatz. »Rotes Preußen« nannte der Spiegel diese militarisierte Befehls-Gehorsams-Schweige-Gesellschaft der DDR.

Es fällt einem diktaturgeschädigten Volk schwer, die Projektionsmechanismen zu durchschauen und sie zu durchbrechen. Warum gibt es solch anhaltende Wut und solch Bedürfnis nach Strafe für die SED-Oberen – ganz im Unterschied zu dem, was die (West-)Deutschen 1949 bzw. 1954 mit Schlußgesetz und der Amnestie beschlossen, um die Funktionseliten des Deutschen Reiches nach 1945 wieder einzugliedern? Warum entlädt sich im Streit um die DDR-Vergangenheit ein bisweilen überzogener Haß, während ein gesamtdeutsches Unrechtsbewußtsein für die Verbrechen der NS-Zeit so unterentwickelt ist? Vielleicht weil die Nazidiktatur nicht als Fremddiktatur empfunden wurde, sondern von der großen Mehrheit der Deutschen – sogar fanatisch und bis zum bitteren Ende – mitgetragen wurde, weil man bis auf den Grund der Seele mit dem nationalsozialistischen Wahn identifiziert war, einschließlich des Führerkultes? Deshalb wurde der 8. Mai nicht als »Tag der Befreiung«, sondern als »Tag des Zusammenbruchs und der Niederlage« empfunden. Eine Auseinandersetzung mit dem nationalsozialistischen Terror und der Kriegstreiberei fand im Bewußtsein der deutschen Allgemeinheit nicht statt. Der Nazismus war eine genuin deutsche Erfindung, mit der sich das Volk weitgehend identifiziert hatte. Endlich aufzuhören, an die deutsche Schande zu erinnern, wünschten selbst die, die nicht zu den aktiven Nazis gehört hatten, trotz der Auschwitz-Prozesse in Frankfurt (1964 ff.), Rolf Hochhuths »Stellvertreter« und Peter Weiss' »Ermittlung«, trotz des Erschreckens über die Filme »Holocaust« oder »Shoah« von Claude Lanzmann. Selbst nachdem sich, angestoßen durch Mitscherlichs »Unfähigkeit zu trauern«, mit den sogenannten '68ern eine ganze Generation des Themas angenommen hatte, änderte sich nichts an dem Bedürfnis, wieder ein »normales Volk« sein zu können, wie im spontanen Beifall für die Rede Martin Walsers im Oktober 1998 deutlich wurde, der die Deutschen von der »Moralkeule« und von der »Dauerberieselung« mit dem Schrecken befreit sehen wollte. Dies alles steht in einem eklatanten Mißverhältnis zur Gründlichkeit, mit der die (westliche) deutsche Justiz den im Ausmaß kaum vergleichbaren Verbrechen der SED-Diktatur nachgeht. Die Abwehr des (sowjetisch geprägten) Kommunismus ist in Deutschland viel tiefer verwurzelt als die des (deutsch geprägten) Nationalsozialismus.

Inzwischen haben wir 10 Jahre ununterbrochene Drachentöterei des totalitären SED-Stasi-Doping-Systems hinter uns! Im zehnten Jahr der Selbstbefreiung der Ostdeutschen und der folgenden Implosion des DDR-Systems geht es nun um das ganze Ostvolk und seine anhaltenden »Beschädigungen«, ja die von ihm ausgehenden »Gefährdungen« für die vereinte deutsche Demokratie. Im Osten sollte zwar schnell alles anders werden, aber genau so, wie es sich im Westen in einem vier Jahrzehnte anhaltenden Aufschwung bewährt hatte. Überraschend schnell gelang es, die alten Institutionen abzuwickeln und neue, demokratische aufzubauen. Aber auch sie sind noch nicht »selbsttragend«.

Im Osten wurde alles nicht Anpassungsfähige oder Übernehmbare entwertet, plattgemacht, ausverkauft, damit nichts blieb von dem, was war. Schließlich stand eine Drohung im Raum, durch den »roten Osten« würde Deutschland nun sozialdemokratischer und protestantischer werden. Jeglicher verändernder Einfluß auf den größeren und erfolgreichen Westteil Deutschlands sollte verhindert werden. Der 1990 in schwindelerregender Schnelligkeit verfaßte Einigungsvertrag lief darauf hinaus, in jeder Hinsicht die Anpassung der DDR an die BRD abzusichern. Der Vertrag implizierte das automatische Verschwinden des zweiten Vertragspartners zum Zeitpunkt seines Inkrafttretens. Die überraschende Neu-Vereinigung Deutschlands gab keinen Anstoß zu gesamtdeutschen Reformen. Vereinigung wurde genannt, was als Ausschluß organisiert wurde. Das Prinzip »Rückgabe vor Entschädigung« erwies sich bald als gravierender, nachhaltig hemmender Fehler. Die ökonomische und politische Übermacht verhalf dem Westen auch bald zur Sicherung der Deutungsmacht. Das Rundfunküberleitungsgesetz gab dafür einen wirksamen Rahmen. Die Evaluierungen an den Universitäten führten zu einem westlich dominierten Neu-Besetzungsschub. Ostverlage bestanden die Konkurrenz nicht. Die Polikliniken wurden zerschlagen usf. Ein selbsttragender ökonomischer Aufschwung ist ausgeblieben; die Ost-Alimentierung ohne Akzeptanz der westlichen Bürger bleibt auf absehbare Zeit notwendig. Die Vereinigung hat die Staatsverschuldung in die Höhe getrieben. Andererseits ist der Osten nach zehn Jahren nicht mehr wiederzuerkennen. Vor allem die Häuser, insbesondere die maroden Stadtkerne, sind buchstäblich »erblüht«. Die Infrastruktur wurde fast überall erneuert. Die Konsummöglichkeiten sind viel größer als die Kaufkraft, während wertschöpfende Wirtschaftsbetriebe fast völlig ausgeblieben sind. Das zementiert die Ost-West-Schieflage.

Nach Ende des Systemkampfes sah sich der Westen bestätigt und nutzte die ihn eigentlich kennzeichnende Fähigkeit zur Selbsterneuerung nicht. Geradezu täglich delektierte er sich an der Kritik des untergegangenen Sozialismus. Das meiste an dieser Kritik war ja nur allzu berechtigt! Aber: Es ist nicht die ganze Wirklichkeit, schon gar nicht die konkrete

Lebenswelt der einzelnen Bürger, die vierzig Jahre DDR nicht nur hinter sich gebracht, sondern dort gelebt haben, ohne täglich ihr Ungemach zu beweinen. Trotz der »Atemnot« waren sie dort auch glücklich. Wer dies heute öffentlich sagt, muß fürchten, das Etikett »ostalgisch« aufgedrückt zu bekommen.

Neben der wirtschaftlichen Übermacht etablierte sich die Deutungsmacht der Westdeutschen über die Ostdeutschen. Am liebsten haben es die Mehrheitsdeutschen, wenn der oberste Aktenverwalter Joachim Gauck ins Grundsätzliche schweift, die DDR in den Kategorien des Totalitarismusbegriffs von Hannah Arendt unter die Lupe nimmt und von der Geburt eines zweiten Untertanen spricht. Dies verdichtet sich immer wieder zu dem wohlfeilen Vorwurf, die Ostdeutschen seien eigentlich nicht freiheitsfähig, weil sie gerechtigkeits- sprich gleichmacherei-geschädigt seien.

Wenn eine kriminologische wissenschaftliche Forschungsstätte in Hannover die Ursachen für die Fremdenfeindlichkeit unter ostdeutschen Jugendlichen auszumachen versucht und dabei zur Zielscheibe die – weil zu früh gemeinschaftlich getopften – entwicklungspsychologisch und politisch ausländerfeindlich disponierten Ostdeutschen macht, solidarisieren sich die so kollektiv Angegriffenen zwangsläufig und verlieren dabei selber jeden differenzierenden Blick auf die problematischen Erziehungs- und Bildungspraktiken der SED. So wird der Institutsleiter Pfeiffer zum Würgeengel der Kollektividylle DDR; die »Familie« findet durch ihren Gegner wieder zusammen. Diese Diskussion wurde ein typischer Fall für deutsch-deutsche Mißverständnisse und einen Vorwurfs-Rechtfertigungsmechanismus.

Der als in jeder Weise »tief geschädigt« kategorisierte Ostdeutsche könne zudem nicht mit Eigentum umgehen (weil er eben so lange keines besessen hätte) und schon gar nicht mit Freiheit (weil er das Kommandosystem internalisiert habe).

Er habe keine Risiko- und Verantwortungsbereitschaft (weil er im System der organisierten Verantwortungslosigkeit großgeworden sei). So könne er natürlich auch nicht mit Demokratie und ihren Selbstentfaltungsmöglichkeiten umgehen, sei konstitutionell konfliktscheu und lebe immer nur konsenssüchtig, hätte er doch vierzig Jahre Einheitspropaganda durchgemacht und sehne sich nun in regressiver Weise in den wärmenden Mief des kollektiven Ein-Verständnisses zurück.

Derlei Urteile über die Ostdeutschen – zumal pauschalierend vorgetragen – rufen eine Empörung wach, die die Ostdeutschen in einer fatalen, ja verlogenen Weise miteinander solidarisiert. Teilwahrheiten, die in diesen abwertenden Urteilen stecken, werden von den Ostdeutschen in toto abgelehnt, weil sie sie als generelle Abwertungen durch »die« Westdeutschen erleben.

Regelrecht gereizt reagieren Ostdeutsche inzwischen auf die ständige Rezitation des westlichen Freiheitscredos. Was nützt ihnen »die Freiheit«, wenn sie keiner mehr will, wenn der begrenzte Arbeitsmarkt sie gesellschaftlich aussondert? Was ist Freiheit, wenn sie praktisch als Verfügungsmacht der Vermögenden erlebt wird? Freiheit hat in der Erwartung von Ostdeutschen etwas mit dem Einfluß zu tun, den jeder als Staatsbürger ausüben kann. Doch die Erfahrung lehrt sie, daß das Maß des Einflusses vor allem abhängig ist von materiellem Reichtum. Der – aus gutem Grund gepriesene – Rechtsstaat wird erlebt als undurchsichtiges Gebilde, in dem derjenige seine »Rechte« durchsetzt, der sich einen guten Anwalt leisten kann.

In der Tat haben Ostdeutsche ein stärker entwickeltes Gefühl für Lebensbedürfnisse aller und finden sich weniger leicht mit den immer größer werdenden Gerechtigkeitslücken ab – man denke an die Verdienstspannen oder an Abfindungssummen unserer sog. Leistungsgesellschaft. Die westliche

Gesellschaft hat sich längst daran gewöhnt. Das wird voreilig als Neiddiskussion oder mangelnde Wertschätzung der Freiheit gegenüber der Gerechtigkeit seitens der Ostdeutschen disqualifiziert, auch wenn pseudo-wissenschaftliche Untersuchungen es belegen, Frau Limbach und Herr Gauck es bestätigen und die ARD es in der »Tagesschau« meldet.

Der Soziologe Wolfgang Engler folgerte in einem Essay: »Die Ostdeutschen haben sich seit 1990 unter äußerem Druck und mit enormer Anstrengung mehrfach gewandelt und insofern allen Anlaß zur Selbstachtung, ja zum Stolz. Aber dieser Wandlungsprozeß fand jenseits der privaten Sphäre kaum einen externen, bleibenden, gegenständlichen Niederschlag. Sie sind Not leidend an Werkzeugen und Zeugnissen der objektiven Kultur. Ihr Wunsch, sich in einer (auch) selbst geschaffenen sozialen Welt zu bewegen und anzuschauen, findet keine Erfüllung. Eine Revolution pflegt tiefere Furchen zu ziehen. Wie sollten sie da zufrieden sein, gesellschaftlich und nicht nur persönlich?« (DIE ZEIT, 24. 8. 2000)

Dies wirkt sich negativ auf ihre Bereitschaft aus, zum Beispiel die Äußerungs- und Vereinigungsfreiheit wahrzunehmen, gerade bei denen, die noch Arbeit haben: Da reicht schon das Heben einer Arbeitgeber-Augenbraue, um Arbeitnehmer vom Eintritt in eine Gewerkschaft abzuhalten. Die Disziplinierung, jahrelang eingeübt, funktioniert nahezu lückenlos. Ein Déjà-vu-Erlebnis der Ohnmacht mit fatalen Folgen für die Wertschätzung der Freiheit. Früher konnte man – in ihrer Erinnerung – im Betrieb alles sagen, ohne daß etwas geschah. Nur in der Kneipe mußte man sich vorsehen, weil die Staatsmacht darauf außerordentlich empfindlich reagierte. Heute könne man in der Kneipe alles sagen und es passiere nichts. Buchstäblich nichts. Aber im Betrieb »mußt du höllisch aufpassen, daß du kein falsches Wort sagst, sonst bist du der Nächste, der rausfliegt, der freigesetzt wird ...«. Dieser Erfahrungsmix wird verallgemeinert und führt praktisch zur Abwendung von den Mitwirkungsmöglichkeiten bei der Gestaltung des demokratischen Gemeinwesens. (Wahlabstinenz ist e i n Ausdruck dafür.) Im übrigen verfestigen sich Legenden; auch in der DDR war kritisches Reden in der Kneipe nicht so gefährlich, wie es heute viele behaupten, um ihr damaliges Schweigen zu rechtfertigen. Entsprechend gibt es heute im Betrieb wieder zuviel vorauseilenden Gehorsam. Unabweisbar aber an jener Beobachtung ist, daß heute zwar im politischen Bereich die Demokratie Einzug gehalten hat, im wirtschaftlichen Bereich jedoch Geld die Hierarchien bestimmt.

## Sonderfall Genosse Revolutionär

### oder: Die Rolle der SED beim Zusammenbruch der DDR

Die Frage, ob die Vorgänge vom Herbst 1989 in der DDR als friedliche Revolution oder als ökonomisch-politische Implosion zu bewerten sind, ist nicht zu beantworten, ohne den Anteil von SED-Mitgliedern am friedlichen Umbruch 1989 zu klären.

Es ist unabweisbar, daß die SED mit der Vereinigung zwischen SPD und KPD 1946 die Spaltung der linken Kräfte, insbesondere die Spaltung der Arbeiterklasse überwinden wollte, wobei sie die Herrschaft der kommunistischen Kader innerhalb dieser vereinigten Partei nicht nur anstrebte, sondern auch zielstrebig übernahm.

Ebensowenig ist zu leugnen, daß diese SED zwar nach außen ein monolithischer Block war, aber in ihren Reihen unterschiedliche Strömungen vereinte: Kämpfer gegen den Faschismus, Überlebende der Konzentrationslager und Rückkehrer aus dem östlichen oder westlichen Exil taten sich zusammen mit jungen Menschen, die sich mit »Bau auf!«-Pathos seit der Gründung der DDR im (FDJ-Feuer und -Fieber) an der Entwicklung einer historischen Alternative beteiligen wollten. Die Partei bestand aber auch aus proletisch-primitiven Kadern, Opportunisten, Karrieristen und Machtmenschen. Es gab fanatisch überzeugte und kritisch-distanzierte, außerordentlich dumme wie außerordentlich begabte, skrupellose und pflichtbesessene, kleinbürgerliche und weltoffene, ideologisch-bornierte und kritisch-marxistische Genossen. Durch die zentralistische Führung der Partei konnte jedoch kaum nach außen gelangen, wie verschieden die Haltung der einzelnen Mitglieder war, zumal beim Abweichen von der Linie drakonische Parteistrafen drohten. So sehr die Partei trotz ihres humanistischen Mäntelchens insgesamt zu einer verbrecherischen Organisation wurde, so wenig läßt sich daraus ein justitiables oder auch nur moralisches Urteil über *jedes einzelne* ihrer 2,3 Millionen Mitglieder ableiten. Verblendung, Verführung, systemspezifische Alternativlosigkeit und karrierebewußte Gewissenlosigkeit, nüchternes Kalkül und ehrliche Überzeugung (mit gut funktionierenden Scheuklappen) ergeben erst zusammen ein realistisches Bild vom Innenleben der Partei und ihrer Mitglieder.

Ich will mich nicht verleiten lassen, die SED und die DDR überhaupt schönzureden, nur weil andere sie nachträglich einschwärzen, herunterreden, kriminalisieren und als totalitär abqualifizieren, so daß nichts mehr von ihr übrigbleibt, was des Nachdenkens oder einer positiven Bezugnahme wert wäre.

Als Sohn eines altmärkischen Landpastors war ich »Feind von Geburt« und wurde auch stets so behandelt. Solange ich denken kann, habe ich die SED als eine diktatorische, anmaßende, intolerante, entmündigende und zentralistisch-antidemokratische Kraft erlebt, die ganz vom Geist der »Diktatur des Proletariates« verdorben wurde. Schon den Namen

»SED« empfand ich als eine Lüge – »Einheits«-Partei! Es war vielmehr eine »Einvernahme«-Partei, die sich nicht nur das Sozialdemokratische einverleibte, unterdrückte und systematisch abwürgte. Am schlimmsten ging die Partei mit Abweichlern in den eigenen Reihen um. Wer sich nicht in die Einheitsfront unter Führung der KP-Funktionäre einbinden ließ, mußte das Land verlassen oder kam in die »Verliese des Proletariats«.

In den 40 Jahren der SED-Herrschaft wurden 17 Millionen Menschen eingesperrt, politisch eingemauert und entmündigt. Getreu ihrer manichäischen Ideologie behaupteten die Genossen zwar, mit der dialektischen Methode der Wirklichkeit differenziert zu entsprechen, aber sie taten es ideologisch nach dem vereinfachenden Schema von positiv und negativ, also: Sozialismus gut – Kapitalismus schlecht, idealistisch falsch, materialistisch wahr. Die Welt war geteilt in Freund und Feind, Fortschrittliche und Reaktionäre. Tertium non datur. Jede moralische Frage wurde der Machtfrage geopfert: Wer wen? Zu wessen Vorteil? Jene klare Einteilung der Welt in Schwarz und Weiß begann bereits in den Kindergärten, gewissermaßen als Perpetuierung des Märchen-Denkens in die Erwachsenenwelt. Ziel war die systematische Heranbildung eines sozialistischen Einheitsmenschen, entmündigt im Namen seiner Befreiung.

Zur Legitimierung ihrer rigoristischen Machtausübung bediente sie sich sowohl geschichtlicher Erfahrungen mit dem Nationalsozialismus als auch der hehren Ziele der weltweiten Emanzipationsbewegung. Man nahm nicht weniger für sich in Anspruch, als das Erbe der besten Traditionen deutscher Geschichte anzutreten und den Beginn eines neues Zeitalter für die ganze Menschheit einzuläuten. Dabei diente der unter Aufbietung großer Menschenmassen zur Schau gestellte Antifaschismus ganz wesentlich der Kaschierung und Rechtfertigung ihres eigenen verbrecherischen Gebarens bei der

»Ausmerzung« der reaktionären und humanitätsfeindlichen Teile der deutschen Vergangenheit und Gegenwart.

Dieser historische Messianismus hatte etwas Ambivalentes; in der Wirklichkeit entwickelten sich jedoch immer wieder emanzipatorische und demokratische Gegenbewegungen aus der Partei selbst heraus, obwohl gerade diese Auf- und Ausbrüche mit hohen Sanktionen belegt wurden. Die sozialistische Ursprungsidee erlaubte es den Dissidenten, im Namen der Idee der Praxis zu widersprechen. Wer etwas vom Verführungscharakter dieser Ideologie und dem mit ihr verbundenen hohen Maß an Selbstdisziplinierung erfahren will, lese die frühen Zeugnisse vieler Kommunisten, die später in Ungnade fielen oder mit der Ideologie brachen: Ignazio Silone, Ernst Fischer und Arthur Koestler (»Der Gott, der keiner war«). Man lese Alfred Kantorowicz oder Roger Garaudy, Franz Loeser oder Rudolf Bahro, Wolfgang Harich oder Karl Schirdewan, selbst Anton Ackermann und Rudolf Herrnstadt, ganz zu schweigen von Nikolai Bucharin. Letzterer schrieb das »ABC des Kommunismus«, bevor er – als Gegenspieler Stalins »entlarvt« – verfolgt und umgebracht wurde. Herrnstadt hielt sich noch nach seinem Sturz an die eingeübte Praxis von Kritik und Selbstkritik: Ich »m u ß t e schuldig sein, gleichgültig, ob ich es war oder nicht«. Herrnstadt wollte »um keinen Preis gegen die Partei recht haben«, denn wie Bert Brecht, Friedrich Wolf oder Stephan Hermlin hatte er seine Wahl getroffen »... zwischen diesem barbarischen Faschismus und dem, was an Schlimmen im Namen des Sozialismus passiert ist.« (Land, R., Possekel, R., Namenlose Stimmen waren uns voraus. Bochum 1994, S. 24)

Viele Wissenschaftlicher, Künstler und Schriftsteller, die sich nicht von der SED lösten, waren und blieben redliche Menschen, sie bogen und wanden sich, wurden innerlich zerrieben. Da sie sich einer Idee verpflichtet fühlten, lösten sie sich nicht von der Partei. Die kommunistische Weltbewegung ist ein einziger trauriger Beleg für den Satz: Glaube macht blind.

Die DDR ging nicht nur an ihren äußeren Widersprüchen und ihrem wirtschaftlichen Desaster zugrunde, sondern »verdankt« ihren Zusammenbruch auch der SED selbst, ihrer Unfähigkeit und Unwilligkeit zu einer Reform. Der Journalist Gerhard Scheumann machte als Ursache dafür eine Matrix von »Tabus« und »Heiligtümern« aus: »Während das Tabu Schranken setzt, fordert das Heiligtum zu schrankenloser Lobpreisung auf. Da die Partei im Grunde schon immer Bescheid wußte, brauchte sie nur noch zu beschwören und sich zitieren, sie konnte selbst nichts mehr entdecken, geschweige denn aus ihren Fehlern lernen.«

Selbst nach 1985, mit dem Machtantritt Gorbatschows, gab es in der SED kein nennenswertes, jedenfalls kein nach außen tretendes Glasnost- und Perestroika-Potential, sondern um so stärkere Selbstgerechtigkeit der Ober-Gerontologen des Politbüros, bis zu den berüchtigten Tapetensprüchen Kurt Hagers – aus lauter Angst vor den Wirkungen des SPD/SED-Papiers »Der Streit der Ideologien und die gemeinsame Sicherheit« vom August 1987.

Auch Michail Gorbatschow, auf den sich viele Hoffnungen in der DDR konzentriert hatten, spielte eine ambivalente Rolle. So erwartete man von seiner Gastrede auf dem SED-Parteitag im Mai 1986 ermunternde Worte für innere Reformen des politischen Systems in der DDR, doch er wich in keiner erkennbaren Weise von Honecker ab. Es war seine schwächste, seine nichtssagendste Rede überhaupt. Manche vermuteten dahinter eine Breschnew-Variation: Offensichtlich war auch für Gorbatschow die Stabilität des Trabanten wichtiger als eine sich öffnende und damit möglicherweise politisch destabilisierte DDR, die immerhin als westlichste Bastion des Sowjetimperiums fungierte. Selbst zum 40. Jahrestag der DDR im Oktober 1989 blieb Gorbatschow in seiner Tischrede offiziell ganz auf der Linie der sich selbst feiernden SED-Führung. Faktisch aber übertrug er die Verantwortung für die Bürger der DDR ganz und gar der SED. Alle registrierten den – über das Westfernsehen im O-Ton verbreiteten – scheinbaren Allgemeinplatz, den er im Politbüro und später auf der Straße zum besten gab: »Wer zu spät kommt, den bestraft das Leben.« Dieser Satz wurde in einer im zwischen den Zeilen Lesen geübten Gesellschaft als Ermunterung für Reformwillige und als Drohung für die starre SED verstanden. War es in Wahrheit ein sibyllinischer Satz über das Sowjetimperium selbst und dessen eigene Unrettbarkeit? War Gorbatschow selbst »zu spät« gekommen? Wann wäre Zeit gewesen, die kommunistische Idee zu retten – vor Lenins Tod, nach Stalins Tod, im Prager Frühling? Oder war der Kommunismus selbst ein einziger grandioser Irrtum, der alles daran setzte, seine Irrtümer in Erfolge umzubiegen? Zum Beispiel versagte das Prinzip der »kollektiven Führung« immer wieder, weil es immer wieder auf eine Person an der Spitze zulief, auch in der Ära nach Ulbricht, wo der Dachdecker und passionierte Kleinwildjäger aus dem Saarland mehr und mehr »einsame Spitze« wurde und dort auf verlorenem Posten stand. Erich Honecker zeichnete nur noch ab: »einverstanden«.

Der Umbruch verdankt sich auch Honeckers Gallenblasenerkrankung und seinem fortschreitenden Wirklichkeitsverlust. Der unbelehrbare Altkommunist hielt der aufbrechenden Wut des Volkes im Zentralorgan »Neues Deutschland« entgegen, man solle denen, die weggingen, »keine Träne nachweinen«. Dies war Ausdruck geradezu vollendeter Herzlosigkeit, denn die Menschen betrauerten unausgleichbare Verluste, unter ihnen auch stromlinienförmig erzogene Kinder von treuen Genossen, die über Ungarn das Weite suchten. Doch Honeckers Realitätsverlust ging so weit, daß Genossen Sondergenehmigungen zur Reise in den Westen bekamen, um die

Geflohenen in die DDR zurückzuholen, damit nicht Verwirrung darüber entstünde, daß die Kinder von Vorbild gebenden Genossen ihr Heil ausgerechnet im kapitalistischen Westen suchten.

Der Umbruch ging zudem einher mit dem Abbröckeln, ja dem Zerbröseln der Partei- und ihrer Machtorgane. Im Herbst 1989 konnte die SED sich auf den Gehorsam ihrer mehrfach gestaffelten Sicherheitsorgane nicht mehr verlassen. Selbst die Staatssicherheit, die aufgrund ihrer Erkenntnisse zu Reformen drängte, stand für einen politischen Wechsel bereit. In den Grundorganisationen der SED regte sich erstmalig massenhaft Widerstand, und das »Hinschmeißen« von Parteibüchern machte Schule. Zwar gab die Führung noch im Oktober 1989 die Parole aus: »Dem Freunde die Hand, dem Feinde die Faust«. Aber es gab kaum noch Fäuste, dafür um so mehr »Feinde«, auch in den eigenen Reihen.

Nicht nur Sicherheitsapparat und Parteimitglieder waren gespalten, sondern auch das Politbüro selbst, als die Demonstrationen begannen und die Entscheidung drängte, ob man gewaltsam eingreifen sollte oder nicht. Während Egon Krenz – im übrigen der Erfinder des Begriffs »Wende«, der fortan ziemlich diskreditiert war, sich aber dennoch als Sammelbegriff für den demokratischen Umbruch des Herbstes 1989 allgemein eingebürgert hat – schließlich am 18. Oktober Erich Honecker ablöste und noch immer versuchte, den innerlich erschütterten Genossen wieder neuen Optimismus zu geben, erwies sich die Volksarmee auf eine völlig unerwartete Weise als Armee »des Volkes«. Deren Kommandeure waren vor Ort nicht bereit zu schießen, als die Menschen nächtens massenhaft an den »antifaschistischen Schutzwall« strömten, um von der Möglichkeit zur sofortigen Aus- und Wiedereinreise Gebrauch zu machen. Dies war die wohl heikelste Situation des gesamten Umbruchs. Welche Folgen hätte ein einziger Schuß gehabt? Das Ende der DDR stand auf Messers

Schneide. Doch statt blutig in einer tragischen Konfrontation unterzugehen, endete sie mit Tränen der Freude, ungläubigen »Wahnsinn«-Rufen, mit einem Volksfest auf dem Ku'damm und dem Tanz auf der bis zu dieser Nacht todbringenden Mauer.

Schließlich verdankt sich der Aufbruch auch dem gemeinsamen Unwillen der Partei zugehörender und parteiloser Intellektueller und Künstler, die spätestens seit dem Schriftstellerkongreß 1987 nach der Zukunft dieses Landes fragten und erstmalig offen von der Zensur und ihren Folgen, von dramatischen ökologischen Schäden, von globaler, systemübergreifender Verantwortung öffentlich sprachen. Man darf die Langzeit- und Tiefenwirkung der Bücher vieler »Genossen« nicht unterschätzen, von Strittmatters »Wundertäter« über Gabriele Eckarts »Havelobst«, Christa Wolfs »Kindheitsmuster« und »Kassandra« bis zu Volker Brauns »Unvollendete Geschichte« und Heinz Kahlaus Gedichtbänden wie »Flugbrett für Engel«.

Besonders hervorzuheben ist die Rolle Stephan Hermlins seit 1976. Die von ihm initiierten »Gespräche zur Beförderung des Friedens« 1981 und in den folgenden Jahren führten zu Diskussionen zwischen Intellektuellen aus Ost und West, selbst unter Beteiligung von einigen, die die DDR verlassen hatten. Die Redebeiträge von Rolf Schneider, Franz Fühmann, Stefan Heym und Stephan Hermlin, Jiři Konrad und Daniil Granin, Jurek Becker und Heinrich Böll fanden Verbreitung und entfalteten eine ermutigende und ermunternde Wirkung.

Nicht zuletzt gab es kleine Reformgruppen in den Universitäten, wo die bis dahin verpönte Friedensforschung betrieben wurde, etwa an der Humboldt-Universität unter dem »Flankenschutz« des damaligen Prorektors für Studienangelegenheiten Dieter Klein. Andere arbeiteten mit Hans-Peter Krüger am Forschungsprojekt »Moderner Sozialismus« oder befaßten sich gemeinsam mit Hans Wagner und Herbert Steininger mit den »Philosophischen Problemen der politischen Ökonomie«.

Das Grunderlebnis dieser sich als »konspirative Avantgarde« begreifenden dritten SED-Reformergeneration war das Auseinanderklaffen von Ideal und Wirklichkeit. Ihre aus der Analyse des modernen Kapitalismus resultierenden Überlegungen gingen bis zu Reformideen für den Sozialismus, die an der modernen Entwicklung westlicher Gesellschaften orientiert waren. Daß sie in und nach der Wende in der Bedeutungslosigkeit versanken, lag weniger an ihren Konzepten als an ihrer Unfähigkeit, sich vom Denken in der alten elitären Herrschaftslogik zu lösen (vgl. Land/Possekel, S. 36 ff.)

Viele der genannten Intellektuellen und Künstler trafen sich am 29. Oktober 1989 in der Rummelsburger Erlöser-Kirche, um unter dem Motto »Wider den Schlaf der Vernunft« gegen die Übergriffe der Sicherheitsorgane vom 7./8. Oktober 1989 in Berlin zu protestieren. Es lohnt sich, die Redebeiträge nochmals zur Hand zu nehmen, genauso wie die Texte und Resolutionen aus den Theatern im ganzen Lande, deren Bedeutung, vor allem in Folge der Dominanz der Statistiken bei der Beurteilung der damaligen Aufbruchsprozesse, in der öffentlichen Wahrnehmung zu Unrecht in Vergessenheit geraten sind.

Mein Fazit ist: Ohne das Mittun von SED-Mitgliedern und ohne den inneren Erosionsprozeß der SED vor dem Zerfall der DDR wäre der Umbruch nicht – und vor allem nicht friedlich! – gelungen. Alles stand auf Messers Schneide, immer wieder, bis zum Januar 1990 und weltpolitisch dann noch einmal, als im Sommer 1990 die Abwahl Gorbatschows als Generalsekretär drohte und Ligatschow sein Nachfolger geworden wäre.

Unter den Demonstrierenden des Herbstes 1989 waren zahlreiche Mitglieder dieser »Massenpartei«, viele von ihnen waren als Armee- und Staatssicherheitsangehörige sogar hingeschickt worden. Nach Auskunft von Beteiligten am 4. November standen diese dicht gedrängt auf dem Alexanderplatz direkt an der Rednerbühne. Aber es gab auch einen Wandlungsprozeß während der Ereignisse, mancher kam nicht wieder so nach Hause, wie er weggegangen war. Es gab die durch die Staatssicherheit »besetzte« Kirche in Leipzig und die wunderbar beherzte, schlichte und deutliche Reaktion von Christian Führer darauf, indem er offenlegte, was geschehen, sie öffentlich entlarvte und lächerlich machte. Es gab unter den Tausenden Besuchern der Gebete um Erneuerung – ob in Magdeburg, Suhl, Dresden oder Wittenberg – viele SED-Mitglieder. Sie wurden seinerzeit ausdrücklich von uns begrüßt, denn wir sahen in ihnen Mitstreiter für den friedlichen Verlauf des Umbruchs und unverzichtbare Subjekte bei der Überführung des Einparteienstaates in die pluralistische Demokratie. Im Umbruch suchten wir nicht zuerst die Gegner, sondern alle, die bereit waren, die Macht dieser SED zu brechen.

Eine der schwierigsten, strittigsten und aufreibendsten Fragen bei der Gestaltung der Demokratie war, welche Rolle fortan die SED-Kader, die in der DDR Leitungsfunktionen innegehabt hatten, spielen sollten und spielen durften. Es ist nur zu gut nachvollziehbar, wenn jene, die unter der Knebelung des Systems gelitten hatten und erhebliche menschliche wie berufliche Nachteile auf sich nehmen mußten, ohnmächtige Wut empfinden, wenn sie den Privilegierten von gestern heute in privilegierten Stellungen wiederbegegnen müssen. Zugleich ist unbestreitbar, daß nach 45 Jahren fremdbestimmter Lebenszeit kaum jemand nicht im System involviert war. Die neue demokratische Gesellschaft mußte mit den Menschen aufgebaut werden, die vorhanden waren. Als Alternative blieb, eine erneute Fremdbestimmung zu akzeptieren, diesmal durch

Westdeutsche, fachlich von ganz unterschiedlicher Qualität, aber durchgängig mit guten Selbstdarstellungsfähigkeiten.

Erlaubt man sozialistisch geprägten, ideologisch eingeengten und systematisch verführten Menschen nicht den Weg in die Freiheit, gesteht man ihnen nicht die Fähigkeit zur Veränderung zu, so blockiert man ihren Selbsterkenntnisprozeß und hinterläßt statt dessen Stigmatisierung, Herabsetzungsgefühle und Selbstwertbeschädigung. Dies nüchtern zu konstatieren, bedeutet keinerlei Rechtfertigung, Verniedlichung oder billige Entschuldigung dessen, was geschehen ist. Es geht um das menschlich so schwierige, psychologisch so dramatische, aber – sachlich betrachtet – so unabdingbare Integrationsangebot für alle, die im strafrechtlichen Sinne nicht belangbar sind. Wenn Vertreter des ehemaligen Machtapparates für bestimmte Vertrauenspositionen für eine Anzahl von Jahren nicht in Frage kommen oder keinesfalls darin verbleiben dürfen, müssen die Gründe dafür offengelegt und nachvollziehbar gemacht werden. Wenn die Willkür nicht mit umgedrehten Vorzeichen fortbestehen, sondern ein glaubwürdiger demokratischer Neuanfang gelingen soll, muß auch hier das rechtstaatliche Prinzip der »Verjährung« für frühere Taten gelten und schließlich die fachliche Qualität als Auswahlkriterium wieder in den Vordergrund rücken.

Was ich hier im Grundsätzlichen meine und für gut befinde, fällt mir im Konkreten selber schwer. Schließlich haben 45 Jahre sowjetischer Besatzung im Anschluß an zwölf Jahre Naziherrschaft ein Klima von Unterwürfigkeit und Angst hinterlassen, das keinen unberührt läßt. Die Angst sitzt fest und tief. Wie implantiert wirkt sie weiterhin, selbst wenn die Gründe dafür verschwunden sind. Das geradezu gewaltgebremste Verhalten während des demokratischen Umbruchs in der DDR resultierte auch aus dieser Angst. Erst nach dem Zusammenbruch der äußeren Staatsgewalt kam es allmählich zum Abbau der Ängste, zugleich aber auch zu Entfesselung der lange angestauten Wut. Und die ist nur zu verständlich, angesichts der Bitternis über vielfältig erlittenes, oft sehr subtiles Unrecht, das zum Teil bis heute und ohne Chance auf Wiedergutmachung fortwirkt.

Doch der friedliche Umbruch brachte in Verlauf und Ergebnis auch zivilen und zivilisierten Stolz über das Erreichte mit sich, die Erfahrung einer Macht, die sich die ohnmächtig geglaubten Untertanen selber gar nicht zugetraut hatten. Aus dieser Quelle könnte das mehrfach gedemütigte »Ostvolk« schöpfen, wenn die Kraft zum versöhnlichen Umgang mit der Vergangenheit ausgehen will.

## Ein Brief ins Gefängnis – ein Plädoyer für die Amnestie

Datum: 11.09.97

Herrn Egon Krenz
Alt Moabit 12 a
10559 Berlin
bitte nachsenden!

Lieber Herr Krenz,

es war schon ein merkwürdiges Gefühl, in den ersten Septembertagen 1997 von Ihnen aus dem Gefängnis Moabit einen Brief zu bekommen.

Vor zehn Jahren trafen sich nicht nur Honecker und Kohl, sondern es wurde auch das gemeinsame Papier zwischen SED und SPD veröffentlicht, das in der globalen Verantwortung für den Frieden und für den Erhalt unserer natürlichen Lebensgrundlagen die Gemeinsamkeiten aufzuspüren versuchte und – im Gefolge der Gorbatschowschen Perestroika- und Glasnost-Politik – davon ausging, daß dafür das Engagement aller Gesellschaften und aller einzelner wichtig sei und man sich gegenseitig Reformfähigkeit zugestand: aus einer Verantwortung für eine bedrohte Zukunft. Ich habe mich damals auch öffentlich für einen kooperativen Stil im Umgang im Inneren unseres Landes eingesetzt, obwohl schon im September einige meinten, das sei doch nur ein taktisches Spiel. Und sie sollten leider recht haben, wie sich dann schon im Oktober mit der Rede Hagers zeigte.

Diese DDR, das ganze Politbüro und auch Sie sind dafür verantwortlich, daß statt Reform nur noch Zusammenbruch kam. Hätte denn eine reformfreudige DDR nicht die Menschen für sich gewinnen können und Gorbatschow eine bessere Unterstützung geben müssen, als die, die er dann ganz und gar bei Helmut Kohl und beim »Verkauf« der DDR am Kaukasus suchte?

Ich habe mich in den Jahrzehnten immer wieder gefragt, warum nicht einzelne von Ihnen im Politbüro den Mut gefunden haben, aus dieser Korporation mit beschränktem Geist und ideologischer Verblendung auszutreten. Sie waren, wie es immer hieß, für Sicherheitsfragen verantwortlich und galten als Kronprinz Honeckers, und das erfüllte uns alle nicht mit besonderer Hoffnung. Die enge Liason zwischen Verteidigungsministerium, Sicherheitsministerium und Bildungsministerium trug nicht dazu bei, die emanzipatorischen Ideen des Sozialismus wirklich beflügelnd werden zu lassen.

Und »unsere Staats-Grenze« war nicht nur gefährlich, sondern auch eine Schmach und Schande für jeden, der in diesem Lande lebte. Ich habe nicht nur Angst vor dieser Grenze gehabt, ich habe mich dafür auch geschämt.

Als ich 1989 zum Kirchentag nach Westberlin fahren durfte, habe ich auch gesagt, dies sei eine schwärende Wunde, die auch unserem Land schadet. Und schon Anfang der siebziger Jahre war mir klar, daß die DDR ihr Grenzreglement nicht ändern könnte, bevor sie sich selber ändern würde, weil ihr sonst die Leute – nicht zuletzt aus ökonomischen Grünen – weglaufen würden. Warum hat man denn nach dem Mauerbau nicht mehr versucht, die Menschen für sich zu gewinnen, statt sie weiter einzusperren? Die Mauer wurde im wörtlichen und übertragenen Sinne immer höher statt niedriger, immer nötiger statt unnötiger.

Und als dann 1975 die KSZE-Schlußakte verabschiedet wurde und der KORB 3 von uns so freudig begrüßt wurde, da arbeiteten dann die Mitarbeiter Mielkes die besonderen Zersetzungsprogramme aus, denen ich bis zum Oktober 1989 ausgesetzt war. Herr Krenz, nach am 15. September 1989 hat man ein vielseitiges Zersetzungsprogramm gegen mich beschlossen, das man am 15. Dezember 1989 »abrufen« wollte. Das betraf alle Lebensbereiche und das ganze familiäre und freundschaftliche Umfeld. Und was wurde aus den Menschen, die wir an die Grenze geschickt haben, mit den Hunden, den Streifen und der Abt. 2000? Ich denke jetzt auch an die Grenzer und ihr Feindbild, diese verschrobene ideologische Konstruktion, man wolle die DDR nach außen schützen, dabei schoß man auf Menschen, die dieses Land verlassen wollten ...

Und andererseits haben Sie recht: Wir waren Teil einer weltpolitischen Konfrontation an einer hochgefährlichen Schnittstelle der Systeme. Aber als die Öffnungssignale aus Moskau kamen, hat ausgerechnet die DDR sich weitgehend und noch mehr verschlossen. Und auch daran haben Sie mitgewirkt, tätig, schweigend, duldend und mit Ihren unmißverständlichen Aussagen zu dem Massaker auf dem Platz des Himmlischen Friedens. Andererseits vergesse ich nicht, daß Sie am 9. Oktober 1989 und am 9. November 1989 mit dafür verantwortlich gewesen sind, daß es nicht eine Wiederholung des 17. Juni gab und daß es nicht zu einem Massaker gekommen ist. Und als ich Sie kurz vor meinem sehr schwierigen Gespräch mit Hermann Kant 1992 in Pankow traf und auch nach unserem Gespräch in der Fernsehsendung mit Fritz Pleitgen, wurde mir deutlich, daß Sie noch ein anderer Mensch sind, als uns die DDR-Presse vermittelte und als Sie sich selber uns allen vermittelten. Schließlich ging ja auch der friedliche Verlauf des 4. November und die Veröffentlichung – life! – dieses großen Ereignisses auf dem Alexanderplatz auf Sie zurück, weil die Zeiten ja noch so waren, daß *einer* bestimmen konnte und mußte, was das DDR-Fernsehen life bringen durfte. So haben Sie (wie ich im »Freitag« geschrieben habe) die in Sie gesetzten Befürchtungen nicht erfüllt.

Ich habe nun aufmerksam den Prozeß verfolgt und auch Ihre Einlassungen im »Neuen Deutschland« gelesen und sage gegenüber meinen Freunden, die da »ungnädiger« sind und sehr viel Wut noch in sich haben, wie sehr Sie auch befreit worden sind durch die Demokratie, nämlich zum eigenen Denken und Formulieren. Soviel Fähigkeit zum differenzierenden Denken hat man in all den Jahren bis 1990 nirgendwann aus Ihren Äußerungen und Reden entnehmen können. Was war das nur für eine Welt, in die Sie sich eingesperrt hatten?

Und natürlich kann ich verstehen, daß die Hinterbliebenen und die lebenslang Geschädigten an der Mauer Gerechtigkeit wollen und daß Schuldige gefunden, benannt und abgestraft werden. Daß dabei Sie persönlich gewissermaßen als ein Totschläger bezeichnet werden, ist weder persönlich noch juristisch gerechtfertigt. Aber ich vermisse bei Ihnen einen deutlichen Hinweis auf die politische und moralische Mitschuld, die Sie daran tragen, sowohl an diesen einzelnen schlimmen Opfern, wie an diesem Gesamtsystem, das nur existieren konnte, solange es eine Mauer gab. Dies wollte ich Ihnen zuvor in aller Deutlichkeit sagen.

Zum anderen habe ich mich in allen Fällen, im Fall Honecker und sogar im Fall Mielke, dafür eingesetzt, daß wir die strafrechtliche Verfolgung aus humanitären Gründen aussetzen und bezweifle auch die juristische Grundlage, die man gegen Sie ins Feld geführt hat, zumal es fatal ist, wenn der Staatsanwalt, der das Plädoyer gegen Sie gesprochen hat, einer ist, der erst 1979 (fast erfolglos) damit beginnen konnte, Untersuchungen gegen die Richter am Freislerschen Volksgerichtshof zu unternehmen. Nur bitte ich Sie, nicht zu vergessen, daß Sie einen rechtsstaatlich fairen Prozeß bekommen haben, daß es öffentliche Berichterstattung gab, daß Sie gute Verteidungsmöglichkeiten und ausgewiesen gute Anwälte hatten und daß Sie jetzt nicht in Bautzen sitzen, sondern in Moabit ... und daß Sie *mir* gar einen Brief schreiben können. Stellen Sie sich bitte einen politischen Häftling in der DDR vor – in der ganzen DDR-Zeit –, der einem Menschen außerhalb einen Brief schreiben konnte. Ich durfte nicht einmal Trinkern schreiben, die ins Gefängnis gekommen waren, um sie wenigstens persönlich zu begleiten. Das will ich wenigstens erwähnt haben, weil ich es in Ihren Auslassungen überhaupt nicht vorfinde und Sie sich jetzt ganz und gar auf die rechtsstaatlichen Bedingungen in der Demokratie berufen und *das* einklagen, was dieser Rechtsstaat von sich selbst fordert. Das ist Ihr gutes Recht und das gestehe ich Ihnen auch zu. Nur vermisse ich, daß Sie deutlich machen, daß auch dies ein Teil Ihrer, ja auch Ihrer Befreiung ist.

Vorhin las ich gerade einen Leserbrief in der »Süddeutschen Zeitung« von einem Münchner Mitbürger, der natürlich auch danach fragt, ob man die Radbruchsche Formel in Ihrem und dem Fall der anderen beiden Politbüromitglieder wirklich anwenden kann und ob die 98 % Mitdrippler nicht allzugern jemand brauchen, an dem sie alles abladen können, und nun darauf verzichten, auf sich selber zu sehen. Dies ist auch mein Anliegen, daß wir fragen: wie werden wir den auch redlichen Motiven von Sozialisten und Kommunisten gerecht und fangen nicht an, die DDR völlig schwarz zu malen, weil dies nur in eine fatale Nostalgie führte und außerdem auch nicht gerecht wäre. Zudem ist das eine Art Selbstentlastung gegenüber den doch unvergleichlichen Vergehen und Verbrechen, die im deutschen Namen bis 1945 geschehen sind. An dieser Unterscheidung halte ich auch bei aller öffentlichen Anfeindung fest.

Aber was sind das da für Freunde, die Sie da vor den Toren des Gerichtsgebäudes begrüßen und beklatschen? Vor denen habe ich Angst. Die DDR möchte ich nicht zurück und dachte eigentlich auch, daß Sie in diese DDR nicht zurück möchten. Das ganze Verfahren insgesamt als »Siegerjustiz« zu bezeichnen finde ich nicht richtig, aber es ist richtig – aus meiner Sicht –, daß dies ein Teil der völligen Delegitimierung der DDR ist und Sie jetzt eines der Signale dafür darstellen.

Um es noch einmal klarzustellen: Sie sind nicht persönlich ein Totschläger. Dafür können Sie auch nicht verurteilt werden. Aber Sie sind moralisch und politisch einer der Hauptverantwortlichen für dieses System und auch an dem Zusammenbruch dieses System durch eine chronische Wirklichkeitsallergie und durch eine Art der Machtausübung schuld, die den linken emanzipatorischen Gedanken einen dauerhaften Schaden zugefügt hat und die Kräfte, die im Menschen stecken, zum großen Teil geknebelt hat, statt sie produktiver herauszulocken.

Der Bundesjustizminister hat erklärt, daß sich in der Gesellschaft kein Konsens für Vergebung einstelle und deshalb das Reden von Amnestie nicht an der Zeit sei. Ich werde mich dennoch so oft und so gut ich kann, dafür einsetzen, daß wir zum 9. Oktober 1999 zu einem juristischen Schlußstrich kommen und eine Amnestie für alle Straftaten aussprechen, die mit dem politischen System der DDR zu tun hatten. Das entbindet uns nicht, sondern fordert geradezu dazu heraus, einer redlichen Prüfung dessen nachzugehen, was gewesen ist, und das gilt dann eben auch für die Bundesrepublik.

Ich bin da in guter Gesellschaft mit einigen wirklich guten Freunden, die sich auch ihrer Meinung von gestern erinnern und die früher für Entspannung waren und dies weiterhin tun wie Peter Bender, Gräfin Dönhoff und Egon Bahr.

Am 9. Oktober 1989 ist es eben nicht zu dem befürchteten Blutbad gekommen, und dafür sind Sie angesichts des handlungsunfähigen Honecker schon – positiv ausgedrückt! – mitverantwortlich. Was auch immer Ihre Motive gewesen sein mögen und welche Selbstrettungsversuche das halbherzig erneuerte Politbüro auch gemacht hat und welche enttäuschende Rede Sie am 18. Oktober gehalten haben – Sie haben den Löffel der Macht friedlich abgegeben und nicht das Messer gezückt, um es in einem Bild auszudrücken. Und die Demonstranten waren weise genug, die noch vorhandenen Machtinstrumente und Personen nicht zu provozieren. Sie hatten insgesamt Glück, und Sie haben den Übergang in diesen turbulenten Wochen auf eine Weise mitzuverantworten, die uns nicht dazu berechtigt, Sie nachträglich zum Sündenbock für all das zu machen, was Chris Geffroy und all den anderen geschehen ist.

Für Ihren sachlichen und für mich insgesamt einfühlbaren Brief danke ich Ihnen. Dies hat auch keine selbstrechtfertigenden Anteile und wäre so ein Beitrag für ein besseres Verstehen auch für die, die in Ihnen immer noch den Einpeitscher der FDJ und den Sicherheitsverantwortlichen des Politbüros sehen.

Ich möchte Sie einfach nur menschlich bitten, mit bestimmten pauschalierenden Begriffen wie »Siegerjustiz« nicht umzugehen und sich selber davor zu bewahren, daß Sie Freunde haben, die in ihrem Denken keinen Schritt weitergekommen sind.

Ich habe in den beiden Begegnungen mit Ihnen gespürt, daß Sie in Ihrem Denken Schritte weitergegangen sind, ohne daß Sie sich verleugnen, sich drehen oder winseln; aber dieser Prozeß und auch das Urteil gegen Sie eignet sich schlecht für einen Mythos, den andere gern daraus machen möchten.

In der Hoffnung, daß es uns gelingt, so zivilisiert wie möglich und menschlich so klar wie nötig, moralisch so wenig selbstgerecht wie nur irgend möglich und politisch so weitsichtig wir für die Zukunft erforderlich mit der gegebenen Situation im geeinten Deutschland umgehen, das noch lang, lang von den Folgen der Teilung bestimmt sein wird, auch von den Folgen der Teilung in der Einheit.

Da ich Ihnen deutlich sagen konnte, was ich denke, kann ich sie auch freundlich grüßen und Ihnen wünschen, daß die Haftbedingungen so sind, daß Sie darin nicht verbittern und daß das Gespräch mit Ihnen über das, was war, außerhalb von Moabit bald möglich wird.

Mit einem freundlichen Gruß

Friedrich Schorlemmer, Studienleiter
11. September 1997

## Die Forderungen der Freiheit und die Angst der Staatssicherheit

### Ein Bericht aus dem »Big-Brother«-Alltag der DDR

Zum Thema »Forderungen der Freiheit« fand im Juni 1977 in Bad Lauchstädt (in der Nähe von Merseburg) ein Jugendseminar statt, an dem einige Studenten der Hochschule für Chemie »Carl Schorlemmer« und Jugendliche aus dem Landkreis teilnahmen. Ich war von 1971–1978 Jugend- und Studentenpfarrer in Merseburg.

Im folgenden werden Auszüge aus dem IM-Bericht der Vertrauensstudentin der ESG (Evangelische Studentengemeinde) Marion Staude alias Karin wiedergegeben. Ihr IM-Bericht ist vom 4. Juni 1977 datiert. Er soll hier gekürzt, aber wörtlich wiedergegeben werden:

*»Zunächst sammelten wir Formen der Freiheit: Meinungsfreiheit, Gedankenfreiheit, Versammlungsfreiheit, Organisationsfreiheit, Glaubensfreiheit, Freiheit nicht zu arbeiten, Informationsfreiheit …*

*Das Gespräch wurde fast ausschließlich von F.S. bestimmte. Die Freiheit ist eine unteilbare Sache. Freiheit gibt es ganz oder gar nicht. Man kann die Freiheit nicht in Scheibchen schneiden …*

*Versammlungsfreiheit ohne Redefreiheit ist sinnlos, ebenso wie Freiheit ohne Alternative sinnlos ist. Man muß wählen können.*

*Kritikfreiheit heißt, daß der, der kritisiert wird, auch fähig sein muß, selbst zu kritisieren. Unfreiheit ist Ausdruck von Unsicherheit. Wenn sie Freiheiten zulassen, müssen sie Angst haben, daß sie ihre Macht verlieren. Freiheit ist immer mit Macht verbunden. Bsp.: 1968 Abstimmung zur Verfassung – Es war ja nicht mehr auszuhalten. Überall, wo man hinging, hingen die Zettel, stimmt mit ja, und dann die Argumente, weshalb. Als in der Nacht einige mit Kreide ein ›Nein‹ an die Wände schrieben (mich hätten sie auch bald erwischt), war in Halle ganz schön was los. Die Staatssicherheit hatte ganz schön zu tun. Sie liefen mit Wasser und Eimer durch die ganze Stadt und entfernten die ›Nein‹. Sie konnten es sich ja auch nicht leisten.*

*Wenn die, die mit ›Nein‹ gestimmt hätten, es sich aber nicht trauten, das gesehen hätten, werden sie wissen, daß sie Verbündete hätten. Das wollte man unterdrücken. Bei der Abstimmung wagte sich auch niemand, in die Kabine zu gehen. Es waren lediglich 5 Personen (ich habe sie gezählt). Ich muß wirklich ganz konsequent sagen, daß die, die mit ›Ja‹ gestimmt haben, gar nicht auf den Staat schimpfen dürften, weil sie damals nicht den Mut und die innere Freiheit hatten, ihr ›Nein‹ abzugeben. 1968 war die Chance schon vergeben.*

*Das Volk war schon nicht mehr mündig. Zur Freiheit gehört Zivilcourage, innere Risikobereitschaft, Pflicht zur Information.*

*Freiheit braucht Regeln. Sie kann nicht immer in die Praxis umgesetzt werden. Die Würde des Menschen besteht in der Freiheit. Das Tier muß (Instinkt), der Mensch muß nicht.*

*Zur Zeit gehört die Einsicht, warum es so ist. Zur Einsicht gehören aber Informationen. Man muß sich einfach mal die Freiheit nehmen, die Leute von der Staatssicherheit auf der Straße ›Guten Abend‹ zu sagen, zu sagen ›Guten Abend, sie kennen mich schon!‹, ihnen ein Zeichen zu geben, daß wir wissen, daß sie da sind.*

*Diese Leute sind im Innersten zutiefst unfrei. F.S. wandte sich zu* [redacted] *Weißt Du, letztens, der uns hinterherkam? Später kam er mir wieder entgegen. Ich bin ihm ganz ruhig entgegengegangen, genau auf ihn zu, bin nicht ausgewichen. Als er auf eine Entfernung (3 m) heran war, schaute er nach oben und wich aus.*

*F.S. verwies auf den Besuch Honeckers bei Schmidt nach der Helsinki-Konferenz. Er hatte dies im ›3. Programm‹ verfolgt. F.S. stand auf und ahmte in äffischer Weise E. Honecker nach. H. kam rein und sagte: Heiß hier, heiß ist das hier, wirklich keine guten Arbeitsbedingungen.*

*Schmidt: Sicher, sie haben in Ost-Berlin die besten Arbeits- und Lebensbedingungen.*

*Jetzt hatte Schmidt was gesagt, und Honecker war wieder an der Reihe, der wußte aber nichts zu sagen. Dem Schmidt wurde das schon ganz peinlich und schickte mit einer Handbewegung seine Minister raus.*

*Honecker hat sich dermaßen lächerlich gemacht. Ich meine, wir sollten darüber eigentlich nicht lachen, das ist traurig. Genauso lächerlich war es während des Interviews auf der Leipziger Messe. Löwe stellte ihm die Frage, z.B. wieviel in letzter Zeit übergesiedelt seien.*

*Honecker (schaute hektisch um sich): Die genaue Zahl habe ich nicht im Kopf, ich glaube, es waren 1,4 Mio.*

*Honecker der arme Kerl, kann einem leid tun. Der ist so unfrei.*

*Denen wäre schon geholfen, wenn man ihnen sagen würde, daß sie unfrei sind.*

*Bei Schmidt war Honecker so unsicher, weil er nicht auf seinem sicheren Territorium war.*

*Nach 1 Stunde mußte das Gespräch abgebrochen werden. Es wurden durch die Jugendlichen Bockwürste gegrillt. Außerdem las F.S. noch Gedichte von Eisenberger und aus dem Buch ›Beim Wort genommen‹ von Günter Cwojdrak, 1975 Eulenspiegelverlag.*

*Gegen 20.45 Uhr fuhren die meisten mit der Bahn nach Merseburg.* [redacted] *und* [redacted] *liefen zurück. Während der Fahrt kam F.S. nochmals auf die Gesprächsrunde zu sprechen. Voll Stolz sagte er: Heute habe ich ja wieder in höchstem Maße staatsgefährdende Sachen gesagt, wie man es in der DDR ausdrückt.*

*Während des Urlaubs ist* [redacted] *im Besitz der Wohnungsschlüssel.*

*Da vor der Abfahrt 13.00 Uhr noch Zeit war, bat ich F.S. mir die Charta 77 zu lesen zu geben. Er sagte, daß es für uns unwahrscheinlich wichtig ist, zu wissen, was sie beinhaltet. Die Charta war ein Schreibmaschinendurchschlag (3 Seiten A4, engzeilig). Die* [redacted] *und* [redacted], [redacted] *interessierten sich dafür nicht.*

*Während des Jugendseminars sangen wir unter anderem auch ›Die Gedanken sind frei ...‹. Dieses Lied wurde von F.S. mit den Liederheften der ESG verteilt. Anschließend hat F.S. die Liederhefte und die A 4-Blätter wieder eingesammelt.*

*Vor einiger Zeit lieh ich mir ein Liederheft aus der ESG bei* [redacted] *aus. Bisher habe ich es noch nicht zurückgegeben. Bei evtl. Anfragen werde ich sagen, daß ich das Heft an einem folgenden Tag wieder zurückgelegt habe.*

*Als wir in der Gesprächsrunde über ›Forderungen der Freiheit‹ sprachen, sagte F.S.: Ich bin frei, wenn ich etwas gegen den Staat sage und nicht nur denke. Noch mehr Freiheit habe ich, wenn ich weiß, daß z. B. Marion für die Sicherheitsorgane arbeitet, und sage es trotzdem.*

*Ich saß unmittelbar rechts von ihm.*

*Gez. Karin«*

Mit F.S. ist der Autor gemeint. (Orthographische Fehler oder falsche Namensschreibungen sind im Original des Berichts enthalten, z. B. Eisenberger statt Enzensberger)

Im wiedergegebenen Gruppengespräch über die Freiheit, die Wahrheit nicht nur zu denken, sondern auch offen auszusprechen und das gar mit dem Wissen, daß Stasi-Leute dabei sind, nahm ich als Beispiel Marion Staude, um allen zu signalisieren, daß s i e nun wirklich nicht gemeint sein könnte, denn sie besaß das Vertrauen aller.

Nichts macht deutlicher, wie pervers und von innen zerstörerisch das SED-System war, als der letzte Satz des Berichtes von diesem Seminar über die Freiheit: »Ich saß unmittelbar rechts von ihm.« Das steht wie ein Triumphsatz da: »Niemand weiß, daß ich Rumpelstilzchen heiß ...« und macht doch deutlich, daß jedes Schamgefühl ausgelöscht war. Keinerlei Erschrecken wird erkennbar.

Marion Staude gehörte jahrelang zu den aktivsten Studentinnen der Studentengemeinde, besaß bei fast allen Vertrauen. Sie wollte sich wegen der Schwierigkeiten, die sie im Wohnheim – auch aus politischen Gründen – angab, bei uns in der Wohnung einquartieren. Als sie nach dem Studium im Konsistorium der Evangelischen Kirche in Magdeburg arbeiten wollte, stellte ich ihr ein exzellentes Zeugnis aus, und sie arbeitete bis 1990 dort.

In der Zeit der DDR habe ich stets versucht, nach der Maxime zu leben: »Ich habe nichts zu verheimlichen, ich will durchschaubar sein. Nur wenn ich mir meine Freiheit nicht nehmen lasse, werde ich sie auch nicht verlieren.«

Die Angst um die Wahrheit blieb meistens größer als die Angst vor der Wahrheit. Sie zu sagen und doch außerhalb der Gefängnisse leben zu können, und sie möglichst so zu sagen, daß dem Gegner eine Chance zur Veränderung gelassen würde, gehörte zu meiner Überlebens-Taktik. Ich fühlte mich gegenüber den Menschen in der DDR verantwortlich, wollte das Land mit anderen zusammen verändern und es möglichst nicht verlassen.

Daß auch Kommunisten glaubwürdige Menschen sein und daß Kommunisten sich auch von den Irrtümern ihrer Ideologie lösen und das Verwerfliche ihrer Erziehungsdiktatur erkennen könnten, wollte ich damals und will ich heute nicht ausschließen. Besondere Schwierigkeiten habe ich heute mit der Rächerpose einiger, die allgemein zwar Bürgerrechtler genannt werden, aber eher zu Fanatikern mit umgekehrtem Vorzeichen werden. Einige von ihnen können es sich selber nicht verzeihen, daß sie einmal »gläubige« Kommunisten gewesen sind. Konvertiten gleichen sich in ihrer Radikalität! (Vergleiche dazu den Text »Die Abschüttelung der kommunistischen Erziehungsdiktatur und die Tabus der Bürgerbewegung«.)

Im übrigen mag dieser IM-Bericht zeigen, wie verblendet einige der Bürgerrechtler gewesen sind, die mir nachträglich SED-Nähe, Verklärung der DDR, Verharmlosung der Verbrechen, Gnadenfieber oder gar PDS-gesteuerte Amnestie-Wünsche vorwarfen. Auffällig dabei ist, daß am lautstärksten diejenigen sind, die einstmals »zuviel rote Brause im Kopf« (Biermann) hatten. Mir geht es um die »Freiheit zur Versöhnung«, die nur aus gegenseitiger Offenheit gewonnen werden kann. Die Wahrheit ist es, die schließlich alle miteinander frei machen kann.

Die Freiheit ist Chance. Sie ist Risiko. Sie kann Absturz bedeuten, wenn sie nicht von der Gerechtigkeit und der Solidarität begleitet wird.

## Die Abschüttelung der kommunistischen Erziehungsdiktatur und die Tabus der Bürgerbewegung

1989 wurde ein »Jahr der Befreiung« von der kommunistischen Diktatur. Die deutsche Sowjetrepublik unter dem Firmenschild »DDR« war einerseits notgedrungen akzeptierte Folge des deutschen Raubkrieges und wurde von Anfang an von vielen als eine neue Form der Fremdherrschaft aus dem bolschewistischen Osten empfunden.

Andererseits ist die »sozialistische DDR« nicht nur von wenigen eingefleischten Kommunisten aus dem Widerstand als eine hoffnungsvolle gesellschaftliche Alternative begrüßt, sondern sogar massenhaft unterstützt worden. Die SED versuchte, eine totale Konsensgesellschaft aufzubauen: eine Partei – ein Volk – eine strahlende Zukunft.

Das frühe »Bau auf! Bau auf!«-Pathos der FDJ mündete in die Zeile »... für eine bess're Zukunft richten wir die Heimat auf«.

Wie viele Menschen sich wirklich mit »unserer Deutschen Demokratischen Republik« identifiziert und diesen Staat als

»unseren Staat« gepriesen und als Überzeugte »mit Bewußtsein« gelebt hatten, läßt sich insofern schwer ausmachen, als ein totalitäres System Menschen kaum zu ihrer wahren Meinung kommen läßt, sondern sie auf ein Überlebenstraining konditioniert, das eigene kritische Denken beurlaubt und mitmachender Mitläufer statt mündiger Staatsbürger bedarf.

Interessant waren mir in diesem Zusammenhang die Äußerungen des BND-Chefs Dr. Wieck vom November 1999 in einem WDR-Gespräch, das ich zusammen mit Günther Schabowski (kurz vor dessen Verurteilung) führte. Der BND hatte, so Wieck, durch seine Befragungen in den 80er Jahren – sowohl von westdeutschen Besuchern in der DDR als auch von ostdeutschen Besuchern in der Bundesrepublik – in Erfahrung gebracht, daß die große Mehrheit nichts sehnlichster als die deutsche Einheit wollte. Darauf baute Helmut Kohl seine Politik nach dem 9. November 1989 auf und gewann im Frühjahr 1990 die Wahlen in der DDR in Gestalt der »Allianz für Deutschland«, weil mit dem Versprechen der deutschen Einheit das Versprechen der D-Mark verbunden war.

Jahrzehntelang nicht zu seiner eigenen Meinung kommen zu dürfen führt einerseits zu einem nachholenden Selbsthaß von Untertanen und andererseits zu einem Haß auf diejenigen, die man dafür nachträglich verantwortlich macht. Also: die Jubler klagten alsbald die von ihnen Bejubelten an. Alles wurde als Zwang eingestuft, um alle Feigheit zu kaschieren. Die gehorsamen Zettelfalter richteten ihren Zorn auf diejenigen, die sie 98prozentig zu dieser als Wahl deklarierten Unterwürfigkeitszeremonie genötigt hatten. Daß da durchaus eine Wahlkabine gestanden hatte, verdrängten sie!

Die DDR hat offensichtlich viel weniger tiefgehende Identifikation mit dem System ausgelöst, als sie alltäglich suggerierte. Um so stärker wird die Wut auf das SED-Regime, seine Verbrechen und Verbrecher bei nahezu völliger Ableugnung eigener Schuldanteile – durch gewissenloses, gehorsames, gefügiges Mitmachen. Man erinnere sich an die Reaktion der Mütter, deren Söhne Anfang der 90er Jahre als Mauerschützen angeklagt worden waren und alle Verantwortung von sich gewiesen und auf das System abgeschoben haben.

Trotzdem war der Weg in die Demokratie eine – durchaus überraschende – Eigenleistung der Bürger der DDR, beginnend mit den spontanen Massenprotesten und ersten Dialogversuchen in Dresden Anfang Oktober und der mutig-machtvollen Erhebung der 70 000 BürgerInnen am 9. Oktober in Leipzig. Vierzig Jahre eingemauerte und ins Einheitsdenken gepferchte Bürgerinnen und Bürger zeigten sich in einer historischen Stunde erstaunlich mutig und kreativ, mündig und besonnen, zielgerichtet und realitätsbezogen. Die meisten, die sich zur Masse der Mitmacher und der Mitläufer hatten degradieren lassen, begehrten allerdings nur kurzzeitig auf, ließen die wenigen Bürgerrechtler zeitweilig ihre Stimme sein und suchten sich in der stillen Kammer der Wahlkabine des 18. März 1990 von ihrer Vergangenheit zu verabschieden: im Anschluß an die »Allianz für Deutschland«.

Vergessen, verdrängen und vergolden oder projizieren auf »die SED und ihre Nachfolgepartei« bilden bei der großen Masse eine unheilige Allianz. Man selbst möchte salviert werden. Man reagiert nach einem alten Muster, das Tucholsky 1923 mit dem Satz umschrieb: »Die Deutschen brauchen immer einen, der an allem schuld ist.« Einzelne sollen dafür büßen, was von allen mitzuverantworten ist. Ein tief eingesessener Antikommunismus macht sich breit. Er entlädt sich auch auf alle diejenigen, die zwischen »Kommunist« und »Verbrecher« kein einfaches Gleichheitszeichen zu machen bereit sind. Es entsteht ein neues Denunziationsklima, bis man im Vordersatz ausführlich beweisen muß, daß man grundsätzlich und konkret »gegen den Kommunismus« ist, ehe man ein Wort für einzelne Kommunisten oder für eine nach Kommunismus schmeckende Idee einlegen kann.

Wer die innere Loslösung und Akzeptanz eigener Mitschuld nicht vollzogen hat, behält eine tägliche »Wut auf Krenz«. Nachdem die älteren Politbüromitglieder sich durch Alter, Krankheit und Tod auf natürliche Weise entziehen konnten, soll offenbar dieser Antipathieträger schlechthin als Symbol für alles hinhalten. Das Aburteilungsbedürfnis hatte sich an dem todkranken Honecker nicht befriedigen lassen, weil letztlich – nach langen, quälenden Diskussionen – die Rechtsstaatlichkeit die Prinzipien der Menschenwürde höher setzte als durchaus verständliche Abstrafungswünsche für den »Mauerarchitekten«. Deutsche Gerichte haben im Ganzen daran festgehalten, daß das Sühnebedürfnis von Opfern und allen, die sich dafür halten, nicht strafmaßbestimmmend sein kann.

Es wird eingewandt, daß nur die Opfer verzeihen und darüber entscheiden dürften, wann es einen Verzicht auf Strafverfolgung oder Amnestie gibt. Wer aber sind die Opfer von wem, deren Gefühle rechtstaatliche Relevanz haben? Es kann nicht darum gehen, negative Gefühle und böse Erinnerungen zu kritisieren oder zu unterdrücken. Das Aufbegehren und der Aufschrei der DDR-Geschädigten muß in der deutschen Öffentlichkeit hörbar werden, damit die Verklärung des DDR-Systems sich nicht weiter fortsetzt.

Doch eine kleine Minderheit mit selbsternanntem Opferstatus hat in der Öffentlichkeit – mit einer Lautstärke, die keine ruhige Debatte möglich machte –, dafür sorgen können, daß es keine Amnestie gegeben hat und gibt. Das immer wieder vorgebrachte Argument ist, man könne nur dem verzeihen, der seine Schuld einsieht. Demgegenüber behaupte ich umgekehrt: Wo man kein Verzeihen erwarten kann, gibt es auch keine Bitte um Verzeihung – erst recht nicht innere Freiheit zur Wahrheit, die mit Scham und Reue verbunden ist.

Wer dazu freiwillig bereit ist, muß eine Grundgewißheit haben, daß er oder sie daraufhin nicht noch schlechter dasteht, in ihrem persönlichen und öffentlichen Ruf.

Uns fehlt in Deutschland das kulturelle Umfeld für befreiende Wahrheiten, die durch den Schmerz hindurchgegangen sind. Es fehlt uns eine Kultur des Verzeihens, des Mutes zum Schlußstrich des Redens und Bewertens nach einer bekannten Schuld – ohne daß dies ein Schlußstrich über das werden dürfte, was geschehen ist. Vielleicht steckt dahinter die Angst, sich selber in seiner widerspruchsvollen Lebensgeschichte von Tun und Unterlassen wahrnehmen zu müssen.

Insbesondere Teile der Bürgerbewegung erwecken in der Öffentlichkeit den Eindruck, »die Bürgerbewegung« zu sein; sie werden zu Gralshütern moralischer Reinheit, die sich selber das Recht zumessen, über »richtigen Widerstand« zu urteilen. Außerdem nehmen sie sich das Recht heraus, zu verzeihen, wem sie wollen, und zu verurteilen, wen sie wollen.

Welche kommunistischen Flausen einst ein Wolf Biermann, eine Freya Klier, Wolfgang Templin, eine Vera Wollenberger oder gar ein Robert Havemann im Kopf gehabt haben, soll nach ihrem Gutdünken in dem Maße vernachlässigt werden können, wie sie sich als radikalste Kritiker ihrer einstigen Überzeugung erweisen und nun als stramme Antikommunisten den »antitotalitären Konsens« als den Gral der Läuterung verteidigen. Wer indes in Differenz zu seiner früheren Haltung, aber ohne prinzipielles Abschwören früherer Überzeugungen verharrt, auf den fällt die ganze Wut und die ganze Wucht der veröffentlichten Meinung. Man arbeitet mit der Unterstellung: Wer sich einer prinzipiellen Gegnerschaft zur PDS und dem Gedankengut des demokratischen Sozialismus verweigert, gibt den »antitotalitären Konsens« der vereinigten deutschen Republik auf. In dieser demokratischen Republik befänden sich zwar Demokraten in politischer Konkurrenz, aber in gemeinsamer Abwehr, einschließlich der

Verweigerung jeglicher Zusammenarbeit mit »rechten *und* linken Extremisten«.

Genau um dieses unscharfe und vorschnell gleichsetzende UND geht es mir und um die Frage, ab wann einer als Extremist gilt. Delikat wird diese Frage angesichts einer linkssozialistischen, aber das Grundgesetz prinzipiell akzeptierenden PDS, die unter ihrem Dach kommunistische Plattformen duldet und so wohlfeile Argumente bietet, sie in toto abzulehnen und auszugrenzen, wo immer das noch geht. Wer aus jenem angeblichen »antitotalitären Konsens« ausschert, wird wie zu kommunistischen Zeiten als Abweichler behandelt.

Wer heute unter dem Tarnwort »antitotalitärer Grundkonsens« jegliches kommunistische Gedankengut und überzeugte Sozialisten sowie alle, die diese tolerieren, diffamiert, begeht erneut eine Torheit. Seit 1946 haben die Kommunisten einen Ausspruch Thomas Manns von 1943 verfälschend weitergegeben und politisch instrumentalisiert. Dies wurde kolportiert, seit die theoretische Monatszeitschrift »Einheit« im Juli 1946 unter der Überschrift »Der Antibolschewismus – die Grundtorheit unserer Epoche« einen Artikel gedruckt hatte, der laut Vorspann jenes Artikels Ausführungen von Thomas Mann »enthält«. Dabei wurden die kommunismuskritischen Passagen Manns eliminiert. Dies kann Demokraten nicht daran hindern, den Gesamtzusammenhang wahrzunehmen und zu prüfen, ob Thomas Manns Vortrag unter dem Titel »Schicksal und Aufgabe« von 1943 nicht heute erneut zu bedenken ist, statt dieses Thema zu tabuisieren. Thomas Mann hatte davor gewarnt, daß die östlichen Länder – Deutschland voran – *»sich der Macht des Ostens zuwenden«* könnten, *»in deren Sozialismus die Idee bürgerlicher Freiheit keine Stätte mehr findet.«*

*Sie sehen, daß ich in einem Sozialismus, in dem die Idee der Gleichheit die der Freiheit vollkommen überwiegt, nicht das menschliche Ideal erblicke, und ich glaube, ich bin vor dem*

*Verdacht geschützt, ein Vorkämpfer des Kommunismus zu sein. Trotzdem kann ich nicht umhin, in dem Schrecken der bürgerlichen Welt vor dem Wort Kommunismus, diesem Schrecken, von dem der Faschismus so lange gelebt hat, etwas Abergläubisches und Kindisches zu sehen, die Grundtorheit unserer Epoche. Dieses Wort gleicht tatsächlich einem Schreckgespenst für Kinder …*

*Verstehen Sie mich recht: Der Kommunismus ist ein scharf umschriebenes, politisch ökonomisches Programm, gegründet auf die Diktatur einer Klasse, des Proletariats, geboren aus dem historischen Materialismus des 19. Jahrhunderts, und in dieser Form stark zeitgebunden. Er ist aber als Vision zugleich viel älter und enthält auch wieder Elemente, die erst einer Zukunftswelt angehören. Älter ist er, weil schon die religiösen Volks-Bewegungen des ausgehenden Mittelalters einen eschatologisch-kommunistischen Charakter hatten: schon damals sollten Erde, Wasser, Luft, das Wild, die Fische und Vögel allen gemeinsam gehören, auch die Herren sollten ums tägliche Brot arbeiten, und alle Lasten und Steuern sollten aufgehoben sein. So ist der Kommunismus älter als Marx und das 19. Jahrhundert. Der Zukunft aber gehört er an insofern, als die Welt, die nach uns kommt, in der unsere Kinder und Enkel leben werden, und die langsam ihre Umrisse zu umhüllen beginnt, schwerlich ohne kommunistische Züge vorzustellen ist: das heißt, ohne die Grundidee des gemeinsamen Besitz- und Genußrechtes an den Gütern der Erde, ohne fortschreitende Einebnung der Klassen-Unterschiede, ohne das Recht auf Arbeit und die Pflicht zur Arbeit für alle … Warum sage ich das alles? Weil ich finde, daß wir uns nicht fürchten sollen, nicht vor Wortgespenstern wie ›Kommunismus‹. Denn unsere Furcht ist die Quelle des Mutes für unsere Feinde.«*

(Thomas Mann, Essays. Band 5, herausgegeben von Hermann Kurzke und Stephan Stachorski. Frankfurt am Main 1996, S. 234.)

Thomas Mann ordnet den politisch-ideologischen Kommunismus und seine Zeitbegrenzung ein und fragt sodann weiter nach den visionären Elementen, die Zukunftsbedeutung behalten, wenn man sie aus den ideologischen Fesseln, Irrtümern, Illusionen und Verbrechen löst. In der globalisierten Welt stehen wir erneut vor der Frage, wie *»ein neues Gleichgewicht gesucht wird zwischen den beiden Grundbegriffen der modernen Demokratie, Freiheit und Gleichheit«*. (Ebenda, S. 236.)

Thomas Mann nimmt die Aufgaben der globalisierten Welt vorweg und spricht bereits 1943 von einer *»Lebensform der Gemeinsamkeit, der gegenseitigen Abhängigkeit und Verantwortlichkeit, des gemeinsamen Anrechts auf den Genuß der Güter der Erde, einfach infolge des Zusammenwachsens des Erdraumes, der technischen Verkleinerung und Intimisierung der Welt, in der alle Heimatrecht haben und deren Verwaltung alle angeht«*. (Ebenda, S. 237)

Freilich kann niemand, nach allem, was das stalinistische Sowjetsystem angerichtet hat, über dessen Verbrechen einschließlich der ideologischen Wurzeln und anthropologischen Blindheit hinweggehen. Doch bloßer Pragmatismus und Orientierung alles Denkens und Handelns an Gewinnmaximierung entspricht weder dem Menschen und seiner das Natürliche überschreitenden Humanität, noch ist dies mittel- oder gar langfristig beantwortbar, weil die Überlebensbedingungen der Menschheit zusammen mit den natürlichen Lebensgrundlagen dabei außer acht bleiben. Daß dabei häufig ausgerechnet ehemalige Kommunisten das Kind mit dem Bade ausschütten und sich in ihrer Kommunismusgegnerschaft gegenseitig übertreffen, gehört zur Konvertitenpsychologie. Sollte es diesen gelingen, den rationalen Diskurs mit antikommunistischer Feindbildzimmerei zu übertönen?

Dieser Prozeß begann bereits während der Gründung des Demokratischen Aufbruchs als Partei in Leipzig im Dezember 1989. Dort wurde per öffentlicher Abstimmung verlangt, das Wort Sozialismus aus den Diskussionen zu verbannen.

Eine Mehrheit stimmte dem zu. Wolfgang Schnur, der seit 1967 intensiv mit der Staatssicherheit zusammen gearbeitet hatte und in jenem Jahr bereits eine »persönliche Begegnung mit dem Minister Mielke« einforderte, war der erste, der – über Helmut Kohls Vorschläge hinausgehend – die deutsche Einheit forderte. Jedes Zusammenwirken mit der Modrow-Regierung lehnte er strikt ab.

Die Opposition in der DDR hatte wenige Anhänger, aber viele Alpha-Figuren, die sich solange miteinander eins waren, wie der gemeinsame »Feind« sie vereinte. Als es dann darum ging, den »Machtkuchen« zu teilen, gab es zu viele Leute mit Führungsambitionen und viel zu wenige Anhänger. Das Wahlergebnis vom März 1990 war dafür nur ein ernüchterndes Indiz. Die Bürgerbewegung hatte keine Massenbasis – die Masse war gefügig unter- und eingeordnet. Die Sprecher der Bürgerbewegung konnten nur eine begrenzte Zeit öffentliche Stimme für die stumme Masse werden. Es war der SED gelungen, jedes politisch effiziente Netzwerk zu verhindern. Eine politische Konzeption auf tragfähiger ökonomischer Basis stand beim Zusammenbruch der SED-Herrschaft nicht zur Verfügung.

In den Auseinandersetzungen des Herbstes 1989 sollte der Bürgerbewegung alsbald klarwerden, daß sie sowohl personell wie auch inhaltlich und strukturell zu insuffizient war, um die Geschicke des Landes in jener kritischen Umbruchphase zu übernehmen. Ich empfand uns alle für selbstüberschätzt und wollte alles tun, daß ein ökonomisches und politisches Chaos vermieden würde. Immerhin waren noch 450000 Sowjetsoldaten auf dem Territorium der DDR stationiert. Damals machte ich kein Hehl daraus, daß ich die Modrow-Regierung (keine acht Tage nach der ersten Sitzung des zentralen Runden Tisches in Berlin) durch die Bürgerbewegung bei der zielstrebigen Überführung der Einparteienherrschaft in die Demokratie unterstützt sehen wollte. Andere gingen zu diesem Zeitpunkt in prinzipielle Opposition zur Modrow-Regierung. Ich hielt dies für den falschen Weg, die friedliche Revolution zu retten und das SED-System in eine funktionstüchtige Demokratie zu transformieren. Von einer Gruppe Thüringer Delegierten wurde ich in ein Nebenzimmer gebeten und einem regelrechten Verhör ausgesetzt. Die Fragen, die mir dort gestellt wurden, habe ich als »Kalaschnikow-Fragen« in Erinnerung. Mein Glück war, daß sie keine Kalaschnikows hatten. Schon zu diesem Zeitpunkt galt ich ihnen als »der Verräter«. Ihre schmalen Lippen, ihre scharfen Fragen und ihr lautes Getrampel bei allen nationalen Parolen bleiben unvergeßlich.

Bereits am 2. November 1989 hatte ich in Erfurt erlebt, wie eine große Kirche Sammelplatz für eine anschließende Demonstration wurde und nur ganz rudimentär noch ein eigener geistlicher Ort. Dieses Demo-Volk habe ich dann auf dem Domplatz als blanken Mob gegen die »rote Rosi« erlebt, der nur noch kreischen konnte: »Rosi weg!« Ich dachte: Alle, die hier kreischen, haben noch vor fünf Monaten ihre Kinder »gejugendweiht« und am 6. Mai brav ihre Zettel gefaltet, ihre Kinder in den Ehrendienst zur NVA entlassen. Ich bin tief mißtrauisch gegenüber solch aggressivem Umschwung von Massen. Masse ist für alles zu gebrauchen und schwenkt sehr plötzlich, sehr stimmungsabhängig um. Die Haßausbrüche von Untertanen haben mich tief irritiert. Mit einem Freund ging ich betroffen, schweigend und ratlos zu den Diskussionen unserer Synode zurück. Dort wurde eingeübt, was Demokratie ist, wie man mit seinen Gegnern umgeht, wie man Kompromisse findet, ohne seine Überzeugungen aufzugeben.

Das Ende des SED-Regimes vor Augen, sprach Propst Heino Falcke über das, was vom »Sozialismus« bleiben werde – und bleiben sollte: eine Menschheitsaufgabe.

Und war das nicht allen programmatischen Entwürfen der

Opposition gemeinsam gewesen? Es ging bei allen Differenzierungen im einzelnen um die grundlegende Umgestaltung, nicht um die Abschaffung des (Sowjet-)Systems. Die Frage der deutschen Einheit lag in einem gesamteuropäischen Kontext, im Gefolge des KSZE-Prozesses und der stufenweisen Annäherung zwischen Ost- und Westeuropa. Der Friede war nur in Abrüstung, Entspannung und gemeinsamer Sicherheit zu erhalten. Die Schrittfolge der Veränderung schien mit der Schrittfolge der KSZE-Konferenzen synchron zu gehen und hatte seit dem Machtantritt Gorbatschows nicht nur neue Impulse bekommen, sondern hatte eine ganz neue Qualität erreicht. Die deutsche Einheit war uns allen nur in europäischer Perspektive vorstellbar. Wer dies heute verleugnet, verdrängt, tabuisiert, betreibt opportunistischen Geschichtsrevisionismus, einschließlich neuer politischer Anbiederung an eine konservative Grundströmung, in der man sich für alles als »links« Geltende nachhaltig schämen zu müssen meint. Man prüfe nach, was Bärbel Bohley, Erhart Neubert, Günter Nooke, Vera Wollenberger, Rainer Eppelmann, Wolfgang Templin, Gert Poppe oder Konrad Weiß zu Protokoll gegeben haben, ehe sich alles seit Februar 1990 mit dem vorzeitigen Wahlkampf der bundesrepublikanischen Parteien auf dem Territorium der DDR veränderte. Manche haben heute vor nichts mehr Angst, als als damalige »Gegner der Einheit« abgestempelt zu werden. Sieger setzen stets die Marken dafür, was als wahr zu gelten hat.

Daß die Geschichte anders verlaufen ist, als es unseren damaligen Vorstellungen entsprach, hat Gründe, die damals noch nicht in unserem Blickfeld lagen: daß z. B. die DDR ökonomisch völlig am Ende war und daß es in der sowjetischen Führung eine Bereitschaft geben könnte, die DDR »aufzugeben«, bis hin zur NATO-Mitgliedschaft eines vereinigten Deutschland. Rückblickend können wir sagen: »Wir hatten großes Glück!« Aber rückblickend darf nicht vergessen werden, wie oft alles an einem seidenen Faden hing und wie nahe wir der Katastrophe waren: in den ersten Oktobertagen in Dresden, am Abend des 9. Oktober in Leipzig, in der Nacht des 9. November in Berlin, bei den Übergriffen auf sowjetische Garnisonen im Dezember 1989, bei den Erstürmungen der Stasi-Zentralen im ganzen Land, bis hin zur befürchteten Abwahl Gorbatschows im Juni 1990 und seiner Ersetzung durch den Konservativen Ligatschow.

Ein einziger Schuß hätte genügt, um alles zunichte zu machen. Dieser Schuß ist nicht gefallen. Nirgendwo. Dieser Erfolg ist letztendlich eine Verquickung glücklicher Umstände, und daran haben heute politisch Getrennte je ihren Anteil – so wenig zu unterschätzen ist, welche Chance die Regierung Kohl/Genscher entschlossen ergriffen hatte.

Auch heute verbietet sich eine Verengung auf die deutsche Frage; schließlich wurde die Charta von Paris (1990) als Gründungsdokument eines neuen Europa, befreit vom Ost-West-Gegensatz und auf dem Wege zu einer Transformation des Ostblocks in Demokratie und friedliche, gleichberechtigte, an Menschenrechten orientierte Zusammenarbeit verabschiedet. Das Glück der Deutschen kann von kurzer Dauer sein, wenn eine politische und ökonomische Stabilisierung der gedemütigten Atommacht Rußlands ausbleibt. Eine Orientierung der deutschen Außenpolitik zum Wohle aller östlich von Deutschland liegenden Staaten wird sich der Erfahrungen der Ostdeutschen mehr als bisher zu bedienen haben.

Sollte man sich heute dafür schämen, daß man für die »Freundschaft zu den Völkern der Sowjetunion« eintritt und in der DDR-Zeit mitten in aller propagandistischen Verlogenheit des Drushba-Gebrülls auch ehrlich dafür eingetreten war? Muß man sich heute schämen, einmal Kommunist gewesen zu sein, und gilt nur derjenige etwas, der allem abschwört, bis hin zur Selbstverfluchung? Ist Schabowski ein elender Opportunist oder ein ehrlich Gewandelter? Muß

Bisky ständig die ganze Geschichte der SED aufgeladen werden, oder kann er als linker Demokrat gleiche Achtung beanspruchen?

Daß im Zuge der Vereinigung kein neuer großdeutsch aggressiver Nationalismus aufgekommen ist, annulliert nicht die Angst vieler Bürgerrechtler – auch meiner – , daß beim Zusammenbruch der kommunistischen Erziehungsdiktatur und ihrer gesellschaftspolitischen und moralischen Koordinaten nationalistische Gefühle die Oberhand gewinnen könnten. Ich sagte am 17. 9. 1989 auf der Synode des Bundes der Evangelischen Kirchen in Eisenach: »Es könnte erschrecken, was zutage tritt, wenn jeder erst einmal sagen kann, was er wirklich denkt ... Was wir beim Versuch, einen Sozialismus aufzubauen, versäumen, schlägt immer rechts zu Buche.« (Träume und Alpträume. Berlin 1990, S. 111.)

Das Nationalistische bekam *nicht* die Oberhand. Dies ist ein Glück. Doch die Ängste sind nicht von der Hand zu weisen, zumal die Ohnmacht des demokratischen Staates gegenüber rechtsradikalen, national-rassistisch argumentierenden Schlägertrupps offensichtlich ist.

Oder: Muß man heute verschweigen, daß man große Hoffnungen auf Gorbatschow und Schewardnadse gesetzt und eine demokratische Umgestaltung für möglich gehalten und als einzige Alternative zum Weiterführen des irrationalen Ost-West-Gegensatzes gesehen hatte? Und wer hatte von den Bürgerrechtlern (einschließlich vieler westdeutscher Politiker) im September/Oktober 1989 Hans Modrow nicht für einen Hoffnungsträger gehalten? Muß man ihn inzwischen als einen politischen Paria betrachten – und warum?

Ist das Ergebnis der friedlichen Revolution nicht auch zur Hälfte ein »Verdienst« des kommunistischen Sicherheitsapparates, der eben nicht zuschlug? Muß man allen, die nicht zugeschlagen haben, verwerfliche Motive unterstellen?

Schließlich: Bleibt es nicht ein mit unendlichen Opfern erkauftes Verdienst der Sowjetarmee, Deutschland befreit zu haben? Bleibt nicht der 8. Mai deshalb ein – wenn auch schrecklicher – »Tag der Befreiung«? Wer an dieser Beurteilung festhält, muß keineswegs die Verbrechen Stalins und des Stalinismus leugnen, aber wird gleichzeitig bedenken, daß wir von der Hitlerei *befreit werden* mußten und uns als Deutsche nicht selber von diesem verbrecherischen Wahn befreien konnten. Und schließlich: Warum lassen es sich Bürgerrechtler gefallen, sich als »ehemalige« bezeichnen zu lassen, als ob es in der Demokratie nicht aktiver Bürgerrechtler bedürfte?

Und es ist doch ein Glück, in einer freiheitlichen Ordnung für Erhalt und Erweiterung von Bürgerrechten zu kämpfen, statt unter einer und gegen eine Diktatur leben zu müssen!

Wir sind in vielfacher Weise abgestürzt – und nicht in ein weiches Bett gefallen, schon gar nicht im »Reich der Freiheit« angelangt, aber wir leben in einer freiheitlichen Gesellschaft auf eine wunderbare und anstrengende Weise. Diese Freiheit ist aller Mühen wert.

## Der Warteraum der Freiheit

28 Jahre eingemauert leben – das legt sich auf die Psyche eines ganzen Landes, zumal die Mehrheit sich dazu bringen ließ, in unterschiedlichen Tonlagen das Glück des Friedens, der sozialen Sicherheit, des Zukunftsoptimismus und der Siegesgewißheit des sozialistischen Fortschritts zu singen. Nach den vielen gescheiterten Ausbruchsversuchen im kommunistischen Weltsystem nach 1945 war kaum noch damit zu rechnen, daß in absehbarer Zeit die autoritär-totalitäre Herrschaft durch die kommunistischen Staatsparteien abzuschaffen wäre. Besonders die Tschechen hatte nach 1968 eine tiefe Resignation erfaßt. Die Niederschlagung der Solidarność-Bewegung

im Dezember 1981, die Ausweisung Kopelews, die Verbannung Sacharows – all dies ließ keine Hoffnung auf Freiheit aufkommen. So setzten viele ihre Hoffnungen auf den allmählichen Entspannungs-, Abrüstungs- und Zusammenarbeitsprozeß, wie er zunächst in der Brandtschen Ostpolitik und dann im KSZE-Prozeß auf den Weg gebracht worden war.

Welchen Raum von Freiheit hat man unter äußerlich einengenden Bedingungen? So viel Freiheit, wie man sich selber nimmt, zugesteht und mitten in aller Einengung bewahrt.

Ich war nie Kommunist. Ich halte den Kommunismus für »verkehrtes Bewußtsein«, ganz im Sinne der Ideologiedefinition von Karl Marx. Ich habe mich seit dem 13. August 1961 eingesperrt gefühlt und mich für dieses ummauerte Land auch geschämt. Daß ich kein Kommunist war, halte ich allerdings weder für mein besonderes Verdienst noch für den Ausweis meiner hervorragenden politischen oder moralischen Klarheit. Aber ich will all denen keinen generellen Vorwurf machen, die einem solchen visionären Irrglauben in wissenschaftlichem Gewand und mit weltmissionarischem Anspruch angehangen haben. Das heißt allerdings nicht, daß ich über die von Kommunisten zu verantwortenden Menschenrechtsverletzungen oder Verhetzungen schweigen wollte. Ich kenne seit meiner Kindheit die Leidtragenden des Systems. Allerdings bin ich immer vorsichtig bei der Bezeichnung oder gar der Selbstbezeichnung »Opfer« gewesen, weil es die Verhältnismäßigkeit gebietet, mit diesem Begriff in diesem schrecklichen 20. Jahrhundert vorsichtig umzugehen. Was sind alltägliche Drangsalierungen verglichen mit dem, was Widerstandskämpfer in den Konzentrationslagern oder Dissidenten im Gulag, was politische Häftlinge in Bautzen erlitten haben? Was mich wütend macht, ist eine häufig blind-wütige Rigorosität bei der Verurteilung des Kommunismus durch einst sehr »Überzeugte«, die spiegelverkehrt das wiederholen, woran sie selbst mitgewirkt hatten, ehe sie es erlitten. Wenn etwa der frühere Stalinist Ralph Giordano, der sich sehr früh von diesem Denken gelöst hatte, nun fordert, man solle nicht nur die IM-Tätigkeit von Schriftstellern prüfen, sondern sie auch daraufhin »röntgen«, was sie gesagt und gedacht haben, dann zeigt sich darin sehr viel altes Denken, weil sich darin eine Denkstruktur wiederholt, die anderen Menschen nicht erlauben will, sich zu wandeln.

Die weithin quälenden Debatten bei der Vereinigung der beiden PEN-Zentren in Ostberlin und Darmstadt machten deutlich, wie lang der Prozeß der inneren Annäherung noch dauern wird und wie schnell Verletzungen dazu führen, daß neue Gräben und neue Fronten entstehen, bis hin zu Unterstellungen, Diffamierungen und Feindschaften. Der Vereinigungsprozeß des PEN, der 1999 organisatorisch abgeschlossen wurde, zeigt an, wie tief der Graben zwischen Ost und West geblieben ist. Inzwischen hat sich gezeigt, daß die Trennlinien nicht mehr wesentlich zwischen Ost und West, sondern zwischen Lebenshaltungen verlaufen. Diese zeigen sich in einem unterschiedlichen Verarbeitungsprozeß von Vergangenheit, der das Handeln in der Gegenwart beeinflußt. Anders als viele Bürgerrechtler, die sich nachträglich wie Bürgerrächer gerieren, redet einer, der 10 Jahre im Gefängnis war, der Präsident des tschechischen PEN Jiři Stranský:

*»Ein Katzenjammer ist aus der Freiheit geworden. Nach all diesen langen Jahren des Totalitarismus haben die Leute vielleicht mehr erwartet, als sie bekommen können. Jetzt ist es so, daß sich alle beklagen, von rechts bis links, von links bis rechts. Ich finde es ganz normal, wie es ist.*

*Ich selbst stehe inzwischen als ein Lebensoptimist da, der die anderen beklagt, daß sie Pessimisten sind. Das kommt vielleicht daher, daß ich zehn Jahre im Gefängnis war und daß die zehn Jahre für mein eigenes Leben mehr positiv als negativ waren. Negativ war es mit der Gesundheit. Aber ich lebe noch. Es ist also in Ordnung. Aber ich muß sagen, daß mich diese zehn Jahre viel, viel gelehrt haben. Das Wichtigste ist, daß viele Probleme keine Probleme sind und wir Menschen es gewöhnt sind, aus vielen Sachen Probleme zu machen, die gar keine sind.*

*Wenn Sie im Gefängnis waren, hatten Sie drei Möglichkeiten: entweder das Gefängnis als eine Art Provisorium anzunehmen, das gar nicht zu ihrem normalen Leben gehört, oder es als Warteraum auf die Freiheit anzunehmen oder drittens als normalen Teil des Lebens. Das war das wichtigste. Das war das einzige. Aber nicht alle haben es so angenommen. Und dann war es schlecht.*

*Daraus folgt noch eine Schwierigkeit, weil man es nicht sogleich sah: daß Sie, obwohl Sie im Gefängnis waren, zwei freie Sachen hatten, nämlich den freien Willen und die freie Seele. Wenn Sie es schafften, das zu fühlen, war es schon wunderbar. Es ist wirklich so, daß Sie sogar in den 50er Jahren Zeit hatten zum Schreiben, obwohl es sehr gefährlich war. Das war die phantastische Freiheit. Noch eine Freiheit hatten wir: Das war die Freiheit der Augen, obwohl sie hinter dem Zaun waren. Die Augen sahen weiter und konnten noch weite Weiten spüren.*

*Mein erstes Buch nennt sich: ›Das Glück‹. Es sind kurze Geschichten aus dem Gefängnis. Ich wollte damit beweisen, daß man sich auch unter solchen Umständen ganz frei und ganz glücklich fühlen konnte, aber, wie ich gesagt habe, unter der Bedingung, daß Sie die freie Seele und den freien Willen behalten. Das ist auch das, was wir jetzt manchmal vergessen: daß wir beides haben!«*

(Diskussionsbeitrag auf der P.E.N.-Tagung in Quedlinburg 1997)

Wer so reden kann, der schöpft nicht nur die Freiheit unter allen Bedingungen aus, sondern weiß auch um die Ketten derer, die uns der Freiheit berauben wollen. Der Kampf um die Freiheit braucht freie Menschen, die auch unter den Bedingungen der Unfreiheit sich die Freiheit bewahren – so wie der über zehn Jahre einsitzende Jiři Stranský. Solche Freiheit wünschte ich uns.

## II. Menschliche Handlungsfreiheit und die Eigengesetzlichkeit der Globalisierung

### Die menschliche Freiheit zwischen lokalem Horizont und globaler Verantwortung

Das Ende der Dreiteilung der Welt durch das Ende der Zweiteilung hat das Lebensprinzip des Kapitalismus, den Verdrängungswettbewerb, genannt »Markt«, und die Profitmaximierung grenzenlos werden lassen und hat ein wohlfeiles Zauberwort geboren: die »Globalisierung«, mit der nahezu alles erklärt und gerechtfertigt wird. *Eine* Welt war einmal moralisches Postulat gegenseitiger Angewiesenheit, Abhängigkeit und Verantwortung füreinander und für die Nachkommen gewesen. Nun haben wir den *einen* Markt als eine Determinante, die jede Rückfrage verstummen läßt, weil Zwangsläufigkeit suggeriert wird. »Die internationale Entwicklung geht dahin, daß ...« höre ich fortwährend in den Medien beschwörend von den Meinungs-, Leistungs- und Entscheidungsträgern dieser Welt. Wer oder was läßt sie gehen? Sind wir noch steuernde Subjekte oder nur noch Getriebene in Beschleunigungsprozessen, die Voraussetzung für jedes Mithalten werden? Nicht eine Überlebensgemeinschaft an den Grenzen des Wachstums mit sich entwickelnder solidarischer Überlebensvernunft scheinen wir zu sein, sondern nur noch »Standortbewohner« im Überlebenskampf der miteinander ökonomisch vernetzten Welt. Solange das einer Mehrheit plausibel erscheint, wird dieser Weltprozeß besinnungslos weitergehen und nicht als Wahnsinn auf der schiefen Ebene erkannt werden können. Der Weltprozeß ist dem Denkprozeß fast uneinholbar vorausgeeilt, wird nicht von Denkern, sondern von Krämern bestimmt. Rettungsprogramme, die auf eine globale Perestroika aus sind, verdunsten wirkungslos als Bestseller, ob von Capra, Vester, Kennedy oder Al Gore. Wem fällt auf der Handlungsebene bei »Werten« denn noch anderes ein als Börsenwerte? Die sogenannten »Sieben Großen« sprechen über Märkte, Geldstabilität, Absicherung der Rohstoffquellen und des eigenen Reichtums, höchstens noch über Terrorismusbekämpfung, nicht aber über eine Sozialcharta oder globalisierte ökologische Standards oder gar über die Bedingungen der Überlebensfähigkeit des Systems durch nachhaltiges Wirtschaften. Klima ist keine Kategorie für die Energielobbys, die die Welt bestimmen! Gänzlich undenkbar ist, daß sie sich eine Auszeit zur Besinnung nehmen über die »Anschlußfähigkeit unseres Wirtschafts- und Lebensmodells« für die ca. 7 Milliarden Menschen.

Ein internationales, auf Überlebensfähigkeit gerichtetes Recht bekäme erst eine Chance, wenn unsere Gesellschaften einen handlungsorientierten Konsens über das hergestellt haben, was für uns förderhin so lebens- und liebenswert ist, daß wir unsere Lebensweise allmählich so ändern, daß unser Raubzug gegen die natürlichen Lebensgrundlagen beendet würde. Die internationale Marktgeilheit, z. B. gegenüber den gigantischen Projekten in China, verletzt nicht nur unsere »geheiligten« Menschenrechtsgrundsätze, sondern beschleunigt den ökologischen Ausverkauf des Systems Erde.

Ist es nun Zeit aufzugeben? Jeden Tag ist Zeit aufzustehen, aufzusehen, aufzuhören und anzufangen. Der Realist in mir und der Träumer in mir sagen sich jeden Tag: »Gute Nacht« und »Guten Morgen«.

Hör auf! Laß es sein! Laß es ruhen und leb noch ein bißchen. Für dich reicht's ja noch, sagt der eine.

Hör hin! Sieh hin! Sieh weiter und sieh auf, fang noch mal an, laß es nicht laufen! Wo Gefahr ist, wächst das Rettende auch, flüstert der andere.

Ich meine: Was ich an innerster Zustimmung aus Einsicht

und Lebensfreude nicht an mir, was wir nicht in unserer Kommune und jeder einzelne Bürger in unserem Staat an lebensverträglichen Wertsetzungen ausbilden, einüben und plausibel werden lassen, wird nicht lebensverträgliches internationales Recht werden können.

Dazu gehört zuallererst das, was sich nicht kodifizieren läßt: nämlich die Ehrfurcht vor dem Leben, die Dankbarkeit für das Leben, das Staunen über das Leben. Daraus erwachsen Schutz und Verantwortungsgefühl für das Leben. Es gibt kein globales Recht ohne personale Akzeptanz. Die Angst ist kein hinreichender oder gar guter Lehrmeister, aber auf die »Heuristik der Furcht« können wir kaum verzichten, wenn der Zukunftsoptimismus auf gnadenloser, bewußtloser und gewinnzynischer Selbstbetrügerei und Verschleierung beruht.

Die Arbeit an unserer inneren Verfassung und die weitere Arbeit an der Verfassung unseres Gemeinwesens sind Stufen in einem globalisierten Recht, das das schützt, was wir verbrauchen, ohne es zu bezahlen, was wir entnehmen, ohne es zurückzugeben. Das kapitalistische Ausbeutungsprinzip ist nicht nur global, sondern auch total; wenn es nicht sozial und ökologisch gebändigt wird, wird die Katastrophe absehbar sein.

Wer das Ganze im Blick behält, muß sich dem einzelnen stellen. Wer sich dem einzelnen stellt, muß das Ganze im Blick behalten. Anthropologische Skepsis gegenüber globalem Denken, Fühlen und Handeln schärft den Blick für das Mögliche. Skeptischer Realismus bewahrt vor einer Resignation, die gerade den Utopiebegeisterten eigen ist.

Wir sind offenbar Revierwesen mit begrenztem Raum- und Zeithorizont (trotz Internet und Überschall) und brauchen regionale Identität und die Möglichkeit, dies in »unseren Horizonten« auszuleben. Die Globalisierungsprozesse verlangen uns jedoch eine mentale Revolution und eine globale Horizonterweiterung ab. Ideologisierte Internationalität führt und verführt zu Abgrenzungen und Abschottungen nationalethnischer und religiös fundamentalistischer Art. Also gilt es, viel mehr Anstrengungen darauf zu richten, uns rational, emotional und vor allem kommunikativ auf das Miteinander der Kulturen vorzubereiten und die verletzbare Hülle des Planeten zu schützen.

Welche Chance aber hat die auf Leben vorbereitende Schule noch angesichts der Übermacht der medialen Nebenerzieher, die verflachend, verblödend und brutalisierend auf die Einschaltquoten und eine uns innewohnende Primitivität rechnen? Entfaltungsräume stehen nicht per se im Gegensatz zur Verantwortung fürs Ganze, doch oft wird im Namen des Ganzen das Eigene eingezwängt, eingeschränkt oder nivelliert. So ist nicht nur der EURO, sondern auch der Euro-Apfel und die geschmacksresistente Tomate ein Problem der Bevor-Mundung regionaler Gurkenkrümmung.

Alle Kraft ist darauf zu richten, die Ökonomisierung unseres Denkens und Handelns durch eine Ökologisierung des Ökonomischen abzulösen, die der Natur ihr Subjektsein zugesteht und den Stummen eine Stimme gibt, ehe die Gattung Mensch nach Verzweiflungsschreien verstummt. Das erfordert dringend einen anderen Rechtsbegriff und ein spirituelles Verhältnis z. B. zu Wasser und Baum. Martin Luther hat sehr hellsichtig geschrieben: »Vor einem Baum, davon man Schatten hat, soll man sich verneigen.« Die primitiven Kulturen, die wir eben primitiv nennen, pflegten ein Verzeihungsgebet vor dem Fällen des Baumes zu sprechen. Auch wir brauchen wieder das unabsichtlich betrachtende Verhältnis, das die Dinge nicht bloß mit dem Zweckblick sieht z. B. den Baum nicht bloß mit den Augen des Schreiners. Globales politisches Ziel wie nationale Parole muß die ökologische Steuerreform als Schutzgebühr für das Leben sein. Das schließt eine Reduzierung der Verkehrsflüsse durch Verteuerung ein und befördert die Kreislaufwirtschaft, die schließlich der lebensförderlichen Small-is-beautiful-Produktions- und Lebensweise entspricht. Gerade das ist nicht antimodern oder technikfeindlich. Und Ubiquität und Omnipräsenz sind nicht nur Eigenschaften, die Gott vorbehalten sind – sie lösen auch das Problem der menschlichen Vereinsamung nicht, sondern verschärfen es eher.

Wir sind mühsam gebändigte Kulturmenschen auf Abruf, deren Kulturleistung das Ertragen des Anderen und Andersartigen ist, bevor dies als multikultureller Gewinn erlebbar wird. Völkerfreundschaft und religiöse Toleranz haben eine befruchtende Wirkung, doch eine dünne Haut, wie am Beispiel Toledos, Beiruts oder Sarajewos sichtbar wird. So delikat es ist, diese Wahrheit auszusprechen: Die Vertreibung der Kosovaren durch »die Serben« kann nicht die Vertreibung der Serben durch die Kosovaren rechtfertigen.

In Deutschland sind Entfaltungsräume besonders zu hüten, die unser liberaler Sozial- und Rechtsstaat nicht nur ermöglicht, sondern erfordert: Wirtschaftliche Erfolge sollten mit sozialem Ausgleich verbunden bleiben und das Staatsbürgerschaftsrecht nicht aus Herkunftsblut begründet werden. Auch wir sind ansteckbar, wieder ansteckbar von der Pest des Nationalismus, von den Exzessen des Hasses. Unsere dunkle Seite ist aufreißbar, so wie wir selbst als Teil einer Gruppe Unrecht erleben und uns wehren. Sarajewo ist längst wieder aus den Schlagzeilen, sollte jedoch für uns alle Warnzeichen sein. Die europäische Kulturtradition steht auf dem Spiel, wird immer wieder verspielt.

## Ein kultureller Umbruch mit unabsehbaren Folgen und Chancen

Was meinen wir, wenn wir von einer Kultur reden. Ich lasse das so im Ungefähren, wie es alltäglich gebraucht wird, und wähle den weitesten Begriff von Kultur, um verschiedene Konnotationen in den unterschiedlichsten Sachzusammenhängen zu erlauben. Ich verstehe Kultur als die Summe der als typisch feststellbaren Lebensform einer Bevölkerung in einem abgegrenzten räumlichen und zeitlichen Rahmen. Dazu gehört eine unbestrittene Zugehörigkeit zu einer Gruppe, die eine von anderen unterschiedene Lebensart entwickelt, die sich bewußt oder unbewußt abgrenzt. Häufig gehört dazu eine Religion oder eine Vision, die nicht explizit von allen geteilt wird, eine Umgangsform, die nicht von allen gepflegt, eine Geschichte, die nicht von allen heroisiert, eine Zivilisationsleistung, die nicht von allen getragen, ein Lebensraum, der nicht von allen als das Höchste angesehen, ein Stallgeruch und Blutsbande, die nicht von allen als hinreichendes Band angesehen werden, ein besonderer die Natur verwandelnder Stil und eine »Sprache«, in der sie sich vielfältig und wiedererkennbar ausdrückt. Wenn Kultur der Prozeß des Hervorbringens der verschiedenen Kulturinhalte und -modelle und der entsprechenden individuellen und gesellschaftlichen Lebens- und Handlungsformen ist, lebt sie in ihren einzelnen Hervorbringungen von einer Leitidee. Bricht diese Leitidee zusammen, verschwindet auch das Stil- und Normgebende einer Kultur. Nun gibt es innerhalb einer Kultur stets Menschen, die eine Distanz zu sich und eine Neugier auf anderes behalten haben. Sie sind keine heimatlosen oder gar vaterlandslosen Gesellen, sondern die unentbehrlichen Vermittler zu den Nachbarkulturen in Raum und Zeit. Leugnung der Herkunft oder Gleichgültigkeit ihr gegenüber sind die Kehrseite von Ausschließlichkeits- oder Überlegenheitsansprüchen.

Wir erleben gegenwärtig einen Prozeß der Herausbildung einer Weltkultur ohne eine kulturelle Leitidee, die diesen Namen verdiente. Die seit 1917 miteinander hart konkurrierenden Gesellschaftssysteme bewirkten auf der Nordhalbkugel eine Zweiteilung und auf der Südhalbkugel einen Einflußsphärenkampf. Die unfruchtbare »Konkurrenz in Konfrontation« zweier Blöcke hatte zugleich eine stimulierende Wirkung im Hinblick auf die Realisierung bestimmter motivierender Leitideen. Verkürzt gesagt, ging es um die Konkurrenz zwischen Gerechtigkeit und Freiheit. »Die Freiheit hat gesiegt« und ist immer noch am Siegen und fängt an, sich zu Tode zu siegen.

Huntington bezeichnet die Welt nach dem Kalten Krieg als multipolar und multikulturell. Er erwartet einen »Kampf der Kulturen«. Wer mitten in einem welthistorischen kulturellen Umbruch lebt, weiß nicht, ob es schließlich zu einem Aufbruch oder zu einem Einbruch kommt.

Die längerfristigen Folgen sind noch unabsehbar. Der gigantische »Wettkampf der Systeme« hat schließlich zum ökonomischen und politischen Zusammenbruch des einen samt seiner Utopie geführt. Dieser Prozeß rief die nationalen, nationalistischen, separatistisch-chauvinistisch-ethnischen Geister im gescheiterten System auf grausame Weise wach.

Die »siegreiche« westliche Gesellschaft hat einen Zielverlust durch Feindverlust erlitten. Das kapitalistische Wirtschaftsprinzip kann unangefochten weltweit – grenzenlos! – agieren, wobei die Beherrschung der Politik durch die Wirtschaft ganz unverhohlen hervortritt. Markantes Beispiel dafür ist die Macht der amerikanischen Energielobby, die sowohl dem amerikanischen Präsidenten wie dem Vizepräsidenten Grenzen setzte und ihnen nicht erlaubte, ökologische Verträglichkeits-Verbindlichkeiten einzugehen, wie sie der Rio-Prozeß fordert. Die Klimakonferenz in Berlin wie die Rio-Nachfolgekonferenz in New York sind gescheitert, nachdem die G 7 in Denver lediglich zu einem Unverbindlichkeitspalaver gekommen sind, was die Erhaltung der natürlichen Lebensgrundlagen für die nächsten Generationen anlangt.

Das Grundprinzip der nun weltbeherrschenden Wirtschaftsweise ist schnellstmöglicher materieller Erfolg. Um nichts anderes, um gar nichts anderes geht es dieser »westlichen Kultur«, die sich nirgendwo mit Grenzen anfreunden oder abfinden will. Die Politik der sogenannten Neuen Mitte ist faktisch Kapitulationspolitik vor der Herrschaft des Marktes, der für Nachhaltigkeit blind ist. Der amerikanische Wirtschaftswissenschaftler Milton Friedman stellte bereits 1962 die Prognose auf, daß es »nur wenige Tendenzen gibt, die das Grundgefüge unserer freien Gesellschaftsordnung so nachhaltig unterminieren könnten wie das Bestreben von Führungskräften der Großbetriebe, andere soziale Verantwortung zu übernehmen als lediglich die Aufgabe, für ihre Aktionäre soviel Geld wie möglich zu verdienen«.[1]

Menschenrechte sind beliebige Verhandlungsmasse und politische Schnörkel, wenn es um Geld, Absatzmarkt, Einfluß geht. Das kommunistische Weltsystem hatte einen globalen Welterlösungsanspruch, der sich in der Idee der »sozialistischen Weltrevolution«, später in der Idee des »Proletarischen Internationalismus« manifestierte. Eines der Relikte des Systemkampfes, die Amerika vorgelagerte Insel Kuba, die beinah zu einem Weltuntergangskrieg (1962) geführt hätte, besucht nun der Papst. Dieses kommunistische, quasi religiöse Weltsystem ging von einer kultur-ideologischen Unvereinbarkeit der Systeme aus. Wer sich eine historische Epoche vorausdünkt, die historische Wahrheit auf seiner Seite weiß und den gesetzmäßigen Willen der Geschichte zu erfüllen sich anheischig macht, der hält einen Dialog mit anderen politischen, kulturellen, philosophischen, ökonomischen Alternativen für völlig abwegig. Wahrheitsbesitz macht so unbeweglich wie intolerant. Der »Dialog« war beschränkt auf die friedliche Koexistenz (nach Chruschtschow) – weniger aus Einsicht als aus Angst. Angesichts des 50fachen Overkills gab es dazu aus Überlebensvernunft keine Alternative. Die Emissäre dieser in Rußland – ganz im Gegensatz zur eigenen Lehre in einem unterentwickelten Land – zur Macht gekommenen, aber in Westeuropa entstandenen Ideologie versuchten, mit allen Mitteln und missionarischem Eifer weltumspannend zu wirken. Die UdSSR setzte sich an die Spitze des Befreiungskampfes der kolonial oder rassistisch unterdrückten Völker und hat viel dazu beigetragen, daß Rassismus und Kolonialismus zurückgedrängt wurden.

Wenn man versucht, das Menschheitsexperiment Sozialismus ad bonum zu interpretieren, muß man zugestehen, daß dies der Versuch war, die Gleichheit der Menschen als soziale Gleichheit zu definieren, sie durch Arbeit sowohl gleich zu machen als auch in der Arbeit ihr Wesen erfüllt zu sehen, wobei Armut zusammen mit »Ausbeutung des Menschen durch den Menschen« wegfallen sollte. Arbeit sollte fortan von allen nicht als Zwangsarbeit, sondern als befreiende Tätigkeit empfunden werden. Arbeitsrecht wurde Arbeitspflicht. Folgerichtig wurden Kultur und Soziales miteinander verbunden und die völlige Zerschlagung der Klassengesellschaft angestrebt. Die kulturelle Nivellierung einer internationalistisch-sozialistischen Menschengenmeinschaft wurde Globalprogramm, die neue Führungsschicht, der Bonzenstaat und seine Nomenklatura sogleich »gleicher als gleich«. Gerechtigkeit kam in scharfen Kontrast zur Freiheit, weil die Rechte des Individuums gegenüber dem allwissenden »Kollektiv« elementar beschnitten wurden.

Das System beruhte auf alten großen Menschheitsträumen von einer versöhnten Menschheit im Einklang von Natur, Kultur und Moral. Von Anfang an bediente sich das leninistisch-stalinistische Sozialismusmodell jedoch grundlegender Fälschungen seiner eigenen Grundlagen. Nach der Theorie war das Absterben des Staates baldigst Folge der sozialistischen Revolution. Auch die »Diktatur des Proletariats« sollte nur eine kurze Übergangsphase darstellen, um zu einer allgemeinen Volksherrschaft zu kommen. Was alsbald kam – und blieb! –, war die Parteioligarchie mit ihrer Herrschaft über das Volk. Rosa Luxemburg war bereits 1917 gegen Lenin hellsichtig! Aber auch sie blieb in der kommunistischen Partei in tragischen Irrtümern befangen. Die zweite folgenreiche Fälschung war die leichte »Verschiebung« eines Attributs: Hatte es bei Marx geheißen, »die bürgerliche Freiheit ist eine Schaukel«, so hieß es später, die Freiheit »ist« eine bürgerliche Schaukel. Ein berühmter Satz aus dem Kommunistischen Manifest wurde jahrzehntelang in sein Gegenteil verkehrt: »An die Stelle der alten bürgerlichen Gesellschaft mit ihren Klassen und Klassengegensätzen tritt eine Assoziation, worin die freie Entwicklung aller die Bedingung für die freie Entwicklung eines jeden ist.« Marx und Engels hatten geschrieben »... worin die freie Entwicklung eines jeden die Bedingung für die freie Entwicklung aller ist«.

Das östliche System, das geradezu eine Sozialismus-Verhöhnung geworden war, ist an den Widersprüchen zugrunde gegangen, die es zu lösen sich angeschickt hatte. Einige Ideen der sozialistischen Bewegung bleiben Menschheitskapital, sie zählen zum Schatz aus Visionen, Träumen, Hoffnungen, Überschreitungen, Zielen, auf den die Menschheit um ihrer selbst willen nicht verzichten kann. Es wäre verheerend, nach dem Untergang des »realexistierenden Sozialismus« jegliche Utopie unter Denkverbot zu stellen.

Der Westen ist gnadenlos mit sich allein. Das sozialistische Weltsystem stellte nur ansatzweise eine sozialpolitische, kulturelle und weltanschauliche Alternative dar, wirkte aber auf den »freien Westen« in einem sozialen Sinne bändigend. Der Westen hatte dem Abgrenzungsprinzip des Ostens die offene Gesellschaft entgegengesetzt und schien sich zu einer Solidargemeinschaft zu entwickeln, die sich sozialen Prinzipien verpflichtet weiß. Ein Ausdruck dafür waren die soziale Marktwirtschaft Deutschlands, der Sozialstaat Schweden, die Niederlande oder Frankreich. Sind es nun ausgerechnet sozialdemokratische Modernisierer, die den Sozialstaat verabschieden und die Lebensrisiken aufs neue der Initiative des einzelnen überlassen?

Das kommunistische Weltsystem – bis Gorbatschow! – ahndete jede Abweichung von der Lehre. Alle Versuche, auf den Gegner einzugehen, wurden als Verrat oder Versöhnlertum kriminalisiert, weil sich »Sozialismus und Kapitalismus wie Feuer und Wasser« verhalten würden (so Erich Honecker noch 1987). »Konvergenz« der Systeme hieß – zumal im Pathos von 1968 – vom Westen aus nicht Selbstaufgabe des Ostens, sondern Transformation beider Systeme. Die KSZE-Schlußakte und die ihr vorausgegangene Entspannungspolitik (Brandt, Bahr) sind ein Beispiel für gelingende »Grenz-Bewegung« ohne Krieg, für ein gegenseitig nützliches Aufeinanderzugehen von ökonomischen, politischen und kulturellen Kontrastwelten, für die Fähigkeit, über Grenzen hinweg zu Einigungen zu kommen, indem man natürliche Gemeinsamkeiten und Interessen höher wertet als Unvereinbarkeiten ideologischer Natur.

Der »Sieg« des einen Systems und das chaotische Verlöschen des anderen ist zu einem – vorläufigen – Sieg *eines* Prinzips geworden. Es kam nicht zu einer dialektischen Aufhebung. Zudem erhob der Sieger seine Deutungsmacht über den Besiegten. Überall betet man geflissentlich den Satz vom »Ende des sozialdemokratischen Zeitalters« nach, wo doch nicht das sozialdemokratische, sondern das autoritär-kommunistische Modell verschwunden ist! Nicht wenige Leute scheinen sich des Wortes »Links« zu schämen. Dabei hatte Willy Brandt die griffige und weiter gültige Formel geprägt: »Links und frei!«

So gibt es nun in Wirtschaft und Politik statt Reglementierung Deregulierung, statt ideologischer Zensur in Kultur und Medien die ökonomische Schraube, statt Konsensgesellschaft Beliebigkeitsgesellschaft, statt Kollektivismus Egozentrismus (der sich als Individualismus tarnt), statt sozialer Menschenrechte den Triumph von Freiheitsrechten, die die »Freiheit eines jeden unterzugehen!« einschließen. Statt des Wettkampfs der Systeme um den richtigen Kurs in die Zukunft kommt nun der Kampf der Kurswerte an der Börse um die weltweite Vorherrschaft, statt Internationalismus Globalisierung mit »Shareholder Value«.

Als Gegenwehr gegen die amerikanische Nivellierung der Weltgesellschaft durch Markt- und Produktangleichungen mit allen Folgen für die Lebensweise entwickeln sich Widerstände, die sich aus regionalen kulturellen Wurzeln speisen und sich häufig irrational oder aggressiv fundamentalistisch dem westlich-hedonistischen Kulturimperialismus entgegenstellen. Das »Mithalten auf dem Weltmarkt» wird gleichzeitig weltweit zum obersten Prinzip, dem die Prinzipien der eigenen kulturellen Eigenheiten mehr und mehr geopfert werden.

Ein Grundproblem unserer »Weltkultur durch Weltmarkt« scheint zu sein, daß menschliche, kulturprägende Grundfragen kaum mehr relevant diskutiert werden, schon gar nicht auf der Ebene der Vereinten Nationen, weil es eben keine wirkliche Wertekonkurrenz zwischen den Kulturen gibt, die machtpolitisch von Bedeutung wäre. Oder wird der Prophet Huntington zum Vollstrecker seiner Thesen im »Kampf der Kulturen«?

Die »toten Seelen« mit den vollen Mägen werden in den reicheren Gesellschaften Opfer von Scientology und all ihrer Derivate. Die Menschen und die Menschengemeinschaft ohne Ziel suchen sich Zielsurrogate zusammen! Als gelangweilte »Sommergäste« verabschieden wir uns am Ende des Jahrtausends mit Getöse.

# Geschlossene Weltbilder – geschlossene Grenzen

28 Jahre habe ich hinter einer »Friedensgrenze«, die zwei Weltsysteme waffenstrotzend trennte, gelebt. Wer gegen diese Friedensgrenze anlief, wurde abgefangen, eingesperrt oder erschossen. Wie sehnsüchtig habe ich – beinahe täglich – als Kind und als Jugendlicher den Raddampfern nachgeschaut, auf deren Heck »Hamburg« stand – in unerreichbarer Ferne war die Nordsee. Wie würgend empfand ich mit siebzehn Jahren den 13. August, als ich gänzlich »ohne Alternative« leben mußte.

Nur wer 28 Jahre eingemauert war, wer jenen »antifaschistischen Schutzwall« ertragen hat und dulden mußte, daß selbst über die Gründe für den Bau dieses Monstrums gelogen wurde, nur wer das Aufatmen beim Ausreisen aus der DDR und die schwitzende Verkrampfung bei der Wiedereinreise, wer die Scham über Selbstschußanlagen und kilometerweise Mauerschleusen, über scharfzüngige Zöllner, unwürdige Durchsuchungen gespürt und wer die dumpfe Angst vor scharfgemacht schnüffelnden Hunden erlitten hat, wer peinlichste Befragungen nach »Druckerzeugnissen« – eingeschlossen in Zöllnerkabuffs – durchgemacht, wer das »Hundertjahresbestandversprechen« des Kleinwildjägers von Wandlitz, dieses halbgebildeten ewigen FDJ-Funktionärs Erich Honecker ebenso erdulden mußte wie die Überlegenheit der DM-Deutschen beim Urlaub in Osteuropa, nur wer die Dressur in allen Lebensbereichen mitgemacht, Unterwerfung und Unterwerfungsbereitschaft, ja Unterwürfigkeit von 95 Prozent der Mitbürger mitansehen mußte, auch die Doppelexistenz von »privat« und »öffentlich«, wer die Demütigung von Bittstellern, das Ausgeliefertsein jedes einzelnen an einen totalitären Staat mit einer Allmachtspartei tagtäglich, jahrzehntelang durchlebt hat – nur der kann verstehen, was i n uns und m i t uns Ostdeutschen los ist. Das Ganze gab sich auch noch als die Rechtfertigungsideologie von der »Neuen Zeit« aus – und es fanden sich nicht nur genügend Mitläufer, sondern auch genügend Fanatiker.

Als Erich Honecker und Helmut Schmidt in Helsinki im August 1975 das erste Mal in der westlichen Öffentlichkeit zusammentrafen und Honecker sich plötzlich dem grellen Licht der Fernsehkameras der »Weltöffentlichkeit« schutzlos-respektlos ausgeliefert sah, sagte er unbeholfen, stotternd, fast hilfeflehend: »Heiß ist es hier, heiß.« Verlegenes Schweigen. Hilflosigkeit des Potentaten mit dem Sprachfehler. Und der weltläufige Helmut Schmidt erlöste den schwitzenden Honecker alsbald mit dem jovialen Hinweis an die Journalisten: »Nun geht doch mal weg.« Dem eingemauerten Maurer wurde der Boden heiß, wo er plötzlich grenzenlos agieren sollte. Helmut Schmidt sah die innere Not seines Gegenübers, das vor Angst und Unsicherheit schwitzte, wo es doch ganz kühl war in Helsinki.

Während der Ausrufung des Kriegsrechts in Polen im Dezember 1981 war Schmidt zufällig bei Honecker im Jagdsitz und reiste anschließend nach Güstrow, in eine von der Stasi vollständig besetzte, fremd-»bevölkerte« Stadt. Dort besuchte er den Dom, spielte Orgel und stand unter dem schwebenden Engel von Ernst Barlach. (Selbst der Küster, wie wir heute wissen, war gekauft.) Smarte »Güstrower« beherrschten unser Land und standen drohend in jedem Hauseingang. Diese Fernsehbilder von der angstbesetzten, angsteinflößenden Macht vergißt unsere Seele nicht.

Strikte Abgrenzung war die Ideologie des Systems, ein lebensbedrohendes Grenzregime seine Praxis, Beton sein Material, Betonköpfigkeit seine Mentalität. Und doch gab es darin aufrechtes, gelingendes, sinnerfülltes Leben, Freundschaft, Liebe, Kultur, Echtheit, Bescheidenheit, engmaschige soziale Sicherheit und viel kleinbürgerliche Zufriedenheit.

Die nun hier und da auftretende angeekelte Zonophobie der Deutschen aus der großen weiten Welt ist ebenso unangemessen wie die hier und da zu beobachtende vergangenheitsverklärende Wehleidigkeit von Ostdeutschen. Das ist indes erklärbar durch das extreme Wechselbad der Gefühle innerhalb weniger Jahre: 40 Jahre Selbsttäuschung, Täuschung und Erniedrigung und unlösbare Spannung zwischen Gesellschaftsideal und Wirklichkeit, dann diese plötzliche Einheit mit all ihrem liebenswürdigen Chaos und überschäumenden Glücksgefühl, aber dann gleich die Gründlichkeit des deutschen Rechtsstaates, nachholende Gerechtigkeit und höheres Recht des Eigentums von »Alteigentümern«, die größtenteils »gegangen« waren (in den Westen), dort fast alle etwas »wurden und hatten« und nun zu besonderen Einheitsgewinnern wurden.

Vor zehn Jahren – es scheint schon eine Ewigkeit zurückzuliegen! – waren wir in der DDR dabei, die demokratische Freiheit im Innern zu erringen, und machten erstaunliche, gänzlich unerwartete, ja traumhafte Erfahrungen. Wir konnten gut verstehen, nein: nachempfinden, was der Psalm 136 besingt, »wenn der Herr die Gefangenen Zions heimführen wird, dann werden wir sein wie die Träumenden«. Statt offener Gewehrmündungen erlebten wir das offene Wort: So viel Bürgersinn, Tapferkeit, Kreativität, so viel Drang mitzutun, so viel Leben aus erster Hand, statt des Aufgusses in den Fernsehnischen, so unmittelbares Theater in den Theatern … Heiner Müller hatte gerade sein Jahrhundertstück »Hamlet-Maschine« inszeniert. Es »traf« in vielfacher Weise – neun Stunden lang – die Situation, verschwieg nicht die Tragik, ließ nicht ohne Hoffnung. Es drängte uns, miteinander zu reden: der öden Monologe müde, erwachte die Lust am Dialog. Nach dem Theater saßen Hunderte allabendlich zusammen und redeten. Unsere Zukunft schien offen, und unsere Zukunft schien »unsere Sache« zu sein.

Die Vormünder wurden zum Schweigen gebracht, und die Schweigenden durften (und konnten!) reden. Es war und es blieb kultiviert. Sogar der dumpfgestaute Haß blieb gebändigt, als die Grenze gefallen war, weil die Freude überwog. Und es gab auch eine tiefe Einsicht: Ein einziger Gewaltakt macht alles zunichte.

Mauern des Schweigens, der Angst, der Tabus wurden gebrochen, machtgestützte politische Konventionen übersprungen, die Regeln des Protokolls außer Kraft gesetzt, das offene Wort am offenen Mikrofon gewagt ... Es wurde ein Dammbruch des Dialogs mit den »hohen Herren«, die noch tags zuvor auf den vernagelten hohen Tribünen gestanden hatten, um das Volk (vor)zuführen.

Die Angst in der Unfreiheit war überwunden, der Mut zur Freiheit gewonnen. Das alles hatte anfangs trotz des Aderlasses von vier Millionen Menschen in 40 Jahren durchaus Kraft und Substanz. Krenz und Kohl telefonierten, Krack und Momper trafen sich, Schäuble half Schalck, die getrennten Kirchen moderierten in Eintracht den zentralen Runden Tisch, nachdem die kleinen Runden Tische überall im Lande die friedliche Machtübergabe inszeniert hatten.

Ein großer Teil der aus der DDR Geflohenen gehörte zum notwendigen kreativen und innovativen Potential unserer Gesellschaft, darunter viele in der DDR ausgebildete Fachleute. Wenn Ostdeutsche nach einem »Lastenausgleich« riefen, dann war das auch ein Rückruf von Kraft, die uns in vielfältiger Weise genommen wurde oder einfach abgeflossen war. Und welche Chancen hatte Westdeutschland dank Marshall-Plan gehabt? Die Grenzüberwindung war lange vorbereitet worden. Sie hatte viel Geduld und Sachverstand erfordert. Dahinter stand die Erkenntnis einer deutschen Verantwortungsgemeinschaft und die Vision eines gemeinsamen Europa, in dem auch deutsche Einheit möglich wurde. Die Mauer war durch die Politik der Entspannung niedriger und durchlässiger geworden, bevor sie in e i n e r Nacht fiel. Der Kulturschock entlud sich in dem Wort »Waaahn-Sinn!« Wir hatten in engen Grenzen gelebt; und nun war die – ewige – Grenze gefallen. Wahnsinn! Freiheit wurde im Vielfachsinn »Freizügigkeit«!

## In Freiheit Grenzen respektieren

Wer sich erst einmal ein Weltbild entwirft, das er in sich stimmig gemacht hat, der wünscht – oder duldet! – keine Infragestellung von außen und macht sein Denken »schlüssig«. Zu solchem geschlossenen Weltbild gehört stets ein Gegenbild, ja ein Feindbild, das unerschütterlich bleiben muß. Deshalb werden Grenzen aufgemacht, die die »Gläubigen« zusammenschweißen. Sie lassen sich durch kein Gegenargument erschüttern. Die Grenzen des Denkens werden alsbald zu Grenzen der Territorien. Geschlossene Weltbilder produzieren geschlossene Gesellschaften. Und geschlossene Gesellschaften verstärken die Neigung, sich von anderen abzuheben, sich zu überheben und von anderen strikt abzugrenzen. Das wird der Nährboden für jedweden Fundamentalismus.

Einzigartigkeit und allgemeiner Gültigkeitsanspruch wird expansiv. Entweder wird die Grenze nach außen verschoben oder sie wird extra hoch gemacht, um jede Berührung zu vermeiden, jede Flucht zu verhindern und jede Infiltration auszuschließen. Der Feind wird zum allgegenwärtigen Papp-Kameraden, zum Abschuß freigegeben.

Wer zu gut weiß, daß er recht hat, verhärtet sich und wird alsbald doktrinär-fundamentalistisch. Verfeindete Fundamentalisten sind zuverlässige Bundesgenossen bei der Vorbereitung ihrer Unvereinbarkeitskriege, die zu Katastrophen führen, die sie dem jeweiligen Fundamentalisten der Gegenseite anlasten.

Grenzen werden vornehmlich aus Angst gemacht. Und sie erzeugen Angst – vor materiellen, psychischen oder sozialen Verlusten. Wer eine Grenze um sich herumzieht, der »friedet sich ein«, errichtet Zäune, um »in Frieden zu leben«. Die Grenz-Zäune wehren ab und verbinden die, die innerhalb des Zauns leben und miteinander eine bestimmte – ungestörte – Binnenkultur entwickeln. Da kann gar eine Zwangsverbindung von Eingezäunten als Freiheit erlebt werden, weil die Eingezäunten ihre Sicherheit für ihre Freiheit halten. Das Blicken über den Zaun wird eingeschränkt. Wer das Gehege verläßt, wird zum Verräter gestempelt. Grenzgänger zumal werden so bewundert wie beargwöhnt. Sie dienen als Sündenböcke, sowie der innere Zusammenhalt durch »Aufweichung« bedroht erscheint. Der Zaun hält zusammen. »Der Feind« verbindet. Je ferner er gehalten wird, desto besser kann man ein Abschreckungsbild von ihm malen. Der Feind repräsentiert das angstmachende Fremde und konstituiert häufig das Eigene. Äußerer Druck wird allmählich innere Notwendigkeit. Gleichzeitig kommt irrationale Sehnsucht nach dem überschätzten Fremden auf. So enthalten und behalten Grenzen stets Ambivalenzen.

Dauernd stoßen wir an Grenzen: Staats-, Kultur-, Religions-, Denk-, Sprach- und Freiheitsgrenzen, an Lärm-, Belastungs-, Schall- und Schmerzgrenzen, an Finanzierungs-, Ober- und Untergrenzen, an die Toleranz-, an die Todes-, an die Lebensgrenze. Ständig stoßen wir an Grenzen, verletzen wir Grenzen, überschreiten oder erhalten uns Grenzen.

Wer überschreiten will, ohne zu verletzen, muß zuvor respektieren. Er muß respektieren, wieviel Grenze (Abschirmung, Distanz, Taburaum, Überschaubarkeit) der andere braucht, um nicht (noch) unsicherer zu werden. Respektieren ist die Basis für Vertrauensbildung.

Erst wo ich die Grenze des anderen respektiere, achte und beachte, kann der andere freier werden, seine eigene Grenze zu überschreiten, auf mich zukommen, ohne Angst zu haben oder Angst zu machen. Und so, wie ich mich einübe, in den engen oder weiten Schuhen des anderen zu gehen, lerne ich vom anderen her zu denken. Individuelles Verhalten findet kaum mehr Entsprechung im Kollektiven als bei unseren »Grenzen«. Gerade wer schwach ist, muß Grenzen ziehen. Wer innerlich und äußerlich stark ist, kann seine Grenzen öffnen, kann *sich* öffnen. Wer innere Souveränität hat, braucht nicht ständig auf äußere zu pochen.

Wenn der andere das Gefühl vermittelt bekommen hat, daß ich *an*nehmen kann, was der andere denkt, ohne daß ich es *über*nehme, löst sich bei ihm die Spannung. Nur wo ich dem anderen das Gefühl gebe, daß ich akzeptiere und zu verstehen mich ernsthaft bemühe – etwa durch genaues Wissenwollen, Erfahrungsoffenheit und Dialogbereitschaft –, kann ich verändern, verändernd einwirken, wobei solches Einwirken auch auf mich selbst zurückwirkt!

Vor dieser selbstverändernden Rückwirkung scheuen sich alle Ideologen. Angstbesetzung macht aus System-Gläubigen Abgrenzer, weil sie Ansteckung, Infiltration und Vermischung fürchten. Dabei geht es bei ihnen vor allem um die Angst vor dem Verlust ihrer Macht.

»Synkretismus« oder »Konvergenz« wird dann als *die* Gefahr schlechthin angesehen. Kultureller Synkretismus ist praktisch die Vermeidung des religiös oder ideologisch motivierten Bürgerkrieges, indem er Wahrheiten und auch Zeremonien anderer Religions- und Kulturkreise assimiliert, statt sie auszurotten. Die Gefahr von verwischender Vermischung wird in der Konvergenz oder in der Multikulturalität geringer veranschlagt als die Gefahr ausschließender Vernichtung. Synkretismus in dem Sinne einer friedlichen Regelung kulturell sozialer Konflikte ist etwas anderes als die modisch postmodernistische Beliebigkeit oder Nivellierung auf Mc-Donald-Kultur.

Beim Respektieren der Interessen, des Denkens, der Gefühle und Erinnerungen – wie auch des Territoriums des anderen ist die Abraham-Lot-Lösung die realistische Alternative zur moralischen Selbstüberforderung: Beide erkennen, daß sie doch Brüder sind und gleichzeitig ihre Interessen und ihre Lebensart in Konflikt geraten sind, zumal die Ressourcen knapp sind … Sie gehen auseinander, weil sie nicht im Entweder – Oder leben wollen. Der eine bietet dem anderen an: Gehst du dahin, gehe ich dorthin. Gehst du zur Rechten, gehe ich zur Linken. Jeder sein Revier, sein Territorium, »seine Unverletzlichkeit der Grenzen«, bis zum politisch berühmt-berüchtigten Diktum von der »Nichteinmischung in die inneren Angelegenheiten«. Das ist der kleinste gemeinsame Nenner zwischen »Kulturen«, aber eben ein lebbarer.

Toleranz setzt Verstehenwollen voraus. Unverständnis schlägt über Verachtung in Gewalt um. Wer Fragen der »Ehre« – aus Angst vor Gesichtsverlust und Bewahrung des Standes – geringschätzt, schätzt das Gegenüber gering.

Synkretismus, Assimilation oder Kompatibilität können zu einem Modus Vivendi führen, der auf die Klarheit der Wahrheit – um des erträglichen Zusammenlebens willen – verzichtet. Minderheitenrechte zumal sind in jedem Staatswesen zu respektieren, um deren Bedrohungsängste vor der Mehrheits-Macht zu minimieren. Nur so kann man auch die terroristischen Verzweiflungshandlungen von Minderheiten mit langaufgestauten Unterlegenheitserfahrungen gegenüber dominierenden Mehrheiten geringhalten.

Grenzen werden meistens zuerst im Inneren aufgerichtet und werden auch als innere Grenzen zu respektieren sein, ehe man sie überwinden kann.

Ich habe gerade Israel erneut besucht und erlebt, wie Israelis und Palästinenser in Jerusalem je in ihrem Teil leben und wie sie Grenzen respektieren, weil sie bisher weder die äußere noch die innere Freiheit haben, sie zueinander zu überschreiten. Was man nicht w i l l, kann man auch nicht, bis man denkt, daß man es nicht d ü r f t e, weil »die anderen« das sowieso verhindern würden. Also probiert man's nicht mehr. Dann wird der Gegner bald nicht mehr benannt, sondern einfach »sie« genannt: »Sie lassen uns nicht, sie verhindern, sie haben ...« Wer »die« oder »sie« sagt, begibt sich nicht in eine friedensfördernde Differenzierungsanstrengung und zwingt auch die anderen in eine gemeinsame Front: d i e Israelis, d i e Deutschen, d i e Juden, d i e Christen, d i e Araber, d i e Russen ... Das Spiel ist unendlich wiederholbar. Die Dialogbereiten haben stets schwereres Spiel. Gewalttätige Abgrenzer können mit einem Bombenanschlag ein Jahrzehnte-Versöhnungsprojekt emotional kaputtbomben. Ohne die furchtbaren Hamas-Anschläge wäre wohl Peres noch Ministerpräsident.

Ich fragte Schülerinnen in einem palästinensischen Vorzeigegymnasium danach, ob sie israelische Bekannte oder gar Freunde hätten, und erntete ein merkwürdiges Gelächter, als ob ich etwas gänzlich Unanständiges oder Absurdes gefragt hätte.

Und 70 km nördlich, in einem Grenzkibbuz, erlebte ich das Ermutigende:

»Um des Friedens willen«, sagt eine Frau, die vor 20 Jahren aus Argentinien nach Israel eingewandert ist und seitdem in einem Kibbuz an der syrischen Grenze lebt, »um des Friedens willen werde ich die persönlichen Lasten des Friedens auf mich nehmen und den Kibbuz, der mir Heimat geworden ist, verlassen. Das fällt mir sehr schwer. Aber ich richte mich darauf ein. Wenn es um den Frieden geht, ist der Frieden wichtiger als ich.« Sie wird in das israelische Staatsgebiet zurückkehren, falls die Syrer das Territorium zurückbekommen. Für sie ist es gänzlich undenkbar, mit Syrern in einem syrischen Staat zu leben. Das Mißtrauen ist jahrhundertelang zu groß geworden. Ihre Eltern flohen einst aus Deutschland nach Südamerika. Israelis können und wollen ihre Sicherheit nur noch in einem umgrenzten und selbstgeschützten israelischen Staat garantiert sehen – nach allem, was ihnen 2000 Jahre lang angetan wurde.

Es gilt auch, das Mißtrauen zwischen Völkern aus Jahrhunderten zu respektieren, um daraufhin Politik mit längerem Atem zu machen und den »Rückschlägen durch Anschläge« mit der Tapferkeit der Hoffnung zu begegnen.

Wer aber von der Idee des Guten so überzeugt ist, daß er sie für sich gepachtet hat, setzt die Gesetze des humanen Verhaltens außer Kraft, sowie es um »die Bösen« geht. Manichäisches Denken und Fühlen sitzt tief in uns und ist in jedem von uns reaktivierbar.

Wer das gleichberechtigte Zusammenleben zwischen verschiedenen Grundüberzeugungen, Religionen und Kulturen als »religiöses Esperanto«, als »Gemischtwarenladen der Ideen« und Selbstbedienungsladen der Beliebigkeit diffamiert, hat nicht begriffen, was Wissen- und Verstehenwollen, was Akzeptieren- und Kooperierenlernen ist. Wir haben keine Wahl in einer multikulturellen, voneinander abhängigen Welt. Andererseits wird das, was Toleranz ist, verspielt, wenn alles zu bloßem entscheidungslosem »Allerlei, sowieso egal« geriete.

Wo man schließlich alles für möglich hält, ist nichts mehr wahr. Ausbildung der eigenen kulturellen Identität ist geradezu eine Voraussetzung für den Grenzen überwindenden Dialog.

Wir sind auf die e i n e Welt mental nicht vorbereitet. Unser Denk-, Empfindungs- und Verhaltenshorizont hält nicht Schritt mit dem, was wir an Möglichkeiten permanenter Überschallgrenzüberschreitungsgeschwindigkeit erreicht haben. Flugzeuge düsen um die Welt, aber die Seele kommt nicht mit. Eine Form von Kulturnivellierung tritt ein, die mit Kulturaustausch herzlich wenig zu tun hat, weil der Warenaustausch alles dominiert und allen Aus-Tausch auf die Geldebene einebnet. Die Wirtschaftsmanager organisieren den e i n e n Markt ohne Rücksicht auf kulturelle Vorbedingungen, es sei denn, das ließe sich markteffizient ausnutzen. So kann eine andere – geringere! – Rolle des Individuums in anderen Kulturen ausbeuterisch ausgenutzt werden, weil in Asien jener »unendliche Wert der einzelnen Menschenseele« nicht so gilt und weil es traditionell eine vergleichsweise rechtlose Einbindung des einzelnen in die Gemeinschaft gibt.

Was in moderner Sprachvernebelung heute »Standortvorteil« genannt wird – also die superbillige, sozial nicht abgesicherte Arbeitskraft in Osteuropa oder Südostasien –, hatte man in unserem Kulturkreis einmal »Ausbeutung« genannt. Zu unseren kulturellen, also zivilisatorischen Leistungen gehört es, daß soziale Rechte von Arbeitnehmern in einem jahrhundertelangen Kampf erfolgreich eingeklagt werden konnten. Wird der Mensch weltweit zur beliebig ver- und ankaufbaren Ware? Wäre das das »interkulturelle Novum« nach dem Sieg des Westens über den Kommunismus?

Ob wir – für alle vorteilhaft! – interkulturell – als einzelne und als Gemeinschaft in Kulturkreisen oder Nationen – zu leben in der Lage sein werden, ist offen.

Das »Projekt Weltethos« (Chicago 1993) versucht, eine religionenverbindende ethische Grundsubstanz, die am Überleben des Systems »Leben« in einem spirituellen, sozialen und ökologischen Umfeld interessiert ist, herauszufiltern und hernach politisch wirksam werden zu lassen. Der Funke des Geistes hat nicht so gezündet, wie das zu erhoffen gewesen wäre. Warum die Initiative im wesentlichen dem katholischen Theologen Hans Küng überlassen und warum der »Geist von Assisi« oder die ökumenische Bewegung für »Gerechtigkeit, Frieden und Bewahrung der Schöpfung« nicht interreligiös aktiv werden, bleibt schleierhaft. Vielleicht steckt dahinter das Eingeständnis, daß den Christen ihr missionarischer Eifer schnell vergeht, sobald sie merken, daß sie nicht einmal in den Grundfragen des Überlebens auf der e i n e n Welt miteinander einig werden können, obwohl sie »im Prinzip« zu einer Kultur gehören und sich zu e i n e m Gott auf der Grundlage eines gemeinsamen Schriftkanons bekennen. Was verbindet friedenstiftend den serbisch-orthodoxen Christen mit dem kroatisch-katholischen? Immerhin wurde Karadcic ein Christusorden umgehängt ... Wenn man – nach aller historischen Erfahrung mit dem Menschengeschlecht – nicht davon ausgehen kann, daß an die Stelle des (weltweiten) Machtkampfes der Nationen und Nationenbündnisse, der Kulturen und Religionen die kulturelle Toleranz und gegenseitig nutzbringende Zusammenarbeit treten, dann darf das Beschriebene (Deskriptive) noch längst nicht zum Vorgeschriebenen (Präskriptiven) werden, weil das praktisch zur mörderischen Exekution des Status quo naturgesetzlicher, verhaltensbiologischer Muster führen würde und der Geschichte jeden Hoffnungs- und Handlungsüberschuß für mildernde moralische Gegenkräfte nähme. Ein jede Utopie negierender Realismus nahm und nimmt in der Ideologisierung der Machtfrage mörderische Gestalt an. Wenn die Grundfragen nur noch »cui bono, wer wen, ich oder du, oder wir und nicht sie!« hießen, wäre bald alles verloren. Das von Darwin in der Natur erkannte Gesetz der Auslese nach dem Prinzip des Rechtes des Stärkeren findet allemal Mehrheiten, wenn nicht das im Humanum in menschlicher Kulturgeschichte kodifizierte ethische Gegengewicht dem bewußt steuernd entgegentritt. Unsere kulturelle Haut ist dünn. Wie die Untersuchungen von Hans von Hentig über die amerikanischen Goldsucher oder der Milgran-Test zeigen, sind wir Kulturmenschen auf Abruf.

Wer moralische Postulate aufstellt, darf das Präskriptive nicht für das Wirkliche halten, weil er sich sonst selber wohlmeinend über die Realität hinweglügt. Allerdings verzichten die »Realisten«, die Anbeter des »So ist es nun einmal«, allzuschnell, ja voreilig auf den moralischen Einspruch und exekutieren nur noch »Zwangsläufigkeiten«. Selbst wohlmeinende Wahrnehmungs- und Denkverbote in Multi-Kulti-Begeisterungskreisen können genau das produzieren, was sie vermeiden wollen, wenn sie sich »moralisch« über natürliche Abwehr-, Fremdheits- und Angstgefühle hinwegsetzen. Der Realismus bedarf des utopischen Überschusses, der utopische Überschuß bedarf der Kontrolle der Realität. Beides, zum Exzeß getrieben, führt zu Exzessen.

Unser westlich geprägter Kulturweg als vorrangige Beherrschung durch Verdinglichung der Welt – als Folge einer Subjekt-Objekt-Trennung, die den Menschen illusionär außerhalb der übrigen Welt stellt, als ob er nicht vernetzt leben müßte – vollendet seinen selbstmörderischen Siegeszug, wenn er sich vorrangig über die ganze Welt mit Coca-Cola und Mc Donalds, Autos und Videos ausbreitet.

## Gelingende Grenzüberschreitungen – Biblische Erinnerungen

Zu Skepsis ist also Anlaß. Nach allem, was wir aus der großen Lehrmeisterin, der Geschichte, und den Erfahrungen verdichtenden Mythen wissen, endete bereits der erste »Konflikt der Kulturen« tödlich. *Kain*, der Seßhafte, der alsbald zum Städtebauer avanciert, ermordet Abel, den Nomaden. Eine kulturelle und religiöse Rivalität wird zur tödlichen Ausschließlichkeit. Die Geschichtsberichte des Alten Testaments sind ein einziger gnadenloser Report über den Kampf von kultur-religiösen Ausschließlichkeiten. »Du sollst keine anderen Götter haben neben mir« ist das eifer-süchtige Gebot.

Der große Prophet Elia tötet eigenhändig »die Propheten Baals«. Rache, Blutrausch des Frommen im Namen seines Gottes. Dann muß er die Rache der *Isebel* fürchten. Der verzweifelte und einsame Gottesmann wird zum todbedrohten und tötenden Eiferer in einem.

Jesus muß bei seinem Weg durch Samaria schroffe Abweisung erleben, als er nächtens sein Haupt irgendwo hinlegen will. Weil er in das verfeindete Jerusalem »hinaufzieht«, wird ihm das Gastrecht verweigert. Allerdings zeigen seine Jünger totale Lernblockaden, als sie himmlische Gewaltrache erbitten. »Feuer und Schwefel regne auf sie herab«, auf alle, die ihre Türen verschlossen halten. Und Jesus ist empört und traurig: »Wißt ihr nicht, wes Geistes ihr seid? Habt ihr nichts verstanden?«

Jesus ist der Grenzverletzer und wird wegen Grenzverletzungen hingerichtet. Er verletzt die Grenzen in der Kultur, sofern diese Grenzen nicht lebensfördernd sind und überschreitet die Grenzen zu anderen Kulten, Kulturen und zu den Repräsentanten derselben.

Es gibt Gegengeschichten (inter)kultureller Grenzüberschreitung. Da ist die anrührende Geschichte von *Ruth*, die es als Moabiterin wagt, mit ihrer Schwiegermutter nach Israel zu kommen und sich auf deren religiöse und kulturelle Gepflogenheiten einzulassen. Die Liebe und Anhänglichkeit zur Schwiegermutter ist größer als ihre Angst vor dem Fremden und stärker als die Bindung an ihre eigene Kultur. Sie wird von einem Israeliten geheiratet. So gut es ausgeht, so wenig wird verschwiegen, welche Konflikte dazwischen lauerten.

Der Apostel *Paulus*, der das Universalistische dieses *Pantokrators*, dieses Kyrios, dessen Signum die Liebe ist, entdeckt und zum kulturüberschreitenden Missionar wird, ist bei aller unmißverständlichen Ausformulierung der eigenen Position einer, der das Gespräch über die eigene Kultur hinaus sucht, der sich in Athen gar den Philosophen stellt. Er muß erleben, wie ihm immer wieder seine Abkunft vorgeworfen wird, wo er doch gerade die Abkunft nicht für das Wichtigste hielt, sondern die Zukunft, die sich in dem e i n e n Namen versammelt. »In Christus« gilt nicht mehr, ob jemand Jude oder Grieche, Freier oder Sklave, Mann oder Frau, Armer oder Reicher ist. Das ist Transzendierung der (Herkunfts-)Kultur!

Bevor eine Grenzüberschreitung möglich wurde, mußte allerdings eine Absprache im eigenen Lager getroffen werden. Die Grenzen der Zuständigkeit wurden auf dem ersten Apostelkonzil abgesteckt, und man gestand einander je ein anderes Mandat zu. Damit wurde eigentlich christliche Einheit als friedliche Koexistenz definiert, nicht mehr und nicht weniger. Der Graben blieb. Aber er wurde lebbar.

Und Paulus stellt sich auf den Areopag, dem Überzeugungs- und Meinungsspektrum seiner Zeit, knüpft positiv an anderes Denken an und vertritt sodann seine Position als ein Angebot. So wird »Dialog« nicht zum »Wirr-Warr« und »Mission« nicht zur Herrschaftswahrheit.

## Städte als multikulturelle Orte

Immer wieder gab es Orte interkulturellen Zusammenlebens im respektierten Nebeneinander, das zum partiellen Miteinander wurde und Unterschiedenheit gegenseitig fruchtbar machen konnte, ohne daß sich die einzelnen »Kulturen« auflösten. Sie konnten sich ausleben, aber nicht gegen die anderen.

*Toledo* preist sich heute noch als »Stadt der drei Kulturen«. Und sie ist doch nur noch eine Stadt mit den Spuren von drei Kulturen, seit Isabella dem Jüdischen ein bitteres Ende bereitete und auch die große maurische Kultur buchstäblich aus dem Lande verjagt wurde.

*Prag* war in der K. u. K.-Monarchie ein solcher Ort der interkulturellen Begegnung im europäischen Geiste, bis der Ungeist Hitlerdeutschlands dem ein Ende machte. Die Nachwirkungen bekam Günter Albrecht als Dirigent der tschechischen Nationalphilharmonie zu spüren. Da zählte nicht, wieviel verschüttete tschechische Musik er wieder zu Ehren brachte, sondern es zählte die »deutsche Arroganz«. Kleine Fehler wurden ihm ganz groß angekreidet und ganz Persönliches auf eine nationale Schiene geschoben. Was da alles an unbearbeiteter Geschichte hochkam, zeigt sich bis heute bei der Interpretation und Ausfüllung des deutsch-tschechischen Versöhnungsvertrages. Obwohl nur noch wenig persönliche Erinnerung da ist, wird doch historische Erinnerung von Generation zu Generation überliefert und bildet so etwas wie das kollektive Unterbewußtsein einer Ethnie oder einer Nation, das jäh und dann wieder eruptiv an die Oberfläche kommt und aus altem Unheil neues Unheil produziert. Die »Pest des Nationalismus« hat Havel das genannt.

*Galizien* – ein ganzer eigentümlich lebendiger geistiger Kontinent, ein Schmelztiegel der Kulturen und Ethnien, der Sprachen und Religionen wurde vom »Kulturvolk« der Deutschen buchstäblich ausgerottet. Dort lebte – im Kontext von Armut! – das Interkulturelle, das Grenzüberschreitende sowohl im territorialen wie im geistigen und ethnischen Sinne. Zu den bewegenden und schönen Zeugnissen dieser Lebenshaltung gehören Gedichte selbst der dem Grauen Entronnenen: Paul Celan und Rose Ausländer.

*Sarajewo* galt als das europäische Symbol schlechthin, dem im kriegerischen Balkan das Zusammenleben geradezu

»olympisch« zu glücken schien. Auch Beirut war eine Stadt, die man wegen ihrer Toleranz pries. Beide Städte sind in Schutt und Asche und Haß versunken. Ein Menetekel für uns alle. Kein Anlaß zum Kopfschütteln über andere!

Solange man »draußen steht« und zusehen kann, ist man nüchtern, rational, ereifert sich höchstens über soviel selbstzerstörerische Irrationalität, ist empört über die Orgien der destruktiven Leidenschaften. Sowie man »drin ist«, ist man persönlich-familiär betroffen davon, wie Nachbarn, die Freunde waren, sich plötzlich abwenden, sich politisch oder ethnisch so zuordnen, daß die persönliche Beziehung nahezu gelöscht wird, ja Mitmenschlichkeit in guter Nachbarschaft, mitmenschliches Gewissen und Freundschaft für null und nichtig erklärt werden, weil eine Gewalttat den Täter wie das Opfer plötzlich vor allem e t h n i s c h bestimmt und sodann jeden in eine bestimmte Zugehörigkeit geradezu zwingt. Psychologische Gesetze wirken politisch und lassen sich als solche instrumentalisieren. Wie ist es zu erklären, daß die Bevölkerung von Pale ihre beiden Massenmörder – gerade in diesen Tagen wieder in besonderer Weise – schützt und stützt? Die Kroaten wählen wiederholt den Diktator, freiwillig. Wahrscheinlich werden die Serben es mit Milošević genauso tun. Nationalismus als Freiheit!

Das Erschrecken über uns selbst ist die richtige erkenntniseinfordernde Reaktion, wenn ein Bosnier darüber berichtet, wie die Serben, mit denen er bis 1989 sehr gut zusammenlebte, ihn nun nicht einmal mehr kennen wollen, während sie nun in dessen Hause wohnen und es als ihren Besitz – gewissen- und erinnerungslos – reklamieren.

Man wird bei der Überschreitung der kulturellen Grenzen die dominierende verhaltensbiologische Verhaftung von uns Menschen im Revier- und Herkunftsdenken nicht bloß »moralisch« lösen wollen, etwa nach der Melodie: »Das muß doch nicht sein, das kann doch nicht sein ...«

Man muß vielmehr fragen: Wie kam das? Was steckt dahinter? Wer hat ein Interesse daran? Wie wäre das zu verhindern gewesen? Wodurch wurde es verstärkt? Wodurch kann es gemildert werden? Welche Präventivmaßnahmen sind nötig, damit die Furie in uns nicht ausbricht?

(Schon als einfacher Dorfpfarrer kann man seine Erfahrungen machen, wenn man versucht, zwei dicht nebeneinander liegende Dörfer zu einer Gemeinde zu vereinen; was da aufkommt, hochkommt und schürbar ist!)

Wer ohne Scheuklappen lebt, kann beobachten, wie türkische und deutsche Kinder zwar tagtäglich in eine gemeinsame Schule gehen, aber in ihrem Freizeitverhalten fast völlig voneinander getrennt bleiben. Stadtteilgangs bilden sich, die miteinander in Rivalität leben und Grenzen geradezu aufrichten, um ihre Kämpfe führen zu können.

Das unterscheidet sich nicht wesentlich von dem, was zwischen Ost- und Westberlinern geschieht, nachdem die Mauer weg ist und erkennbar wird, wie tief sie ragte. Nachdem das weg ist, was offensichtlich zwischen uns stand, wird sichtbar, was uns trennt. Wenn man sieht, in welcher Art und Weise sich Mitglieder des PEN-Ost und PEN-West begegneten, wie jeder weiterhin seine Sprache (und sein Gebaren) hat und wie sie sich gegenseitig auf die Nerven gehen – nach neuem Sprachgebrauch – sich »ätzend« finden ...

Was sich in Jugoslawien todbringend abspielt – von Srebrenica bis Priština –, geschieht strukturell unter uns, freilich in abgemilderter, gebändigter, aber häufig menschlich in nicht minder verletzender Form.

Über ein gedeihliches Miteinander zwischen verschiedenen Lebensstilen und Kulturen sollte nur derjenige mitreden, der persönlich nahe Erfahrungen gemacht hat. Es gibt eine wohlfeile Moral »von außen«, die nicht durchs Feuer eigener bitterer Erfahrungen gegangen ist, Erfahrungen auch mit eigener Emotionalität und Abwehr. Der Widerspruch zwischen abstrakten multikulturellen Projektentwürfen und einer Großzügigkeit gegenüber Fremden und Zuwanderern mitten unter uns und den konkreten Urteilen und Empfindungen, die sich aus alltäglicher persönlicher Begegnung ergeben, muß bewußt gemacht werden. Die Diskussion muß realitätsbezogen bleiben, will man nicht voreilig Menschen moralisch abqualifizieren, die eine von anderen entworfene Moral praktisch bewähren sollen.

Also: Solange du selber nicht in einem Haus wohnst, in dem mehrere Lebensstile miteinander auskommen müssen, die wiederum durch andere kulturelle Prägungen bestimmt sind und sich durch soziale Situation und Fremdheit noch verstärken, hast du »gut reden« über interkulturelle Toleranz und daß man »nichts gegen Ausländer haben darf«. Der Prüfstand ist, wie du reagierst, wenn dir Fremde alltäglich sehr nahe kommen oder wenn dein Kind in eine Schule geht, in der zwei Drittel Ausländer sind. Das Miteinander von »kulturellen Rillen« ist konfliktträchtig, und Integration unterschiedlicher Kulturen ist schwer. Man muß jeweils eine Lösung suchen, die zwischen Integration und Abstand das Maß sucht, das gerade nicht die Ausländerfeindlichkeit einerseits und die Fremdheitsgefühle der Ausländer andererseits verstärkt. Ob es im Kosovo je wieder ein gedeihliches Zusammenleben der verschiedenen »Ethnien« gibt, ist fraglich, wenn nicht unwahrscheinlich.

Erinnern wir uns, in welcher aufgeheizten Situation und unter welchen Pressionen der sogenannte Asylkompromiß bei uns in Deutschland zustande kam! Man wählte das »kleinere Übel« einer Revision bzw. Aushebelung des Artikels 16 unseres Grundgesetzes, weil man befürchteten, die Zumutbarkeit für unsere Bevölkerung sei erschöpft und Gewalttätigkeit und ausländerfeindlicher Populismus würden nur anwachsen, wenn man nicht sofort einen kleinen »Damm« baut. Als ein Gegner des Asylkompromisses will ich doch die

Rationalität der Argumentation derer, die ihm zugestimmt haben, nicht prinzipiell anzweifeln. Und praktische Politik muß reagieren auf Ängste der einheimischen Bevölkerung, die leider auch Grund in der Erfahrung mit Fremden und Fremdem hat und leicht schürbar ist. Wie gefährlich ist ein Titelbild im »Spiegel«, auf dem es heißt: (in gelber Schrift auf rotem Grund) »Gefährlich fremd. Das Scheitern der multikulturellen Gesellschaft.« Im Text heißt es: »Immer mehr Bürger fühlen sich im eigenen Land bedroht, mißbraucht und in die Defensive gedrängt. Eigene Erfahrung, diffuse Ängste und Erlebnisberichte aus zweiter Hand erzeugen ein Klima, in dem die Schuldigen rasch ausgemacht sind. Nach einer bisher unveröffentlichten Umfrage in einer Großstadt Nordrhein-Westfalens sind mehr als 40 Prozent der Bewohner der Ansicht, daß ›sich die Deutschen im eigenen Land gegen die vielen Ausländer wehren müssen‹. 1995 glaubte das lediglich ein Viertel der Befragten.« (Spiegel 16/97).

Die Überschreitung, Überwindung und Relativierung von Grenzen vollziehen häufig einzelne herausragende Personen stellvertretend für ihre Völker und Gruppen. Völker richten sich an ihnen auf, weil sie ein Beispiel für das geben, was so selten gelingt. Wir leben vom Vor-Bild von Menschen, die die Grenzüberschreitung so wagen, daß sie von allen Seiten geachtet oder wenigstens wohlwollend beachtet werden, nachdem sie – oft lange – dafür gelitten hatten. Ich denke an Lew Kopelew, Nelson Mandela, Václav Havel, Adam Michnik oder an Gandhi und Martin Luther King.

Grenzen zu einer anderen Kultur, ja zum »Feind« kann überschreiten, wer in der »Tapferkeit vor dem Freund« ebensowenig nachläßt, wie er tapfer seine eigenen Gefährdungen zugibt.

Theologisch geredet: Sünden*erkenntnis* ist ein Weg zur Schuld*vermeidung*. Die Wahrheit über uns selbst – auch die schmerzliche Wahrheit – macht frei.

1 Milton Friedman, Capitalism and Freedom. Chicago 1962, p. 133.

# III. Krieg als menschliches Schicksal?

Wir können von Glück reden: 54 Jahre Frieden in Europa, freilich zumeist ein Vorkrieg, ein Kalter Krieg, der jeden Tag hätte zu einem heißen werden können. Nun wird er zum kalten Frieden zwischen Russland und dem übrigen Europa. Die europäische Union kann von Glück reden, daß ihre Mitglieder so eng miteinander verflochten sind und der Krieg zwischen »uns« nunmehr als wirtschaftlicher Konkurrenzkampf stattfindet. Aber der wird mit harten Bandagen geführt.

»The Independent« aus London schrieb am 22. November 1999:

»Der Kalte Krieg ist vorbei, jetzt hat die wirkliche Schlacht begonnen. In diesem Gefecht von historischen Dimensionen hat Chris Gent die Rolle des expandierenden Aggressors, und Mannesmann ist der Underdog, der das deutsche Vaterland verteidigt.«

So leicht kann die Sprache entgleiten und zurückfallen in Muster von 1914 oder 1939.

Auch unser Friede ist verletzlich.

Meine Reflexionen zu Beginn des 21. Jahrhunderts versuchen, die Brücke zu schlagen zwischen Individuellem und Politischem, zwischen Theologischem und Anthropologischem, Deskriptivem und Prästriktivem, Hoffnungstraum und Realitätserschütterung, wissend – mit Max Frisch – : »Eine Utopie ist dadurch nicht entwertet, daß wir vor ihr nicht bestehen …

Ohne Utopie wären wir Lebewesen ohne Transzendenz.«

Manches von dem, was ich benennen muß, ist nicht frei von Bitterkeit, wohl wissend, wie wenig Bitterkeit weiterhilft.

Die UNO hat das Jahr 2000 zum »Internationalen Jahr für eine Kultur des Friedens« erklärt. Darin sollen Wege von der »Kultur« des Krieges zu einer Kultur des Friedens geebnet werden. Dialog, gewaltfreie Konfliktlösung, Toleranz und Solidarität bilden die Grundpfeiler.

Freiheit, Gerechtigkeit und Demokratie sind die Grundsätze. Schöne Worte! –, die das Wortspiel wachrufen: »Schöne Worte sind nicht wahr; wahre Worte sind nicht schön.« Was ist zu tun, daß schöne Worte wahr werden, b e i jedem einzelnen und i n jedem einzelnen sowie in den politischen, ökonomischen und militärischen Strukturen? Ohnmacht macht sich breit. Resignation erscheint als müdes Lächeln. Die UNESCO hat ein »Manifest 2000« formuliert zur Unterzeichnung für jedermann. Wer Frieden sagt, muß ICH sagen. In Fragen des Friedens kannst du nicht Jein, da mußt du JA und NEIN sagen. Deshalb stelle ich diese sechs Prinzipien voran. Sie sind so einleuchtend, so klar, klingen so selbstverständlich. Wenn wir es individuell und kollektiv schafften, uns an sie zu halten, sähe die Welt anders aus.

1. *Achtung jeden Lebens:* Ich will ohne Unterschied und Vorurteil das Leben und die Würde jedes Menschen anerkennen.
2. *Ablehnung von Gewalt:* Ich will Gewaltlosigkeit leben, indem ich selbst keine körperliche, sexuelle, seelische, wirtschaftliche oder soziale Gewalt anwende, insbesondere nicht gegenüber Schwächeren und Wehrlosen wie Kindern und Jugendlichen.
3. *Mit anderen teilen:* Ich will meine Zeit und meine Mittel großzügig mit anderen teilen, damit Ausgrenzung, Ungerechtigkeit sowie politische und wirtschaftliche Unterdrückung ein Ende finden.
4. *Zuhören und Verstehen:* Ich will freie Meinungsäußerung und kulturelle Vielfalt verteidigen und grundsätzlich den

Dialog und das Interesse am anderen gegen Fanatismus, Verleumdung und Ausgrenzung setzen.

5. *Erhaltung der Erde:* Ich will mich für maßvolles Konsumieren und eine Entwicklung einsetzen, die allem Leben im Einklang mit der Natur auf unserem Planeten gerecht wird.
6. *Solidarität:* Ich will zur Entfaltung meiner Gemeinschaft, zur vollen Gleichberechtigung der Frauen und zur Anerkennung der demokratischen Werte beitragen, damit wir alle gemeinsam neue Formen der Solidarität schaffen können.[1]

## Der Krieg als apokalyptischer Reiter

»6. 12. 1937« – hat mein Vater in das »Lehrbuch zur Ethik«[2] notiert, aus dem er für das theologische Examen gelernt hat. Diese Ethik trägt den Untertitel »Der evangelische Weg der Verwirklichung des Guten«.

Der Autor Alfred Dedo Müller begreift Theologie als »radikale Wirklichkeitsschau« und wendet sich gegen »die ideologische Verfälschung des ganzen Problems (des Krieges) durch den aufklärerischen Pazifismus«. Eine theologische Betrachtung müsse »die ganze Tiefe und Unausrottbarkeit des kriegerischen Instinkts in der menschlichen Natur zu Gesicht bekommen«.

Er spricht sich zwar für eine radikale Entgötzung des Krieges aus: »Der Krieg ist nicht Gott.« Aber er versteigt sich dann zu den Sätzen: »Etwas unerhört Großes geschieht unter allen Umständen, wenn ein in zivilisatorischer Verweichlichung schon fast entsinkendes und in lauter Zwiespältigkeiten auseinander fahrendes Geschlecht die große Gemeinsamkeit der Todesgemeinschaft wieder findet.«

»Der Krieg ist nur – wie die Krankheit – der Darstellungsort eines in allem Wahnsinn menschlichen Vernichtungswillen sich behauptenden göttlichen Sachverhalts ... Der Krieg ist einer der apokalyptischen Reiter, die Gott schickt.«

Wer so denkt, muß den Krieg für unvermeidlich halten, muß dem Unvermeidlichen dann jeweils auch noch Sinn zubilligen, und er wird dann – streng genommen – nicht die Ultima ratio des Menschen genannt, sondern wird zur Ultima ratio Gottes. Krieg wird geradezu zu einer sittlichen Aufgabe, die alle menschlichen Kräfte aufrufen würde.

»Der Krieg ist dazu da, um überwunden zu werden, aber er kann nur überwunden werden, indem er erfüllt wird.«

Zwei Jahre später sollte das »unerhört Große« mit der Gleiwitz-Lüge beginnen und sechs Jahre später im europäischen Inferno enden. Dresden und Hamburg verloren ihr Gesicht, in Warschau war Haus für Haus gesprengt, und sechs Millionen Juden waren vergast worden. »Wenn sie dir morgen befehlen, du sollst den Mord segnen und den Krieg heilig sprechen, dann gibt es nur eins: SAG NEIN!« schrie Wolfgang Borchert uns ins Gewissen.[3]

Am 28. 2. 1942 schreibt mein Vater – ein Dorfpfarrer, nun Sanitätsgefreiter – in sein Tagebuch von der russischen Front:

»Am Morgen wurde noch ein Befehl verlesen, der zum verschärften Vorgehen gegen die Zivilbevölkerung mahnt. Sie soll mehr Furcht vor den deutschen Soldaten bekommen als vor den Russen und Partisanen. Dörfer, wo Partisanen sich zeigen, sollen ausgerottet werden. Mann, Weib und Kind. Die letzte Kuh, das Saatgetreide, alles kann geholt werden. Es ist kein ritterlicher Kampf, es ist Vernichtungskrieg in seiner blutigsten Form ... in diesem Lande müssen wir weiter bleiben, dieses Gemetzel müssen wir weiter erleben.«

»Die Zukunft liegt dunkel und drohend über unserem Volk. Wie mag es aus diesem Krieg wiederkommen?« (28. 2. 1942)

Ich lese das auf dem Hintergrund der Diskussion zu einigen falsch zugeordneten Fotos der sogenannten »Wehrmachtsausstellung«.

Und wer die Leserbriefe in deutschen Zeitungen zur Ehrenrettung der glorreichen Wehrmacht liest, merkt, was immer noch herumgeistert.

Ganz anders, ganz hellsichtig hatte Käthe Kollwitz schon während des Ersten Weltkrieges in ihrem Tagebuch 1916 notiert: »Hat man die Fähigkeit (der europäischen Jugend) zur Hingabe benutzt, um den Krieg zustandezubringen? Wo sind die Schuldigen? Gibt es die? Sind alles Betrogene? Ist es ein Massenwahnsinn gewesen? Und wann und wie wird das Aufwachen sein?« (Tagebuch 11. Oktober 1916)[4]

Mit Bestürzung hatte sie schon vier Wochen nach dem Kriegsausbruch in einem Artikel von Gabriele Reuter wahrgenommen, wie diese über die »Aufgaben der Frauen« schrieb und darin von der »Wollust des Opferns« redete. »Ein Ausdruck, der mich sehr traf. Wo nehmen alle die Frauen, die aufs sorgfältigste über das Leben ihrer Lieben gewacht haben, den Heroismus her, sie vor die Kanonen zu schicken? Ich fürchte, nach diesem Seelenaufschwung kommt eine desto schwerere Verzweiflung und Verzagtheit nach.« (Tagebuch 27. August 1914).[5]

In dieser Zeit war mein Großvater schon tot, verschollen in den ersten Kriegswochen. Sein Grab ist unauffindbar. Meine Großmutter hat ihr Leben lang auf ihn gewartet.

Also doch immer wieder ein völkerergreifendes, wollüstiges Verhältnis zum Krieg, in allem Erschaudern: der Krieg als das Stahlbad, als ein Phänomen, das fasziniert und ein in innerer Auflösung befindliches Volk wieder zusammenführt, also eigentlich Konsens stiftet durch Sieges- und Opferwillen, durch gemeinsam erlittenes Leid oder/und frenetisch gefeierte Siege?

Vier Jahrzehnte hatte man in Deutschland regelmäßig den »Tag von Sedan« gefeiert. Und nach der Niederlage im Ersten Weltkrieg mußte 1940 die Siegesparade zur Demütigung Frankreichs in Paris stattfinden. Und die Amerikaner feierten nach dem Golfkrieg »die größte Konfettiparade aller Zeiten«, wie es hieß.

Während der schreckliche Krieg in Tschetschenien tobte, schwelgte Moskau im Patriotismus – und die Demokraten blieben stumm. Es ging um Wahlen. Und Putin, der Entschlossene, hatte die Stimmung auf seiner Seite. Jelzin übergab ihm das Heft in die Hand, mitten »in antiterroristischen Aktionen«, für sich selbst jede Strafverfolgung präventiv ausschließend.

(War es nicht in Großbritannien ganz ähnlich, als auf Falkland das Vaterland verteidigt wurde?)

Der Krieg – einmal begonnen – entwickelt seine eigene Logik, seine militärische, seine politische, seine psychologische. Und anfangen ist da allemal leichter als aufhören. Am 21. 11. 1999 erklärte Putin: »Wir werden so weitermachen wie bisher. Wir werden nicht im mindesten nachgeben. Wir sprechen über eine antiterroristische Operation, nicht über einen Krieg in Tschetschenien.«[6]

Das kommt mir sehr bekannt vor, wenngleich die Verschleierung in jenen 79 Tagen des Bombardements auf den Diktator in Belgrad geschickter daherkam. Der Zynismus der »freiheitlichen Staaten« wurde zivilisierter formuliert. Und die militärische Brutalität ist gewiß nicht vergleichbar. Doch der Krieg gegen Jugoslawien sollte kein »Krieg« sein, sondern wurde als »chirurgische Luftoperation« deklariert. Sie wurden geführt nicht gegen Serbien, sondern gegen den Diktator und Menschenvertreiber Milošević. Die Nato machte weiter und weiter und veränderte im Verlauf die Kriegsziele, als sie sah, daß die Ziele nicht zu erreichen waren. Und Milošević ist weiter im Amt. Die Opposition ist schwächer denn je.

Man scheint in Moskau gelernt zu haben von den modernen Kriegern: Zuerst muß der Bilder-Krieg gewonnen werden, dann müssen die Begriffe besetzt werden. Mit unscharfen Bildern werden getroffene Objekte gezeigt, nicht die Opfer. Es wurden Präzisionswaffen eingesetzt, um nicht zu sagen: ausprobiert. Oder es wird ein Begriff eingeführt, »Kollateralschäden« – bedauerliche. Die Russen verzichten auf das Bedauern. Die Logik der Krieger: Keine Schwäche zeigen! Wer aufhört, verliert sein Gesicht.

Einspruch von außen wird als unzulässige Einmischung abgetan. In den Nachrichten aus Russland hieß es: »Bei 60 Einsätzen von Flugzeugen und Helikoptern seien 112 Terroristen liquidiert worden.« Wer wurde noch liquidiert – und was noch? Und wer hatte sie »unten« gezählt und dann »nach oben« gemeldet?

Der russische »stellvertretende Minister für Notsituationen« sagte zur gleichen Zeit in New York: »In den Lagern gibt es Zelte mit Heizung und Strom.« Selbst das Wenige, was Frau Ogatha vom UNHCR zu Gesicht bekam, war wirkliches Leiden der Flüchtlinge.

Übertroffen wurde solcher Kriegszynismus nur noch durch den damaligen Verteidigungsminister Gratschow, der 1996 erklärte: »Die russischen Soldaten sterben mit einem Lächeln auf den Lippen.« Wer es besser wußte, waren die Soldatenmütter, die sich aus Moskau in das ferne Tschetschenien aufmachten, um ihre Söhne zurückzuholen.

Doch jetzt ist Ruhe. Es sterben in dem »modernen Krieg« nicht mehr die russischen Soldaten, sondern die tschetschenischen Zivilisten. Die Propaganda kann erfolgreich behaupten, es ginge um den Kampf gegen Terroristen und Banditen. Die Attentäter, die die Wohnhäuser in Moskau in die Luft gejagt haben, sind noch nicht gefunden. Aber das können nur Tschetschenen gewesen sein ... So werden und so wurden Kriege gemacht – mit aufputschenden Lügen! –, und so bekamen und so bekommen Kriege die Zustimmung der Völker.

Im Juni 1999 ging der Kosovo-Krieg zu Ende, ein Krieg, der aus der Luft ohne Verluste für die Luftkrieger ein schwer zu lösendes Problem auf der Erde lösen sollte.

Wir leben seit dem Kosovo-Krieg in Zeiten des »militärischen Pazifismus«. »Die hegemoniale Macht bestimmt, was Recht, was Menschenrecht ist, und Krieg wird die Fortsetzung der Moral mit anderen Mitteln sein«, schreibt Ulrich Beck und fährt fort: »Der militärische Humanismus verschafft den feindlosen Institutionen eine kosmopolitische Mission. Der militärische Pazifismus wird eine Mischform von humanitärer Selbstlosigkeit und imperialer Machtlogik.«[7]

Ulrich Beck beschreibt die Situation. Er versucht sie zu deuten. Aber welche Position nimmt er ein?

Muß in diesen Zeiten der Intellektuelle mehr tun als beschreiben?

32 000 Luftangriffe flog die NATO gegen Serbien. Handeln wie Nichthandeln waren in ihren Folgen zu bedenken. Was aber hätte angemessenes Handeln sein können? Denn es waren zigtausende Menschen, die von terroristischer Gewalt betroffen waren und deren Leid die anderen Völker nicht kalt lassen durfte.

Es ist für jeden, der aus der Friedensbewegung kommt, eine Selbstverständlichkeit, daß zivile Konfliktlösungskapazitäten ausgeschöpft und kreativ angewendet werden müssen. Was aber bedeutet es, wenn diese Kapazitäten kurzfristig nicht zur Verfügung stehen? Kann man, soll man dann Menschenrechte auch mit Gewalt herbeibomben und auch noch glauben, daß dies gelingen könne und schließlich gelungen sei? Ob man mit Gewalt der brutalen Verletzung von Menschenrechten Einhalt gebieten k a n n und unter bestimmten Bedingungen sogar m u ß, läßt sich weit weniger eindeutig mit Ja oder Nein beantworten. Wie aber soll diese gewalteindämmende Gewalt aussehen? Genau um diese Frage muß gestritten werden, weil es um Menschen geht, die dabei nolens volens zu Opfern gemacht werden. Die Antwort der NATO im Kosovo-Krieg war – im nachhinein betrachtet – ein Beispiel für die Kontraproduktivität und Sinnlosigkeit des militärischen Eingreifens in dieser Form. Die Beendigung des Krieges verdankte sich nicht militärischem »Erfolg«, sondern der mühsamen Rückgewinnung politischer Handlungskompetenz und der Einbeziehung Russlands in die Konfliktlösung. Die Rückkehr zu Prinzipien des internationalen Rechts ebnete den Weg zum Ende des Bombardements. Am Ende stand ein Ergebnis, das man bei entsprechendem politischen Willen vermutlich schon in Rambouillet hätte haben können.

Der Krieg liegt erst ein Jahr zurück, und es scheint kaum noch zu interessieren, obwohl er für Europa einen epochalen Durchbruch bedeutet.

## Die Charta von Paris und das kleine Zeitfenster des Friedens

Frieden ist »Überlebensbedingung des technischen Zeitalters. So weit unsere menschliche Voraussicht reicht, werden wir sagen müssen. Wir werden in einem Zustand leben, der den Namen Weltfriede verdient, oder wir werden nicht leben«, hatte Carl-Friedrich von Weizsäcker 1963 erklärt.[8]

Unsere Welt stand unter der Drohung zigfacher gegenseitiger Vernichtungskapazität. Dies »sicherte« den Frieden aus Vernichtungsangst. Es war kein positiver Friede, sondern ein Droh-Friede mit gegenseitiger Durchschlagskraft. Es war kein erwachsener Friede. Aus Angst erwuchs notdürftig Einsicht. Daß dieser Zustand unhaltbar war und der kalte Krieg schnell in einen heißen umschlagen könnte und daß technische Fehler nicht ausgeschlossen sein würden, während die Rüstungsspirale immer höher ging und Ressourcen für den Aufbau der Welt verschlang, führte zu einer 20 Jahre dauernden Entspannungspolitik, die 1975 zur Unterzeichnung der »Schlußakte von Helsinki« führte und an die Stelle der gegenseitig garantierten Vernichtungskraft »Gemeinsame Sicherheit« stellte, an die Stelle von Angst das Vertrauen, an die Stelle des Interessenkonflikts den Interessenausgleich, an die Stelle der politischen und ideologischen Ausschließlichkeit den Dialog setzte. Dies trug wesentlich zum Zusammenbruch des diktatorischen Sowjetsystems bei und befreite die Welt von einer immer gefährlicher werdenden, weil hoch empfindlichen technischen Geräten anvertrauten Abschreckungs-Friedens-Konzeption.

Das Ende der Blockkonfrontation ging einher mit einem ganzen Bündel an Abrüstungsverträgen, sowohl im nuklearen wie biologischen und chemischen, aber auch im konventionellen Bereich. Die Software der Abrüstungsschritte im ideologischen Wettkampf entsprach der Hardware der Abrüstung der gefährlichsten Waffen. Die Anstrengung unserer Friedensbewegung (auch im Osten) schien endlich Früchte getragen zu haben, zumal sie ihre Bewährungsprobe auf eine nicht nur erstaunliche, sondern geradezu wunderbare Weise bei der gewaltlosen demokratischen Revolution im Ostblock unter Beweis gestellt hatte.

Im Jahre 1990 glaubte ich (wie viele andere auch), nun würde sich mit dem Ende der Ost-West-Konfrontation und der Rückkehr des östlichen Europa nach Europa, also in die Wertegemeinschaft demokratischer Staaten, das Hoffnungsvoll-Neue gegen das Hoffnungslos-Alte durchsetzen. Wir hatten Grund zu hoffen, daß die Frage nach Krieg und Frieden zurücktreten und der wirtschaftliche Aufbau, das Bemühen um ökonomische Effizienz und die Entwicklung demokratischer Strukturen alle Kraft nicht nur beanspruchen, sondern auch freisetzen würde.

Wir glaubten, der Taumel der Freiheit würde nun münden in eine Welt des Friedens, des zivilisierten Interessenstreites zwischen den Völkern und in den Völkern. Die Zeit der Friedensbewegung als bloße Antikriegsbewegung schien vorbei. Zivilgesellschaftliche Anstrengungen traten in den Vordergrund. Aber lang unterdrückte und unterschätzte Nationalismen ersetzten und besetzten das Vakuum, das die kommunistische Ideologie mit ihrer internationalistischen Konzeption unter gewaltsamer Einebnung der kulturellen Differenzen hinterlassen hatte.

Das kodifizierte Symbol dieser Hoffnung auf etwas substantiell Neues und damit auf das endgültige Ende des Zweiten Weltkrieges wurde die »Charta von Paris« für ein neues Europa, am 21. November 1990 von den Staats- und Regierungschefs der KSZE-Staaten unterschrieben. Hier wurde Friedensutopie vertragliche Norm – und nicht bloß Deklaration von Friedensbewegten auf Friedenskongressen. Diese Charta von Paris beschreibt die Strukturen, die Frieden braucht, sowohl in sozialer wie in ökonomischer, in militärischer, kultureller und ökologischer Hinsicht. Der europäische Kontinent, zusammen mit Nordamerika, wird als ein Raum von Lebensinteressen der Menschen verstanden, die einander am besten dadurch dienen, daß sie einander ihre jeweiligen eigenen Interessen zugestehen und deshalb einen gegenseitig vorteilhaften Interessenausgleich aushandeln. Beinahe pathetisch beginnt diese Charta:

»Ein neues Zeitalter der Demokratie, des Friedens und der Einheit

Wir, die Staats- und Regierungschefs der Teilnehmerstaaten der Konferenz für Zusammenarbeit in Europa, sind in einer Zeit tiefgreifenden Wandels und historischer Erwartungen in Paris zusammengetreten. Das Zeitalter der Konfrontation und der Teilung Europas ist zu Ende gegangen. Wir erklären, daß sich unsere Beziehungen künftig auf Achtung und Zusammenarbeit gründen werden.

Europa befreit sich vom Erbe der Vergangenheit. Durch den Mut von Männern und Frauen, die Willensstärke der Völker und die Kraft der Ideen der Schlußakte von Helsinki bricht in Europa ein neues Zeitalter der Demokratie, des Friedens und der Einheit an.

Nun ist die Zeit gekommen, in der sich die jahrzehntelangen gehegten Hoffnungen und Erwartungen unserer Völker erfüllen:

Unerschütterliches Bekenntnis zu einer auf Menschenrechten und Grundfreiheiten beruhenden Demokratie, Wohlstand durch wirtschaftliche Freiheit und soziale Gerechtigkeit und gleiche Sicherheit für all unsere Länder.

Die zehn Prinzipien der Schlußakte werden uns in diese, im Zeichen hoher Aufgaben stehenden, Zukunft leiten, so wie sie uns in den vergangenen fünfzehn Jahren den Weg zu besseren Beziehungen gewiesen haben.

Die volle Verwirklichung aller KSZE-Verpflichtungen muß die Grundlage für die Initiativen bilden, die wir nun ergreifen, um unseren Nationen ein Leben zu ermöglichen, das ›ihren Wünschen gerecht wird‹.«[9]

Zu diesem historischen Zeitpunkt schienen politische Vision und Realität endlich zusammenzukommen, bis keine acht Wochen später der Golfkrieg begann. Die »neue Weltordnung« nannte das der Präsident der einzig verbliebenen Großmacht George Bush – bis bürgerkriegsartig die Sowjetunion auseinanderfiel, in Georgien ein Krieg tobte, in Moldavien ein größerer gerade noch abgewendet werden konnte und schließlich ein Flächenbrand nationalistischen Hasses auf dem Balkan entfacht wurde.

Das Zeitfenster des Friedens war klein; aber es hat gezeigt, daß Friede möglich ist. Die Strukturen waren noch nicht stabil genug, die Mechanismen der Konfliktpräventionen noch zu schwach, zumal es keine schnell wirksamen und legal handelnden Institutionen zur Durchsetzung der Einhaltung dieser Charta gab. Es blieb nicht genügend Zeit, um »neue Strukturen und Institutionen« des KSZE-Prozesses zu entwickeln, so wie sie in der Charta in Sekretariaten in Warschau, Prag und Wien kodifiziert worden waren. Schließlich sollte in Wien ein »Konflikt-Verhütungs-Zentrum« geschaffen werden, »das den Rat beim Abbau von Konflikten unterstützen« sollte.

Warum ließen die Politiker – auch die Deutschen – die OSZE so lange links liegen, bis es zu spät war?

Zu diesem Friedenskonzept nach dem Kalten Krieg hatte die »Gemeinsame Erklärung von 22 Staaten« (NATO und WVO) vom 19. November 1990 gehört, in der die Beteiligten sich gegenseitig nicht mehr als Gegner betrachteten, sondern neue Partnerschaft aufbauen und die Hand zur Freundschaft reichen wollten.

Sie verpflichteten sich gegenseitig, »sich der Androhung und Anwendung von Gewalt zu enthalten, die gegen die territoriale Integrität oder die politische Unabhängigkeit irgendeines Staates gerichtet ist ..., ferner aller Handlungen, die auf irgendeine andere Weise mit den Prinzipien und Zielen dieser Dokumente unvereinbar sind«.[10]

Die 45 Nachkriegsjahre hatten – aus Angst und Einsicht – zu etwas geführt, was Kant sich in seiner Schrift »Zum ewigen Frieden« erhofft hatte.

Wer die Menschheitsgeschichte ohne Scheuklappen ansieht, wird sagen können, wir lebten immer v o r einem Krieg, i n einem Krieg oder n a c h einem Krieg. Das Lernen des Friedens gelingt für eine gewisse Zeit – meist nach einem Krieg, besonders dem verlorenen, sodaß Karl Otto Hondrich in einem Essay gar vom »Lehrmeister Krieg« spricht.[11]

Wer den Frieden nicht nur träumt, sondern will, muß den Ursachen des Krieges auf die Spur kommen – und das weder monokausal noch ideologisch, schon gar nicht gegnerorientiert. Er muß sich über die »Bedingungen des Friedens« Klarheit verschaffen.

Visionäre Zielbestimmung und nüchterne – auch ernüchterte! – Realitätskontrolle bedingen einander, um sich weder über die Wirklichkeit zu erheben, noch sich der Wirklichkeit passiv zu fügen.

Die intrapersonalen, die interpersonellen und die transpersonalen Aspekte gilt es konkret zu gewichten und nicht in immer neuen Variationen gegeneinander auszuspielen. Solches Ausspielen gerät immer wieder zu einer Psychologisierung (Angst, Omnipotenzwünsche, Aggressionsstau, Projektionsmechanismen), zu einer Reduktion auf Konflikttheorien (Rivalitätskämpfe, kulturelle und religiöse Unvereinbarkeiten, Dominanz bzw. Minderwertigkeitsgefühle) oder einer Ökonomisierung (Kampf um Interessen, Ressourcen und Landgewinn). Jedes Erklärungsmuster für sich hat seine Teilwahrheit, die die Tendenz bekommt, zur ganzen Wahrheit zu entarten.

Der ewige Friede bleibt unter Menschen – wegen des Menschen! – eine Utopie. Und Friede läßt sich weder politisch noch militärisch wirklich »sicherstellen«, aber internationale Institutionen können helfen, »der Bösartigkeit der menschlichen Natur« (Immanuel Kant) Einhalt zu gebieten. Mehr nicht, aber auch nicht weniger.

Wenn wir die internationalen Institutionen auf der Basis der Stärke des Rechts handlungsfähig machen, um endlich dem Recht des Stärkeren wirksam in den Arm zu fallen, bekommt die Menschheit größere Friedenschancen. Nur dann. Aber keinen »ewigen Frieden«, nur weniger Krieg.

Die Arbeit am einzelnen und im einzelnen für den Frieden bleibt genauso wichtig wie die politischen Strukturen des Friedens – zusammen mit der Zuversicht, daß die Geschichte offen ist und nicht Krieg unser Schicksal wird, sondern Ergebnis unseres Tuns und Lassens, unserer Angst oder unserer Trägheit und Phantasielosigkeit ist.

Den Krieg wieder denken. Den Krieg täglich wieder für möglich halten. Den Krieg für notwendig erklären. Krieg für eine gerechte Sache; immer ist es die »gerechte« eigene Sache und: die Bösen, das sind die anderen, und deren Sache ist ungerecht. Und je siegreicher einer ist, desto gerechter war seine Sache.

»Krieg hat es immer gegeben«, höre ich in letzter Zeit wieder häufiger. Das ist eine Banalität, so wie der Satz: »Krankheiten hat es immer gegeben.« Das bezeichnet eine geläufige Tatsache. Aber der Satz suggeriert zugleich Zwangsläufigkeit, Unverrückbarkeit, Schicksalhaftigkeit, als ob er nicht gemacht würde und nicht verhindert werden könnte, als ob es nicht Interessen, benennbare Ursachen gäbe und als ob es nicht auch wirksame Ideen vom Frieden, vom »Gewinn« des Friedens gäbe. Aus dem Satz »Kriege hat es immer gegeben« wird die fatalistische Voraussage »Kriege wird es immer geben«, bis es heißt »Kriege muß es immer geben«. Das Deskriptive verwandelt sich so unversehens ins Präskriptive!

Der Krieg ist nicht menschliches Schicksal, sondern sich wiederholendes menschliches Ungeschick, Konflikte ohne Gewalt zu lösen. Gewalt wird zur ansteckenden Kraft von Gegengewalt. Gewaltprävention kann durch Vorbereitung auf Gewalt genau die Gewalt schaffen, die sie verhindern sollte. Gleichzeitig darf den Gewalttätigen nicht der Raum für ihre Gewalttat überlassen werden, wenn man zivilisatorische Grundsätze praktisch-politisch zum Tragen bringen will. Ein tragischer Irrtum unseres Jahrhunderts war das Zurückweichen der demokratischen Staaten gegenüber Hitler.

Immer sind diejenigen besonders klug, die in schwierigen Entscheidungssituationen nicht handeln mußten und im nachhinein zu gut wissen, was man anders und besser hätte entscheiden müssen. Die Friedenspropheten und die Friedensapostel post festum haben immer so wunderbar recht und heben das selbstgerecht heraus.

Wir sehen zurück auf das blutigste Jahrhundert der Weltgeschichte. Vierzig Jahre lebten wir in Europa auf einer Insel des Friedens – mit einer historisch einmaligen gegenseitigen Vernichtungsdrohung, mit dem fragilen Gleichgewicht des Schreckens. Ausgerechnet das Ende dieser Zweiteilung hat den Krieg wieder zurückgebracht. Wir sehen hilflos zu – oder wir schlagen mächtig drein, um hernach zu entdecken, wie hilflos bombende Helfer sind, das Problem zu lösen, für das sie mit militärischen Mitteln »vom Himmel« herab eingetreten waren.

Der Krieg wird wieder geführt. Er wird wieder führbar. Er findet wieder Akzeptanz. Es sind die guten Ziele, die ein gutes Gewissen machen. Nun ist wieder Schweigen. Die Ziele wurden nicht erreicht. Der Diktator ist noch an der Macht. Die Infrastruktur seines Landes ist weitgehend zerbombt. Der Diktator soll keine Hilfe bekommen. Ihn wird das nicht stören. Vielmehr wird das serbische Volk leiden. Der Diktator stand nie allein, zumal im »NATO-Krieg« die Mehrheit der Serben um ihn stand. Der serbische Nationalismus wurde geradezu festgebombt.

Das Militär muß im Kosovo einen fragilen Frieden sichern, damit nicht der Rachefeldzug der gestrigen Opfergruppe gegen die damalige Tätergruppe ausufert. Einerseits leben dort traumatisierte Kriegs- und Vertreibungsopfer in beständiger Angst. Andererseits bündeln andere einen ethnischen Haß gegen die einstige Peiniger-Ethnie. Ethnische Zugehörigkeit wird zum Unterscheidungsmerkmal, nicht persönliches Verhalten.

Die Folgekosten des Kosovo-Krieges werden nur zu rechtfertigen sein, wenn der Frieden in längerfristiger Perspektive ökonomisch, mental und politisch organisiert wird und die ehemaligen Kombattanten selbst zu Trägern dieses Friedens werden. Das braucht Zeit. Die Subjekte des inneren Friedens können nicht Fremde sein. Ein multi-ethnischer Kosovo ist auf absehbare Zeit eine Utopie. (Auch Deutsche hätten nach 1945 nicht mit Polen friedlich zusammenleben können.)

Der Krieg ist nach Europa zurückgekehrt.

Wir sind Zeugen eines ganz knappen Scheiterns des OSZE-Gipfels in Istanbul geworden und sind täglich ohnmächtige Zeugen eines kaukasischen Vernichtungskrieges.

Es waren nicht blauäugige Friedensbewegte, sondern Staatsoberhäupter bzw. Delegationsleiter der 52 Mitgliedsstaaten der OSZE, die eine Sicherheitscharta in Istanbul unterschrieben haben. Aus den Füllhaltern einiger Mitglieder fließt das Blut ihrer Opfer. Ihre Unterschrift ist eine schreiende Lüge. Und doch ist der Text als Berufungsinstanz und als Zielbestimmung wichtig.

Schließlich haben wir im Ostblock erlebt, welche Wirkungen die Unterschriften der östlichen Staatsoberhäupter am 1. August 1975 in Helsinki hatten. Diese Schlußakte wurde zwar innenpolitisch nicht erfüllt, vielmehr verschärften sich die Repressalien nach innen, aber der Prozeß der KSZE war nicht aufzuhalten, auch nicht die innere Befreiung der Völker von einem ideologisch-militärischen Joch. Verbunden war dies mit politischen Signalen: nach dem Abbau von Angst kam es zum Abbau von Raketen. Die KSZE-Schlußakte war eine Berufungs- und Hoffnungsinstanz. Und nur so ist es zu verstehen – und zu ertragen! –, wenn es in dieser neuen europäischen Sicherheitscharta von Istanbul heißt:

»Frieden und Sicherheit in unserer Region sind durch die Bereitschaft und die Fähigkeit jedes Vertragsstaates zur Sicherung von Demokratie, Rechtsstaatlichkeit und der Achtung der Menschenrechte garantiert.

Die volle Achtung der Menschenrechte, einschließlich der Rechte der nationalen Minderheiten, wird die territoriale Integrität und Souveränität nicht untergraben, sondern stärken.

Wir verurteilen Gewalt gegen Minderheiten. Wir wollen Maßnahmen ergreifen, um die Toleranz zu fördern und pluralistische Gesellschaften aufzubauen, in denen alle unabhängig von ihrer ethnischen Herkunft die gleichen Chancen besitzen ...

Wir weisen jede Politik ethnischer Säuberung oder Massenausweisung zurück. Wir bekräftigen unsere Absicht, das Asylrecht anzuerkennen und den internationalen Schutz der Flüchtlinge sicherzustellen. Wir bekräftigen die Bedeutung der freien Medien und des freien Informationsflusses wie auch den öffentlichen Zugang zu Informationen ...

Wir akzeptieren, daß der möglichst schnelle Einsatz von Zivil- und Polizei-Experten entscheidend ist für die Vorbeugung von Konflikten, für das Krisenmanagement und die Aufbauarbeit nach Konflikten. Solch eine Expertengruppe gibt uns die Möglichkeit, die Probleme anzugehen, noch bevor sie zu einer Krise führen, und die zivilen Bausteine für eine friedenserhaltende Operation schnell bereitzustellen.«

Nachdem die gemeinsamen Werte von Rechtsstaatlichkeit, Menschenrechten und Gewaltlosigkeit festgehalten werden, kommt der Text zum entscheidenden Punkt, der die Völkergemeinschaft dazu auffordert, präventiv zu handeln. Frieden braucht Vor-Kriegs-Strategien zum Abwenden von Krieg.

## Der Krieg ist kein Naturgesetz, der Frieden auch nicht

Vor sechzig Jahren, am 30. 1. 1939, sagte Adolf Hitler, der Reichskanzler: »Jedes Volk hat das Recht, sich sein Leben auf dieser Erde sicherzustellen.«[12] Und vor dreißig Jahren, am 1. September 1969, sagte Bundespräsident Gustav Heinemann: »Der Krieg ist kein Naturgesetz, sondern Ergebnis menschlichen Handelns. Deshalb gilt es, diesem Handeln auf die Spur zu kommen.«[13]

Wiederum 30 Jahre später – 1999 – sagt Fritz Stern in Frankfurt: »Wir können aus der Vergangenheit lernen, auch daß der Gang der Geschichte offen ist, daß er von Menschen gestaltet wird. Der Glaube an historische Zwangsläufigkeit ist ein gefährlicher Irrtum. Er verführt zur Passivität.«[14]

Was steckt hinter jenem so harmlos daherkommenden Satz Hitlers? Ein Volk nimmt sich das Recht, zu entscheiden, mit welchen Mitteln dieses Recht, sein Leben »auf dieser Erde sicherzustellen«, durchgesetzt wird. Die Plausibilität verdeckt die Demagogie, den verschwiegenen Hintersinn, die Amoralität eines so moralisch klingenden Satzes.

Immer geht es nur darum, daß sich die einen ihr Leben sicherstellen, indem sie es gegen andere tun. Immer wird nur der »Friede« gesichert als das »Recht des eigenen Volkes«. Da wird dann Wilhelm Busch mit seiner Fabel vom »Fuchs und Igel« zum Kronzeugen für die Notwendigkeit ständiger Wachsamkeit, der Abwehr- und Gegenwehrfähigkeit. »Sein Pulver trockenhalten« sagte der Kleinwildjäger mit Schalmeien-Geschmack aus Wandlitz, und da braucht man dann eine Chinesische Mauer, einen Limes, eine Maginotlinie, einen Westwall, eine Schoberlinie und eine als »antifaschistischen Schutzwall« firmierte Todesmauer, die die »Friedensgrenze« markiert. Da braucht es einen Nato-Pakt und einen Warschauer Pakt.

Welch anderes Denken spricht aus dem Satz Gustav Heinemanns! Sich unter freien Menschen, die sich einander Kultur zutrauen, nicht abfinden mit Darwinschen Gesetzen. Krieg ist nicht zwangsläufig. Wie er entsteht, ist erklärbar. Wer Ursachen erkennt, kann sich daranmachen, die Ursachen zu beseitigen.

Aber auch der Friede ist kein Naturgesetz. Man muß Strategien entwickeln, ihn zu erhalten und ihn zu gestalten. Und dafür braucht es Friedensstrategien. Und solche Strategien hatten und haben es schwer in der Welt des Krieges, weil kein Sieg zu feiern ist, wenn durch eine Friedensstrategie erst gar kein Krieg ausgebrochen ist. Zudem kann niemand nachweisen, daß durch sein präventives Handeln ein Krieg verhindert wurde.

Das Elend jeder Prävention ist die ausbleibende Beweiskraft.

Und Fritz Stern, ein der Vernichtung Entronnener, sieht eine Chance zum Frieden, wo unsere »Erinnerungskultur« uns lernen läßt und nicht erst eigene, neue schreckliche Erfahrungen erfordert. Und er schwört uns das beständige WARUM-Fragen ein.

## Biblisches Denken zwischen Zuspruch, Anspruch und Vision

### Einander nicht ertragen können – Kain und Abel

Wir leben, weil zwei Menschen sich begegnet sind, eins geworden sind miteinander, e i n Mensch geworden sind. Neues Leben wächst aus dem Glücksmoment der Verbundenheit. Eine Frau wird Mutter. Geborgen im Schoß werden wir ausgetragen. Wir werden zur Welt gebracht. Ungefragt. Wir sind schon ganz Mensch, ein kleiner Erdenwurm, und bleiben ganz angewiesen. Schon ganz fertig sind wir und noch ganz unbeschrieben. Wir tragen unser Erbteil schon mit uns und werden erst geprägt. Wir sind schon unverwechselbar und wissen doch nicht unser Woher und Wohin. Wir kommen als erste, zweite, letzte. Wir suchen unseren Platz und finden uns schon plaziert. Wir gehören in ein Geschlecht, und wir haben ein Geschlecht. Wir finden uns ein, in uns ein. Wir haben einen Namen bekommen. Wir werden anrufbar. Wir machen uns einen Namen. Wir lernen, uns mit uns selbst abzufinden. Von anderen angenommen, zurückgesetzt oder verstoßen, lernen wir mit anderen und mit uns selbst zurechtzukommen. Wir sind verschieden begabt und entfalten unsere Begabung. Wir folgen einer Berufung und suchen einen Beruf. Unsere Interessen begegnen einander. Wir stecken unsere Interessensphären ab. Wir kommen uns in die Quere. Wir reiben uns aneinander. Wir messen uns aneinander. Wir suchen Erfolg. Wir haben Glück, wir haben Pech. Wir suchen nach Anerkennung, wir lechzen nach Zuwendung. Wir erleben Abweisung und werden nicht fertig damit. Wir begreifen den Grund nicht. Enttäuschung macht uns einsam, grimmig, bitter. Wir beneiden einander. Wir suchen die Schuld beim anderen.

Wer erwählt, wer verwirft uns? Gibt es Gerechtigkeit? Einen gerechten Gott? Die einen sind oben. Die anderen sind unten. Die einen steigen, die anderen fallen. Warum? Wir stellen die Entweder-Oder-Frage: ich oder du, wir oder sie, meine oder deine Lebensweise? Wir schließen uns voneinander ab und schließen einander aus. Wir vergessen den anderen. Wir vergessen uns. Wir sind nicht mehr Herr über uns selbst. Wir werden infiziert vom Gift der Zerstörung. Wir wünschen den anderen weg. Wir täuschen uns. Und wir täuschen den anderen. Wir kommen in den tragischen Lauf der Dinge. Ein Tot-Schlag läßt sich nicht zurücknehmen. Unsere Schuld hat etwas End-Gültiges. Wieder-Gut-Machung gibt es nicht. Dann überhören wir die Fragen des Gewissens. Wir leugnen die Verantwortung füreinander. Ichbezogen leben, für sich sein und nicht mit dem anderen sein. So entfremden wir uns. »Schließlich muß jeder selbst sehen, wie er sich durchschlägt«, sagt die Stimme der Selbstrechtfertigung.

Und dann schreit die Erde, schreien die Steine der zerbrochenen Städte, schreien die Bäume, die Baumgerippe des Landes. Die Erde, die das Blut des Todes aufgesogen hat, will den Samen des Lebens nicht mehr aufnehmen. Der Tod holt uns ein.

Die Gewalt gegeneinander und die Gewalt gegenüber der Natur überkreuzen sich. Die Natur rächt sich, wo die Kultur verraten wurde. Verfolgt ist nun der Verfolger, in sich zerrissen der Zerreißer. Und dann erleben wir das Unerwartbare: Wir dürfen weiterleben. Die Kette des Verderbens wird zerrissen – das Zeichen der Gnade wird uns an die Stirn gemalt. Das Spiel des Lebens darf neu beginnen. Aber es bleibt ein Leben fern vom Angesicht dessen, der dies wollte, in der Hoffnung, daß ER sich wieder zuwende. (Vergleiche Genesis 4, 1-17)

Dieser Brudermord läßt sich ganz individuell deuten, aber auch strukturell: Zwei Lebensentwürfe, zwei Lebensweisen und ihre »Kulturkreise« treffen im Nomaden und Städtebauer aufeinander. Nicht des anderen Hüter sein (wollen), wird zum tödlichen Tun. Inzwischen geht es um das Hüten des Lebens selbst.

Michael Gorbatschow sagte in seiner denkwürdigen Rede am 3. Oktober 1985 in Paris:

*»Bei allen Unterschieden in den politischen und philosophischen Anschauungen, in den Idealen und Werten müssen wir uns jedoch des einen bewußt sein: Wir alle sind Hüter des uns von den vorangegangenen Generationen überlieferten Feuers des Lebens. Es sind nicht einmal eine beispiellose Dummheit oder ein Verbrechen notwendig, damit es zum Schlimmsten kommt. Es genügt, weiter so zu handeln, wie jahrtausendelang gehandelt wurde: sich bei der Lösung internationaler Angelegenheiten auf Waffen und militärische Stärke zu verlassen und sie gegebenenfalls auch anzuwenden. Mit dieser jahrtausendealten Tradition wird sich jetzt das Problem des Überlebens der Menschheit als unlösbar erweisen. Im Atomzeitalter kann man nicht – zumindest nicht lange – mit der Psy-*

*chologie, den Gewohnheiten und Verhaltensweisen der Steinzeit leben.«*

Solche Einsichten wurden bei ihm praktische Politik. Aber er sollte nur sieben Jahre Zeit bekommen. Machtpolitiker alten Schlages fegten ihn hinweg. Das neue Denken hatte noch keine Wurzeln geschlagen.

## Die Machtwelt und ihre Gegenwelt

Auch die zwölf »ausgewählten« Jünger sind keine Sonderausgabe von Menschen. Selbst unter ihnen geht es um nichts Geringeres als um die Macht- und Geltungsverteilung im Himmlischen Reich. Wenn sie schon in diesem Leben ganz unten sind, so wollen doch die Söhne des Zebedäus, Jakobus und Johannes, wenigstens zur Rechten und Linken des Herren in seiner Herrlichkeit sitzen. Wenigstens himmlische Jobs bekommen, wenn schon keine irdischen zu vergeben sind. Und Jesus fragt sie nur zurück nach ihrer Bereitschaft und Fähigkeit, auf dieser Erde d a s Leiden auf sich zu nehmen, das er auf sich nimmt. Und sie sagen kurzerhand »Ja, das können wir.«

Als das die anderen zehn Jünger hören, werden sie wütend auf die beiden, die sich einen Sonderplatz sichern wollen. Und da ruft dieser Wanderprediger aus Nazareth alle zwölf zu sich und sagt: »Ihr wisset, daß die weltlichen Fürsten ihre Völker niederhalten und ihre Mächtigen tun ihnen Gewalt. Aber so soll es nicht sein unter euch; sondern wer groß sein will unter euch, der sei euer Diener.« (Vgl. Markus 10, 35-45)

Ohne Umschweife weist dieser als Pazifist und Utopist ausgewiesene Religionsstifter, dem an seiner Geburtskrippe die Engel das »Friede auf Erden« gesungen hatten, auf die Realität hin. Ihr wißt, was die Herren mit ihren Völkern tun. So ist es. Und der nächste Satz ist der Widerspruchssatz schlechthin: So nicht. Bei euch nicht. Ihr widersetzt euch den Mächtigen, indem ihr anders denkt und handelt. Die Mächtigen bloß abzulösen, würde nur die Personen austauschen, aber die Haltungen erhalten. Er ruft sie auf, die Gegenwelt zur Gewaltwelt zu installieren, die Welt der Gewalt zu verwandeln, zu verändern, mit dem Dienst am anderen zu durchwirken. Eine andere Werthaltung zum Mitmenschen ist eine andere Haltung zur Macht: nicht über jemandem sein, sondern für jemanden da sein.

»Der Friede fängt mit dir an – oder er fängt nie an. Der Friede beginnt in dir, so wie der Krieg in dir beginnt.« Dieser banale Satz ist so wahr, und gleichzeitig ist dieser Satz gefährlich, wenn er die Frage nach Krieg und Frieden gänzlich individualisiert, die machtpolitischen und ökonomischen Strukturen außen vor läßt und alles auf dem Individuum ablädt. Unabdingbar bleibt: Der Frieden braucht Menschen des Friedens. Ohne Menschen, die den Frieden für möglich halten und ihn mit den Mitteln des Friedens durchzusetzen bereit sind, wird es keinen Frieden geben. Die Verächter der Utopie und die Exekutoren der Realität behalten dann die Oberhand – ganz nach dem Motto von General von Moltke: »Friede ist eine Utopie und eine schlechte dazu.«

In diesen Monaten wird der Satz vom »Niederhalten der Völker« bedrückend. Wer muß nicht unmittelbar an Jelzin, Putin, Sergejew und die frierenden Flüchtlinge denken. Bassajew soll gefangen werden – und das Land wird verwüstet, die Menschen vertrieben. »Die Mächtigen halten ihre Völker nieder und tun ihnen Gewalt an.« Wie faßt der irre, wirre wirkende Tschetschenien-Krieger Jelzin, der sich kaum noch auf den Beinen halten kann, den kleinen schmallippigen, verlegen lächelnden Putin am Ärmel, ihn großväterlich zupfend, wie einen peinlich berührten Konfirmanden. Und er empfiehlt den Geheimdienstchef der Nation als den großen Mann, der Präsident werden kann und soll.

Und die Gegenwelt?

Sergej Kowaljow und seine unermüdlichen Freunde. Sie gibt es. Sie brauchen uns mehr denn je.

## Haltungen werden zu Handlungen

Biblisches Denken ist realistisch, bisweilen grausig realistisch, und führt uns in die Abgründe der eigenen Seele und in die Abgründe kollektiver Destruktionen, Macht- und Vernichtungskämpfe, die immer im Namen höchster Güter geführt werden. Die erste Tat des Menschen außerhalb des Paradieses ist ein Brudermord. Aber die Geschichte zielt einerseits auf diese mörderische Realität und andererseits auf den Schutz des Mörders, auf die Unterbrechung der Spirale von Gewalt und Gegengewalt, Töten und Getötetwerden. Biblisches Denken ist gnadenlos realistisch und sucht zugleich den gnadenvollen Ausgang, selbst für die Täter. Nicht als Rechtfertigung der Tat, sondern als neue Chance für den Täter, als Lernchance. Menschen machen sich Leben und Lebensraum streitig. Sie denken, fühlen und handeln in den Grenzen ihrer Reviere. Sie umfrieden das Eigene. Sie schützen es vor den Begehrlichkeiten des anderen, weil sie wissen, daß in ihnen selbst die Begehrlichkeit gegenüber dem anderen und den anderen steckt. Die Frage ist dann nur noch, wer wem zuvorkommt oder wer wen einschüchtern, in Schach halten, abhalten kann oder die Macht hat, ihm zu nehmen, was er hat, weil der andere nicht »vorgesorgt« hat. Mit Raub und Raubkrieg dem anderen zuvorkommen, heißt dann die Devise. Vorsorglicher Krieg wird zur Kriegsrechtfertigung.

Dazu gehört der innerpsychische Prozeß der Zerlegung der inneren Antriebe in Gut und Böse, in Gute und Böse, Liebe und Haß, Zuneigung und Vernichtung, Herrschen und

Sichunterwerfen, in Freunde und Feinde, Hinzugehörige und Fremde. Zur Hardware der Schwerter gehört immer die Software des Hasses und der Feindbilder. Dies reicht bis in das Innerste der schönsten Gebete, bis ins Buch der Psalmen. Da wird die höchste Autorität angerufen, den Beter zu schützen und den Feind zurückzudrängen oder zu vernichten. Er wird kurzerhand zum Feind Gottes erklärt und seine Vernichtung wird Gottes-Dienst. Gott wird der Rächer, der seine irdischen Handlanger sucht – und findet.

Solchem Denken setzt der neutestamentliche Messias, dieser hilflose Helfer, seine Strategie des Friedens entgegen. Dieser Messias kommt nicht mit Gewalt. Aber er bekommt es mit der Gewalt zu tun. Als ein Ohnmächtiger bringt er Gottes SCHALOM und birgt er Gottes SCHALOM.

SCHALOM ist mehr als Friede, wenn Friede nur Abwesenheit von Krieg heißt. SCHALOM heißt Ganzsein, Heilsein, Gerechtsein. Jesus beginnt in einem Stall, lebt als Wanderprediger und verendet am Kreuz. Er kommt auf einem Esel geritten, einem Tier, mit dem man weder Lasten tragen noch Kriege führen kann. Seine Herrschaft ist eine zarte und keine harte. Wie ein Paukenschlag beginnt die Rede, für die er sich wie Moses auf einen Berg setzt, lehrt und eine »neue Tafel« in die Welt bringt: Seligpreisungen als die Gegenwelt des Friedens zur Gewaltwelt. Sein Ziel ist das Ganz-, Heil- und Glücklichsein. Diese großen Sätze wurden in der Christentumsgeschichte durchfrömmelt. So wurde ihnen der Stachel des Widerständigen, des Mutes, des Engagements, der Leidensbereitschaft genommen.

Die Sanftmütigen werden selig gepriesen, weil sie das Erdreich besitzen werden, und nicht die, die den Härtetest unserer Gesellschaft bestehen.

Die Friedfertigen, die Friedenmacher werden selig gepriesen, nicht die Streitsüchtigen, Kriegslüsternen und Durchsetzungsstarken.

Die reinen Herzens sind, werden selig gepriesen und nicht die Durchtriebenen.

Wen hungert und dürstet nach Gerechtigkeit, der wird selig gepriesen und nicht die, die nach beständiger Steigerung ihrer eigenen Aktienkurse schielen.

Die Barmherzigen werden selig gepriesen und nicht die Hartherzigen.

Und ihnen allen wird versprochen, daß sie auf Grund ihrer Haltungen genau erlangen werden, was sie gegeben haben. Ihr Tun aber kommt aus ihrem Sein, dem neuen Sein, das neues Tun freisetzt.

Dies sind keine Imperative; dies sind Versprechungen, die eintreffen, wo aus Haltungen Handlungen werden. Es gibt heiles, ganzes, erfülltes Leben! Nur aus einem solchen Vertrauen heraus gewinnt der einzelne den Mut, die Kraft und die Einsicht in ganz alltäglichen und in politischen Zusammenhängen zu unterscheiden, zu urteilen, zu entscheiden, zu handeln. Der Kampf um den Frieden ist kein Spaziergang, zumal dann nicht, wenn die Regel Gandhis eingehalten wird: »Es gibt keinen Weg zum Frieden. Der Frieden ist der Weg.«

## Die Vision der Zivilität

Dies entspricht im G r u n d satz jener berühmten Friedensvision aus Jesaja 2 bzw. Micha 4, in der einerseits das Visionäre, nämlich das Zusammenkommen aller Völker auf dem Zion beschrieben wird, andererseits eine ganz realistische Handlungsoption benannt wird. Zunächst ist es der Konsens der Völker, die an e i n e m Ort zusammenkommen, um den Frieden zu beraten und zu beschließen und – wenn man so will – zu gegenseitigem Vorteil zu sichern. Sie haben ein gemeinsames Ziel und einen gemeinsamen Ort.

Und sodann geht es um die Konversion, die man unumkehrbar machen will: daß nämlich Schwerter zu Pflugscharen werden, die Brotgetreide aus dem Acker bringen und nicht den Acker mit Blut tränken, und Winzermesser, die nicht wieder zu Spießen werden, die anderen ins Herz stechen, sondern die Weinreben veredeln und die Weintrauben abschneiden. Brot stillt den Hunger, und der Wein macht des Menschen Herz fröhlich. Vor allem: Neben der Hardware des Friedens (als Abrüstung und Konzentration auf ziviles Leben) geht es um die Software, daß man nicht mehr l e r n e n soll, Krieg zu führen, und u m s o m e h r lernt, den Acker zu bebauen und den Weinberg zu kultivieren.

Friede in christlichem Verständnis ist die Dreiheit von Gabe, Aufgabe und Verheißung. Aus dem mir zugekommenen Frieden wächst mir – uns! – eine Aufgabe zu, die nur erfüllt werden kann, wenn man von einer Hoffnung getragen wird. Deshalb schließt jede Predigt mit dem Satz: »Und der Friede Gottes, der höher ist als alle Vernunft, bewahre eure Herzen und Sinne in Jesus Christus.«

## Gemeinsame Sicherheit

Die Strategien des Friedens brauchen allgemeine Akzeptanz, den Blick für das Nötige und das Mögliche. Sie brauchen Subjekte, die diese Strategien voranbringen – sowohl politisch wie persönlich. Dazu gehört zuallererst, daß man sich vor einfachen Antworten hütet. Einfache Antworten sind geradezu friedensgefährdend, denn sie teilen ein und ab, grenzen ein und aus, leugnen die Grautöne des Lebens, verhindern die Kompromisse, zerstören die Vielfalt, indem sie in Schwarz und Weiß, in Gut und Böse, in Freund und Feind einteilen.

Es kann nur Friede mit dem Gegner sein und nicht gegen

ihn. Das haben wir im Osten in der Zeit der Zweiteilung gelernt und haben in der Phase der Entspannungspolitik der »gemeinsamen Sicherheit« das Wort geredet. Nachdem der politisch-ideologische Gegensatz zwischen Ost und West überwunden ist, kommt die Fratze des nationalistischen Gegensatzes wieder auf. Kurzzeitige strategische Partnerschaft zwischen den USA und Russland zeigt nicht nur Risse, sondern ein neuer Kalter Krieg beginnt. Antiamerikanische Töne in der russischen Regierung – und beim Militär sowieso – sind unüberhörbar. Die USA werden von China aus darauf hingewiesen, daß sie nicht vergessen sollten, daß Russland eine Atommacht ist. Jetzt geht es nicht mehr um ideologische Gegensätze, sondern um den Zugriff zu den riesigen Öl- und Gasvorkommen in Zentralasien. Strategische Ressourcengegensätze bedürfen keines ideologischen Überbaus.

Gemeinsame Sicherheit muß weiterhin heißen, daß das Interesse des jeweils anderen wahrgenommen wird als ein legitimes Interesse. Auch die ökonomische Sicherheit des anderen ist Teil der eigenen Sicherheit.

Im Denken über den anderen als Feind wird der andere bald so, wie wir ihn sehen, wie wir über ihn denken und reden. Schlag und Gegenschlag sind im Kampf nicht mehr unterscheidbar, bis der Haß ganz blind macht.

Gemeinsame Sicherheit könnte unter den Bedingungen in der Welt nach 1989 heißen: das gemeinsame Lebensrecht nicht nur anerkennen, sondern auch garantieren, die Selbstbestimmungsrechte der Völker mit den Minderheitenrechten in den Staaten zu verbinden. Menschenrechte und Frieden bilden einen unauflöslichen Zusammenhang, genauso wie Freiheit und Gerechtigkeit.

Die Opposition im kommunistischen Osten hatte immer auf der inneren Dialektik von Frieden und Menschenrechten bestanden und Menschenrechte sowohl als Freiheitsrechte als auch als soziale Lebensrechte verstanden. Die Teilhabe am

Brot wird in dem sich verschärfenden Nord-Süd-Gegensatz zur Frage unserer Freiheit und unseres Friedens. Soziale und politische Menschenrechte bedingen einander, eben nicht nur innerhalb unserer Staaten, sondern auch in unserer Weltgesellschaft. Dabei gibt es einen engen Zusammenhang zwischen unseren Lebensansprüchen und der Politik, die durch die Staaten und ihre Wirtschaftslobby gemacht wird.

Es geht um die Erhaltung unseres Wohlstandes und um das inzwischen zur zweiten Natur gewordene hohe Wohlstandsniveau, das wir (nicht zuletzt aus ökologischen Gründen) der ganzen Welt gar nicht zugestehen können. Die Veränderung muß also bei den reichen Ländern beginnen. Eine »zweite Wende« steht uns bevor.

Friedenspolitik in weltbürgerlicher Absicht wird in längerfristiger Perspektive heißen: unsere Lebensansprüche und unsere Lebensweise auf ein umwelt- und sozialverträgliches Maß zu bringen. Das ist eine politische u n d eine spirituelle Aufgabe, vor der wir solange scheitern, wie das Eigeninteresse vor dem Gesamtinteresse und wie das Kurzzeitinteresse vor dem Langzeitinteresse rangiert.

Individuelles und Politisches verschränken sich, weil Politiker auch nur das durchsetzen können, was allgemeine Akzeptanz findet. Und insofern braucht die politische Friedensstrategie die Bildung von Wert- und Lebenshaltungen der einzelnen, die sich mit anderen verbinden und verbünden.

Eine individuelle, aber auch auf soziale und politische Zusammenhänge gerichtete »Strategie des Friedens« läßt sich als eine »moralische Versuchsreihe« beschreiben:

– Der praktische Versuch, im Feind den Menschen zu sehen, der wohl Gegner, aber gleichzeitig eine liebesbedürftige und liebenswürdige Mitkreatur ist.

– Es ist der Versuch, der Eskalation eigener feindlicher Gefühle, Gedanken, Worte und Taten rechtzeitig zu begegnen, weil Haß blind macht.

– Es ist der Versuch, die Interessen des Gegners zu verstehen, zumal sie den eigenen strukturell vergleichbar sind.

– Es ist der Versuch, erlittene Ausgrenzung nicht durch die eigene Ausgrenzung zu beantworten, so daß letztendlich wieder alles zu einer Machtfrage wird, in der der Sieger sich feiern läßt und Verlierer sich rechtfertigen müssen.

– Es ist der Versuch, zu differenzieren und in den eigenen Spiegel zu sehen, bevor dem anderen der Spiegel vorgehalten wird.

– Es ist der Versuch, zuerst über sich selbst ehrlich zu sein, ehe man seine Gegner mit scharfer Kritik bedenkt.

– Es ist der Versuch, Selbsterkenntnis zu gewinnen, also den Wurzeln des eigenen Unfriedens, der Intoleranz, der Aggressivität und Unfähigkeit zum Gemeinsinn nachzugehen.

– Es ist der Versuch, barmherziger mit sich selbst und damit auch mit den anderen zu sein, weil erfahrene Barmherzigkeit eine der Wohltaten des Lebens ist. Barmherzigkeit verwischt nicht das Versagen, sondern hat ein Herz für den Versagenden.

– Es ist der Versuch, jedem Menschen eine ehrliche Wende zuzutrauen und zuzumuten, ohne sich blauäugig-naiv täuschen zu lassen.

– Es ist der Versuch, diejenigen, die am Boden liegen, nicht zusätzlich zu treten.

– Es ist der Versuch, im ethischen Komparativ und nicht im Superlativ zu leben – also ein wenig offener, liebevoller, friedfertiger, aufmerksamer, kritischer, aktiver, dankbarer und hoffnungsvoller zu leben, statt sich in Selbstüberforderung und Selbstüberschätzung zu belügen.

Friedenmachen ist eine alltägliche Sisyphusvariation: Frieden in sich, mit sich und mit dem anderen zu schließen. Es ist der Versuch, Zivilcourage zu üben. Es ist der Versuch, sich nicht abzufinden mit dem Gegebenen, sondern auf das Mögliche zu hoffen, ohne das Wirkliche zu leugnen. In der

Diktatur sind es stets wenige, die Zivilcourage aufbringen. Es bedurfte großen Mutes und kleiner intensiver Gemeinschaft. Manche waren so vereinzelt, daß sie allmählich entmutigt wurden. Demokratie aber zeichnet sich dadurch aus, daß es nicht zu viel Courage braucht, sich seines eigenen Verstandes und Mundes zu bedienen. Sie ist geradezu auf die Courage ihrer Bürger angewiesen. Sie kann nicht auf die alltägliche Tapferkeit verzichten. Immer gehört Mut dazu, aus eigener Einsicht zu handeln, also auch zu widersprechen, statt nur auf Weisungen hin in bequemer Unterordnung zu leben. Zivilcourage wächst aus einem gesunden Selbstbewußtsein und einer inneren Souveränität. Sie unterscheidet sich von Egoismus, Querulantentum und Rechthaberei. Sie scheut sich nicht vor Einigung, auch nicht im »Verein« mit anderen.

Das Volk ist zwar der Souverän, aber die geläuterte Souveränität des Volkes erwächst aus der Souveränität der einzelnen. Der freie Bürger ist der gleichzeitig im Dienst des anderen freien Bürgers Stehende. Das trifft sich mit den berühmten Luther'schen Worten: »Ein Christenmensch ist ein freier Herr aller Dinge und niemandem untertan. Ein Christenmensch ist ein dienstbarer Knecht aller Dinge und jedermann untertan.« Wo Freiheit und Dienst nicht mehr einander bedingen, wird Individualisierung zur Privatisierung. Wenn der Dienst am Gemeinwesen bloß gefordert wird, kommen wir in Befehls- und Gehorsamsstrukturen, die die Freiheit selber aufs Spiel setzen.

Strategien des Friedens lassen sich in drei Punkten zusammenfassen:

1. Die innere Arbeit für den gewaltfreien Konfliktausgleich, im Inneren der Person und im Inneren der Gesellschaft leisten.

2. Gemeinsame Sicherheit organisieren. Den Interessenausgleich suchen, statt tödlicher Konkurrenz zu verfallen. Gemeinsam den Frieden gewinnen wollen, statt im Krieg die Kräfte durch Zerstörung zu messen.

3. Vorsorgend und vorbeugend gewaltmindernd und gerechtigkeitsfördernd handeln.

Dies alles setzt voraus, daß wir miteinander den Frieden für möglich halten und den Krieg und seine Mittel aus den internationalen Beziehungen verbannen. Die Theorie eines gerechten Friedens braucht die Strukturen in der internationalen politischen Praxis, bis die Stärke des Rechts sich vor das Recht der Stärke schiebt. Wer vor dieser Aufgabe resigniert, trägt dazu bei, daß das eintritt, was er fürchtet.

Wer sich utopisch über die Realität erhebt, wird resignieren, wenn er erbarmungslos in die Wirklichkeit zurückgestoßen wird. Insofern braucht die Vision den Realitätssinn und der Realitätssinn die Vision.

Daß das Bundesministerium für wirtschaftliche Zusammenarbeit trotz des Sparpakets für den Zivilen Friedensdienst (ZFD) mehr Geld zur Verfügung gestellt hat, sollte in der öffentlichen Debatte bei der Bilanz dieser Bundesregierung nicht unterschlagen werden: Es werden Fachkräfte für den Ausbau des Friedens ausgebildet, nicht bloß für den Wiederaufbau von Häusern, Infrastruktur und Produktionsanlagen. Es wird nicht nur für den militärischen Schutz der Bürger gesorgt, sondern vor allem ein freiwilliger, friedlicher Einsatz für das Zusammenleben der Menschen ermöglicht. Dies ist eine Arbeit, die wenig Erfolge aufweisen kann, die keine Schlagzeilen macht, weil sie sich dafür einsetzen will, daß »nichts passiert«.

Und sie werden e i n e Beweislast nicht tragen können: daß sie geholfen haben, daß keine neuen Konflikte ausbrachen.

Die internationale Rechtsgemeinschaft wird alles dafür zu tun haben, daß kriegerische Konfliktlösungen verhindert werden. Dazu braucht es auch Frühwarnsysteme für Konflikte und eine rechtzeitige Unterstützung der Kräfte, die auf ein friedliches Zusammenleben und demokratische Strukturen hinwirken. (Die massive westliche Unterstützung für die

UČK führte praktisch zur Demontage Rugowas im Kosovo. Warnungen vor dem Konflikt im Kosovo wurden nicht gehört und nicht beherzigt, bis Radikale aus Resignation den »Gandhi des Balkan« praktisch entmachteten und die terroristische UČK an dessen Stelle trat)

Wer zudem den gesamten Rambouillet-Vertragsentwurf zur Kenntnis nimmt, gewinnt den Eindruck, daß die NATO den Krieg führen wollte und der serbischen Delegation einen Vertragsentwurf vorlegte, den sie keinesfalls unterschreiben konnte, wollte sie sich selber nicht aufgeben. Die UČK unterschrieb erst, nachdem sie sicher war, daß die Serben nicht unterschreiben würden, um somit den Schuldigen am Scheitern von Rambouillet vor der Öffentlichkeit eindeutig festmachen zu können.

Die fehlende Mandatierung durch die UN und die demütigende Ausschließung Russlands aus den Entscheidungen haben den internationalen Beziehungen einen langfristigen Schaden zugefügt, der in keinem Verhältnis steht zu dem »Erfolg«, den die westlichen Bombardements nach achtzig Tagen schließlich hatten, zumal die Debatte moralisch aufgeladen und auf eine primitive Alternative reduziert wurde: »Zuschauen« oder »Zuschlagen«.

Im Anhang B, unter »Status des multinationalen Militärs«, heißt es unter anderem: »Die NATO genießt gegenüber allen Gerichtsverfahren, seien es Zivil-, Verwaltungs- oder Strafverfahren, Immunität. Das NATO-Personal wird zusammen mit seinen Fahrzeugen, Schiffen, Flugzeugen und Ausrüstungsgegenständen in der gesamten Bundesrepublik Jugoslawien freien und ungehinderten Zugang genießen, unter Einschluß ihres Luftraumes und ihrer Territorialgewässer.«[15]

Nach Ende des großen Krieges wird wiederum klar, daß der kleine Krieg noch lange währt und daß der Aufbau eines gerechten Friedens mehr braucht als das »In-Schach-Halten« der verfeindeten Volksgruppen durch Soldaten der KFOR.

Denken und Handeln zwischen Utopie und Resignation heißt, sich nicht abzufinden mit dem Gegebenen, auf das Mögliche zu hoffen, ohne das Wirkliche zu leugnen.

Eine grundsätzliche Haltung führt zu einem ganz konkreten Handeln. Dietrich Bonhoeffer hat dies 1943 eindrücklich in einer Reflexion aus dem Gefängnis ausgeführt:

»Optimismus ist eine Lebenskraft, eine Kraft der Hoffnung, wo andere resignieren, eine Kraft, den Kopf hochzuhalten, wo alles fehlzuschlagen scheint, eine Kraft, Rückschläge zu ertragen ... Optimismus als Willen zur Zukunft soll niemand verächtlich machen, auch wenn er hundertmal irrt. Er ist eine Gesundheit des Lebens, die der Kranke nicht anstecken soll. Es gibt Menschen, die an das Chaos, die Unordnung, die Katastrophe als Sinn des gegenwärtigen Geschehens glauben und sich in Resignation oder frommer Weltflucht der Verantwortung für das Weiterleben, für den neuen Aufbau, für die kommenden Geschlechter entziehen. Mag sein, daß der Jüngste Tag morgen anbricht, dann wollen wir gern die Arbeit für eine bessere Zukunft aus der Hand legen, vorher aber nicht.«

Mag sein. Vorher nicht.[16]

»Laß ab vom Bösen und tu Gutes; suche Frieden und jage ihm nach!« So steht es im Psalm 34. Also nicht dem Feinde nachjagen, sondern dem Frieden! Er flieht so leicht. Er ist leichter verloren, als wieder gewonnen. Er entzieht sich dir. Er geht dir unversehens verloren. Also halte ihn fest und halte ihn für möglich.

Krieg ist nicht unser Schicksal. Frieden ist unsere Aufgabe. Sie kann es nur sein, weil Krieg nicht unser Schicksal ist.

1 UNESCO heute. Zeitschrift der deutschen UNESCO-Kommission, 46. Jahrgang, Ausgabe 3 Herbst 1999, S. 28.

2 Alfred Dedo Müller, Ethik. Berlin 1937.

3 Wolfgang Borchert, Das Gesamtwerk. Halle 1961, S. 382.

4 Käthe Kollwitz, Die Tagebücher. Berlin 1989, S. 279.

5 Ebenda, S. 158.
6 Süddeutsche Zeitung, 22. 11. 1999.
7 Süddeutsche Zeitung, 19. 04. 1999.
8 Carl-Friedrich von Weizsäcker, Bedingungen des Friedens. Berlin 1964.
9 Blätter für deutsche und internationale Politik, 1/91, S. 105.
10 Ebenda, S. 115.
11 Karl Otto Hondrich, Lehrmeister Krieg. Reinbeck 1992, S. 7 ff.
12 Zitat Hitlers – in einem Kontor 1990 als Kunstdruck gefunden.
13 Gustav W. Heinemann, Allen Bürgern verpflichtet. Reden und Schriften. Frankfurt a. Main 1997, S. 90.
14 Fritz Stern, Friedenspreis des Deutschen Buchhandels 1999. Ansprachen. Frankfurt am Main 1999.
15 Blätter für deutsche und internationale Politik, 5/99, S. 626 ff.
16 Dietrich Bonhoeffer, Widerstand und Ergebung. Berlin 1977, S. 25 ff.

# IV. Riskierte Freiheit

## Das »riskierte Wesen« Mensch und das »Risiko der Freiheit«

### Das aufgeklärte Menschenbild und der Kampf um Menschenrechte

Für Stephane Hessel, den letzten noch lebenden Teilnehmer an den Verhandlungen über den Text der UN-Menschenrechtserklärung von 1948, markiert deren Verabschiedung »eine kopernikanische Wende im Völkerrecht« (taz , 10. 12. 1999). Wolfgang Welsch hält den in ihr fixierten Wertekanon eher für das »Schmiermittel der ökonomischen Hegemonie des Westens« (Frankfurter Rundschau, 3. 9. 1996).

Sicher ist: In den Jahrzehnten der Debatte um die Universalität der Menschenrechte wurden die Errungenschaften der europäischen Aufklärung, wie sie sich seit den amerikanischen und französischen Menschenrechtserklärungen entwickelt hatten, auch von den Repräsentanten anderer außereuropäischer Traditionen als allgemein menschliches Gut begriffen und nicht als Ausdruck des europäischen Kolonialismus. Natürlich wurde nicht übersehen, daß sich derartige Bestrebungen menschenrechtlicher Bemäntelung bedienten. »Eurozentrismus wurde als Pervertierung der europäischen Aufklärung begriffen, nicht jedoch als Grund gesehen, die universell humane Botschaft dieser Tradition zu verkennen«, so Gerhard Stuby 1998 (»Aus Politik und Zeitgeschichte«). Ausgehend von einer streckenweise sogar antagonistischen kulturellen Differenz sei nicht die Übereinstimmung in Konzeption und Philosophie von Menschenrechten angestrebt worden, sondern die Übereinkunft über Mittel und Wege ihrer praktischen Anwendung.

Wer über »Aufklärung und Menschenrechte« nachdenkt, muß sich der Jahrtausende Unterdrückungs- und Verbrechensgeschichte, aber auch vielfältiger befreiender Aufbrüche erinnern, die im Denken vorbereitet wurden und in Reformen und Revolutionen mündeten. Zu ihren Protagonisten gehörten Propheten und Philosophen ebenso wie mutige Staatsmänner und Reformgruppen aus vielen Völkern.

Zum Beispiel Thomas Jefferson, der 1776 in der amerikanischen Unabhängigkeitserklärung erstmals zivile und religiöse Freiheiten als jeder einzelnen Verfassung vorgeordnete Menschenrechte so beschrieb:

»Alle Menschen sind von Natur aus gleichermaßen frei und unabhängig und besitzen gewisse angeborene Rechte, deren sie, wenn sie den Status einer Gesellschaft annehmen, durch keine Abmachung ihrer Nachkommenschaft berauben oder entkleiden können, und zwar den Genuß des Lebens und der Freiheit und dazu die Möglichkeit, Eigentum zu erwerben und zu besitzen und Glück und Sicherheit zu erstreben und zu erlangen ...« (Artikel 1) »Religion oder die Pflicht, die wir unserem Schöpfer schulden, und die Art, wie wir ihr nachkommen, kann lediglich durch Vernunft oder Überzeugung geleitet werden, nicht durch Zwang oder Gewalt, und deshalb haben alle Menschen gleichen Anspruch auf freie Ausübung der Religion gemäß den Geboten des Gewissens«. (Artikel 16) Und er fährt fort: »Es ist eine gegenseitige Pflicht aller, christliche Geduld, Liebe und Güte im Verkehr untereinander zu üben.« Schon hier wird deutlich, wie eng das Recht auf Freiheit, Eigentum, Sicherheit und Glück des einzelnen mit seiner Pflicht zusammenhängt, diese Rechte auch anderen zuzugestehen.

Vielleicht manifestiert sich die schlüssigste und universell am ehesten konsensfähige Menschenrechts-Formel in der goldenen Regel: »Was Ihr wollt, das Euch die Leute tun, das tut ihnen auch.«

Menschenrechte basieren auf dem Anspruch jedes einzelnen Menschen auf ein selbstbestimmtes Leben, den er nur dann sinnvoll erhalten und gestalten kann, wenn er das Lebensrecht des anderen gleichzeitig und in prinzipiell gleicher Weise anerkennt, unabhängig von Geschlecht, Rasse, Klasse, Religion und gesellschaftlicher Stellung. Die Wertschätzung jedes einzelnen Menschen ist indes nie konkret zu denken ohne seine Einbindung in die Gemeinschaft, die ihm seinen Freiheitsraum zuweist und ihn gleichzeitig durch die Existenz und das Interesse anderer einschränkt. Allgemeine Menschenrechte müssen eine Sache der Einsicht und nicht des Zwangs sein. Aufklärung und Verwirklichung von Menschenrechten hängen eng zusammen. Sie setzen Mündigkeit und Mündigmachen voraus und vertragen keine autoritäre Unterordnung der einen unter die anderen.

Noch schärfer bestimmt die 1789 von der Französischen Verfassungsgebenden Versammlung verabschiedete »Erklärung der Menschenrechte« den Zusammenhang zwischen Rechten und Pflichten:

»Nachdem die Repräsentanten des Volkes ... erwogen haben, daß die Unkenntnis, das Vergessen oder die Mißachtung der Rechte des Menschen die alleinigen Ursachen des öffentlichen Unglücks und der Verderbtheit der Regierungen sind, haben sie beschlossen, in einer feierlichen Erklärung die natürlichen und unveräußerlichen und geheiligten Menschenrechte darzulegen, damit diese Erklärung allen Gliedern des gesellschaftlichen Verbandes ständig gegenwärtig sei und sie ohne Unterlaß an ihre Rechte und Pflichten erinnern möge ...«

Beständige Erinnerung an solche Rechte und Pflichten ist demnach nötig, um der fortdauernden Gefährdung sowohl des einzelnen wie der gesamten Gesellschaft zu begegnen. Nur individuelle Anerkennung und allgemeine Zustimmung gewährleisten, daß diese Rechte auch erhalten und umgesetzt werden. Der Einsatz staatlicher Gewalt widerspräche der Idee der Menschenrechte fundamental und würde am Ende mit »den Guten«, die »das Wahre« für sich beanspruchen, das Gute u n d das Wahre vernichten.

In Artikel 4 der Erklärung von 1789 heißt es: »Die Freiheit besteht darin, alles tun zu können, was einem anderen nicht schadet.« Doch kraft welcher Autorität können oder sollen diese Gesetze allgemeine Gültigkeit beanspruchen? Die Antwort der Französischen Revolution lautet: der »des Volkes« selbst. Aber durch wen wird das Volk repräsentiert? Wie vollzieht sich Willensbildung? Welche Rolle kommt den »Führern des Volkes« als charismatischen Repräsentanten zu, die bündeln und begeistern? Wie bleibt die Macht des einzelnen kontrollierbar? Wird garantiert, daß die Menschenrechte durch keine Mehrheit (Volksstimmung) oder Machtkonstellation (Tyrannei) aufgehoben werden?

Hier stellt sich unmittelbar die religiöse Frage nach der letztendlichen Unbegründbarkeit ethischer Normen (Gültigkeit a priori). Aber auch die nichtreligiöse Begründung von Menschenrechten beruht letztlich auf einem »Glauben«, auf bestimmten Wertsetzungen, die meist aus leidvoller historischer Erfahrung kommen.

Dies wurde in besonderer Weise deutlich beim Zustandekommen der »Allgemeinen Erklärung der Menschenrechte« vom 10. Dezember 1948. Mit ihr reagierte die westliche Welt auf die Bedrohung des gemeinsamen zivilisatorischen Erbes durch die Greuel des nationalsozialistischen Rassen- und Vernichtungswahns:

»... da Verkennung und Mißachtung der Menschenrechte zu Akten der Barbarei führten, die das Gewissen der Menschheit tief verletzt haben ...«, haben »... die Völker der Vereinten Nationen in der Charta ihren Glauben an die grundlegenden Menschenrechte, an die Würde und den Wert der menschlichen Person ... erneut bekräftigt und beschlossen ...«

In Artikel 1 dieser Präambel wird – unübersehbar und doch häufig überlesen – ein weiterer Aspekt benannt: »Alle Menschen sind ... mit Vernunft und Gewissen begabt und sollen einander im Geiste der Brüderlichkeit begegnen.«

Humane Vernunft braucht also das Gewissen als Richter, der dem Menschen hilft, sich »richtig« zu entscheiden. Diese allen Menschen prinzipiell innewohnende Begabung verpflichtet die Menschen dazu, einander im Geiste der Geschwisterlichkeit zu begegnen.

Dies bedenkend, haben im Oktober 1997 eine respektable Anzahl ehemaliger Regierungschefs und Präsidenten eine »Allgemeine Erklärung der Menschenpflichten« verabschiedet. Sie versuchten, Freiheit und Verantwortung aneinander zu binden. Sie erklärten zur Pflicht, sich für die Würde aller einzusetzen, Leben zu achten, friedlich und gewaltfrei zu handeln, die natürlichen Lebensgrundlagen um der künftigen Generation willen zu schützen, gegenseitige Freiheit, Sicherheit und Gerechtigkeit zu gewährleisten, alle Opfer zu unterstützen, wahrhaftig zu reden, Haß, Fanatismus und Glaubenskriege weder anzustiften noch zu legitimieren, niemanden auszubeuten, zu mißbrauchen oder zu mißhandeln, sondern Toleranz und Achtung unter allen Menschen zu fördern. Das aktive Moment stand dabei im Vordergrund. Dieser Versuch einflußreicher Politiker, über öffentliche Moral nachzudenken und gemeinsame Positionen öffentlich festzuhalten, beschreibt einen Weg, zur doppelten Freiheit zu gelangen, zur eigenen und der der anderen.

Die heute so offene wie strittige Frage ist, ob es angesichts der kulturellen, religiösen, sozialen, historischen Unterschiede einen universalistischen Menschenrechtskodex, also eine ethische Grundlage für gedeihliches Zusammenleben der Menschenfamilie unter den Bedingungen der Globalisierung gibt. Diese Frage muß um unseres Überlebens willen mit »ja« beantwortet werden. Nach aller Erfahrung stellt sich die

Frage, ob der Mensch überhaupt dauerhaft zur Freiheit befähigt ist – und das global! »Der Mensch muß ein Bild entweder Gottes oder des Teufels sein. Denn nach wem er sich richtet, dem ist er ähnlich«, schreibt der deutsche Reformator Martin Luther, wissend um den »Menschen im Widerspruch«, der zwar das Gute erkennt, aber dem Guten aus sich heraus nicht folgt. In einer phantastischen Geschichte Dostojewskis kommt Christus im Spanien der Inquisition auf die Erde zurück, wird von den geknechteten Massen erkannt, von den Herrschenden verhaftet und als Ketzer zum Tod auf dem Scheiterhaufen bestimmt. In der Nacht vor seiner Hinrichtung versucht ihm der Großinquisitor klarzumachen, warum seine Religion der Freiheit, Menschenliebe und Mündigkeit nur Unheil anrichten kann. Er wünscht Christus zurück zum Himmel, um hier auf Erden seine Macht weiter ausüben zu können.

Die Bereitschaft, Freiheit zu mißbrauchen, bedarf nicht unbedingt der Verführung durch Macht. »Reale Krisenerfahrungen, enttäuschte Fortschrittsverheißungen und apokalyptische Bedrohungsängste führen über Verunsicherung in aggressiven Fundamentalismus, der wahnhafte Züge trägt und noch gesteigert wird, wenn kulturell-ökonomische Doppelkrisen entstehen.« – schreibt der Politologe Thomas Meyer. Der westliche Libertinismus mit seiner einseitig materialistischen Ausrichtung und der sozialen Entwertung kultureller Identität(en) als Folge der totalen Flexibilisierung ist nicht gefeit gegen die Rückkehr des Fundamentalismus. Was macht eigentlich »den Westen« so selbstgewiß und läßt ihn in der Pose des weltweiten Moralapostels auftreten?

Mit der Befreiung des Individuums setzte die Aufklärung als Reaktion auf die autoritären Regimes ein, die sich nach dem Dreißigjährigen Krieg als zunächst wichtige Stabilisationsfaktoren herausgebildet hatten. Dem Wahlspruch der Aufklärung »Habe den Mut, Dich Deines eigenen Verstandes ohne die Anleitung eines anderen zu bedienen« (Kant) stellte einige Jahrzehnte später Karl Marx sein aktivierendes, revolutionierendes Diktum zur Seite, nämlich »Alle Verhältnisse umzuwerfen, in denen der Mensch ein erniedrigtes, ein geknechtetes, ein verlassenes, ein verächtliches Wesen ist.« Dies nennt er den »kategorischen Imperativ«, weil er meint, daß »der Mensch für den Menschen das höchste Wesen« sei.

Die dem zugrundeliegende Kritik der Religion ist nur zu berechtigt, wenn man bedenkt, daß die Menschenrechte schließlich im Konflikt mit den Kirchen, ja unter ihrem Protest und gegen ihre Autoritätsansprüche entstanden. Zwar sind Verbrechen gegen die Menschlichkeit, mörderische Kriege und Bürgerkriege auch ohne religiöse Motive möglich, aber Religionen eignen sich gut zur Legitimation von Menschenrechtsverletzungen, weil der angeblich göttliche Auftrag nicht hinterfragbar ist. In diesem Sinne ist Religion sogar gefährlich, nämlich wenn Menschen sich kollektiv in den Dienst einer göttlichen Autorität stellen, sich deren weltlichen Vertretern beugen oder sich fanatisch selbst opfern, weil sie für ihr Tun höchste Legitimation haben bzw. himmlische Belohnung erwarten dürfen. Jede Religion ist mißbrauchbar.

Individuelle und gesellschaftliche, kulturelle und soziale Menschenrechte gehören ebenso zusammen wie die Frage nach dem Menschenbild mit der (offenen!) Frage nach einer religiösen Anbindung oder Verankerung des Menschen. Ist dies ein europazentriertes Denken? Versuchen die Europäer und Amerikaner, ihr Bild eines universellen humanen Regelwerkes auf andere Kulturen und Religionen genauso expansiv zu übertragen, wie sie ihre Lebensweise und ihre instrumentelle Vernunft global ausgebreitet haben? Und setzt die Installation von Menschenrechten in jeder Kultur eine Phase der Aufklärung, des Aufbruchs und Aufruhrs gegen alle überkommenen Macht-Institutionen und deren religiöse

Legitimation voraus, um schließlich bei einem aufgeklärten Atheismus bzw. in aufgeklärter Gläubigkeit ankommen zu können?

Wir Menschen sind »riskierte Wesen«, die, aus der Instinktbindung entlassen, in die Freiheit gekommen sind und nun selber entscheiden dürfen und selber entscheiden sollen. Aber wir brauchen Barrieren, die uns davor bewahren, den uns gegebenen Lebensraum und die neben uns lebenden »andersartigen« Menschen zu zerstören. Menschenrechte sind ein Glücksversprechen. Und sie bergen einen Pflichtenkatalog.

Wir sind emotional noch immer Neandertaler, aber mit Atom- und biologischen Massenvernichtungswaffen ausgerüstete. Der aggressive und destruktive Triebüberschuß muß von jedem einzelnen und von jeder Generation neu sublimiert werden. Spätestens in Auschwitz und Majdanek, in den Gulags Stalins und vor den Toren Srebrenicas, in den Wäldern Kambodschas und in Ruanda ist der Aufklärungsoptimismus zu Bruch gegangen. Daß die Vergaser abends Mozart spielten und Goethe lasen, muß warnend in Erinnerung bleiben und darf weder zu Pessimismus, noch zu Zynismus oder gar zu erneutem Utopismus führen, der nicht Aufklärung ist, sondern »Aufkläricht« (Ernst Bloch). Das »nicht-festgestellte Tier« mit Namen »Mensch« braucht den fort-währenden Prozeß der Selbstaufklärung und der Eindämmung struktureller Ausschließlichkeits- und Machtanmaßungen wie der Überwindung des einengenden Gruppen- und Revierdenkens, das stets meint, nicht »ohne Feind« auskommen zu können.

Die »Menschenrechte« vertragen »Gegner«, aber nicht ein strukturelles »Feind-Denken«, das in mörderische Ausschließlichkeitsansprüche mündet.

Humanität ist eine von jeder Generation und jedem Individuum neu zu erlernende Aufgabe. Eine einseitige Überschätzung der Vernunft macht stets den Irrationalismus populär, ob in der Nietzschen Version oder in geistig ausgelaugten Adaptionen des postmodernen Zynismus. Nach allem, was das vorherige Jahrhundert durchlebt und durchlitten hat, ist weder eine steile Moralpredigt mit aller dazugehörigen Bigotterie angebracht noch eine Verachtung von tragenden Humanitätswerten.

Thomas Mann schrieb 1943: *»Es besteht keine Gefahr, daß die Menschen eines Tages zu emotionslosen Engeln werden, was sehr langweilig wäre. Aber daß sie (in) übertrieben interessanter Weise Bestien werden, dazu gehört, wie sich gezeigt hat, gar nicht viel. Diese Neigung ist viel stärker im Menschen als die zum Anämisch-Engelhaften, und es genügt, durch allgemeine Instinktverherrlichung die schlechten Instinkte frei zu geben ... Die einfachste Generosität und ein wenig humanes Pflichtgefühl müßten uns bestimmen, das schwache Flämmchen des Geistes und Vernunft auf Erden zu schützen und zu nähren, damit es ein wenig besser leuchte und wärme.«* (Thomas Mann, Essays. Band 5, herausgegeben von Hermann Kurzke und Stephan Stachorski, Frankfurt am Main 1996, S. 219.)

Gerade weil wir Kulturmenschen auf Abruf sind, ist es und bleibt es so nötig, die Werte der Humanität hochzuhalten und im täglichen Alltag der Demokratie einzuklagen. »... in der Idee der Menschenwürde, des Wertes der Einzelseele, transzendiert das Humane ins Religiöse, und Gedanken wie Freiheit, Wahrheit gehören einer überbiologischen Sphäre, der Sphäre des Absoluten, der religiösen Sphäre an.« (Ebenda. S. 238.)

Ohne die Gefährdungen auszublenden, können wir an die Chancen der (Mit-)Menschlichkeit glauben, um so realistisch wie hoffnungsvoll auf die universale Geltung und Achtung der Menschenrechte hinzuwirken, und Verbündete suchen, die sie ausfüllen und verteidigen.

Nach Ende des Kosovokrieges (und angesichts des Krieges in Tschetschenien!) bleibt allerdings die Frage, ob Menschenrechte mit Bomben »von oben« erzwingbar sind. Die anhaltenden ethnischen Vertreibungen und nationalistischen

Gewaltausbrüche auf allen beteiligten Seiten machen die Grenzen des gewaltsamen Eingreifens von außen – wenn auch mit ehrenwertesten Absichten – offenbar. Parteinahme für Menschenrechte kann nur das Lebensrecht a l l e r Menschen zum Ziel haben.

## Plädoyer für den gewaltlosen Freiheitskampf

Als Mitte der 80er Jahre die christlichen Kirchen in Südafrika für die Überwindung des brutalen Apartheidsystems auch Gewaltmittel für gerechtfertigt hielten, wurden wir als Christen, die in einer kommunistischen Diktatur lebten, um Stellungnahme und um geschwisterliche Beratung gebeten.

Unser Wittenberger Gemeindekreis studierte im Frühjahr 1986 das sogenannte »KAIROS-Papier« des Südafrikanischen Christenrates genau. Wir schickten folgende Überlegungen ab, die wesentlich zu unserer Selbstklärung beitrugen. Was wir dann 1989 zur Erringung der Freiheit taten, geschah ganz in diesem Sinne. Das Risiko der Gewaltfreiheit zahlte sich in beiden Ländern aus .

*Liebe Schwestern und Brüder in Südafrika!*

*Unsere Kirchenleitung hat uns gebeten, eine Stellungnahme zum KAIROS-Dokument zu erarbeiten.*

*Wir sind ein Gemeindekreis jüngerer Erwachsener und beschäftigen uns hauptsächlich mit den Herausforderungen der Zeit, die sich unserem Glauben heute stellen.*

*Mehrfach haben wir uns in Gottesdiensten und Gesprächsabenden mit der Situation in Südafrika befaßt. In letzter Zeit haben wir uns näher über die Geschichte Südafrikas, den SACC und den ANC informiert.*

*Wir sind aufgewühlt in unseren Herzen, – wir sind nicht unmittelbar betroffen. Wir fühlen unsere Mitschuld, weil wir Euch nicht erfindungsreicher unterstützt haben, weil wir Eure Schreie bisher weithin überhört haben.*

*Uns ist auch bewußt geworden, daß wir erst in den letzten Jahren Nelson Mandela und seine Ziele näher wahrgenommen und verstanden haben.*

*Wir müssen zugeben, daß uns manches sogar bis vor kurzem als »kommunistische Propaganda« erschienen war.*

*Wir leben als Christen unter den Bedingungen der Macht einer kommunistischen Einheitspartei. Wir haben als Christen hier einen anerkannten Lebensraum in der Gesellschaft, wenn auch unter Schwierigkeiten. Aber das Kommunismuszerrbild, das das Apartheidsystem entwirft, können wir keinesfalls als berechtigt ansehen. Wir haben als Christen auch von Kommunisten lernen können. Das KAIROS-Dokument kritisiert zu Recht eine von Kommunisten schon lange kritisierte »christliche« Passivitäts- und Duldungshaltung gegen herrschendes Unrecht.*

*Wir haben das KAIROS-Dokument mit größtem Interesse gelesen. Es hat uns ganz unmittelbar angesprochen. Es hat zu sehr bewegten Diskussionen geführt. Wir können uns kaum erinnern, daß wir einen theologisch-politischen Text so engagiert gelesen und besprochen haben.*

*Bevor wir Stellung nehmen, möchten wir Euch, verehrte liebe Schwestern und Brüder, unseren Respekt aussprechen für Euren langen, beharrlichen, leidensbereiten, besonnenen Weg des Widerstandes, auf dem Ihr gezeigt habt, was es konkret heißt, Böses nicht mit Bösem zu vergelten (Römer 12, 17). Wir verstehen, daß Ihr mit Eurer Geduld am Ende seid und sehen ein, daß nun eine radikale Änderung, eine völlige Ablösung des Apartheidsystems nötig geworden ist.*

*Wir spüren, daß wir Euch trotz aller innerer Bemühungen doch fern bleiben und Euch von außen kaum raten können. Es bedrückt uns, aber es ist wahr, daß wir Euch in Eurem Kampf allein stehen sehen, denn wir können nicht einfach »im Geist« in die Haut eines schwarzen Südafrikaners schlüpfen, um uns vorzustellen, welche Beleidigung und welcher Zorn, welche Verzweiflung und welche Hoffnung Euch treiben. Wer Eure Schmerzen nicht geteilt hat, kann nicht Euer Lehrmeister sein. Wir verstehen deshalb unsere Fragen als Fragen von Außenstehenden, die Euch nahekommen wollen. Vielleicht sehen wir aus der Distanz Dinge, die Ihr als unmittelbar Betroffene j e t z t nicht sehen könnt, die aber für die weitere Entwicklung Eures Landes von Belang sein könnten. Was mit Euch und Eurem Land geschieht, ist auch für uns von Belang.*

*Wir machen Euch mit einigen Gesprächsereignissen bekannt.*

*Wir leben in Wittenberg, der Wirkungsstätte Martin Luthers.*

*Wir tragen noch heute die Hypothek der Entscheidungen Luthers in dem furchtbaren Bauernkrieg von 1525. Luther hatte sich zwar für die berechtigten Forderungen der unterdrückten Bauern ausgesprochen, die gewaltsame Erhebung der Bauern aber scharf verurteilt, – ohne in gleicher Schärfe das brutale Vorgehen der Obrigkeit gegen die aufständischen Bauern zu verurteilen.*

*Luthers Haltung hat u.a. dazu beigetragen, daß in unse-rem Land das sozialrevolutionäre Feuer des Evangeliums zurückgedrängt wurde. Seither wird selbst die ungerechte Staatsordnung weithin höher bewertet als der gerechte (organisierte oder spontane) Widerstand der Unterdrückten. Gewaltanwendung war nur als staatlich befohlene »erlaubt«, auch für Christen. Gewalt in der Gestalt der Gegengewalt »von unten«, die sich für die Errichtung der Gerechtigkeit einsetzte, blieb in unserer theologischen Tradition suspekt (sogar unter dem rassistischen Naziregime).*

*Freilich hat zu dieser Bewertung der Gewalt auch die Erfah-*

*rung beigetragen, daß jede Gewalt, auch die »gerechte«, in der Gefahr steht, nicht mehr von sich selbst lassen zu können und zum Wert für sich zu werden. Wenn man seine eigene Sache als eine gerechte empfindet, so sehen auch wir die Gefahr, daß Gewalt auf Dauer gerechtfertigt wird: eben als Erhaltung des »Guten« und »Gerechten«. (Wir haben dafür in der europäischen Geschichte bis in die Gegenwart hinein Beispiele, die uns zu denken geben – von der Inquisition bis zum Stalinismus.)*

*Uns ist aufgefallen, daß das KAIROS-Dokument unter der Überschrift »Gewaltlosigkeit« die Gewalt behandelt. Natürlich ist die Gewalt des Apartheidsystems der Auslöser für gerechten Gewaltwiderstand. Es müßte aber u. E. auch gesagt werden, daß das Töten von Kollaborateuren n i c h t zur gerechten Gewalt gehört. Wir denken, daß auch die im Prinzip gerechte Gewalt ihre eigenen Gewaltaktionen kritisch überdenken und begrenzen muß und dies nicht der Propaganda des Feindes überläßt.*

*Ihr schreibt, daß Gewalt »nur als letzter Ausweg« gelten kann. Wir verstehen gut, daß Ihr jetzt zu diesem letzten Ausweg greift, greifen müßt. Wir erlauben uns die Frage: Werdet Ihr in der Lage sein, Gewalt auch wirklich nur als v o r ü b e r g e h e n d e s M i t t e l anzuwenden? Werdet Ihr die losgelassene, schließlich siegreiche Gewalt beherrschen können? Wir bitten Euch, schon jetzt weiter daran zu arbeiten, daß nicht unversehens aus einem letzten Mittel ein positiver Wert wird. Wir können uns gut vorstellen, daß dies unglaublich schwer ist. Wir erfahren mit großem Respekt, wie hellsichtig viele von Euch gerade an diesem Punkt heute schon sind bzw. immer geblieben sind. (Schon in der beeindruckenden Verteidigungsrede Nelson Mandelas wird dies gesehen.)*

*Die Christen und Kirchen sollten nach unserer Meinung überall auf der Welt die ersten Anwälte der Gewaltlosigkeit und die Problematisierer der Gewalt sein. Und das sollten Sie gerade dann sein, wenn es am schwersten ist, wenn z. B. Emotionen, die durch furchtbares Leid ausgelöst sind, alles beherrschen.*

*Aufgestaute Wut – in Gewalt umgesetzt – könnte zu undifferenzierter Anwendung führen, zu einer Art Racherausch, dem auch unzählige Unbeteiligte, Unschuldige, Weiße und Schwarze zum Opfer fallen könnten. Wir möchten Euch ausdrücklich darin bestärken, an diesem kritischen Punkt Eure »geistige und geistliche Führerschaft« wahrzunehmen.*

*Eine Parteilichkeit, die blind macht für eigene Fehler, könnte sich indes so wenig als hilfreich erweisen, wie es unentschiedenes Dazwischenstehen oder eine faule Versöhnung sind. Selbst in der Phase heißester Auseinandersetzung und schlimmster erfahrener Leiden bitten wir Euch Mitchristen, immer »Black a n d White« zu sagen und Euch die Kraft der Unterscheidung zu erhalten. Wir wünschen Euch von Herzen: mitten im Kampf den Erweis »des Geistes und der Kraft«. (1. Kor. 2,4)*

*Wir bewundern Euch, und wir haben den Eindruck, daß Gott Euch eine besondere Gabe verliehen hat, nämlich*

- *gegen Unterdrückung mit Wort u n d Tat zu kämpfen,*
- *zu einer aktiven Hoffnung zu motivieren,*
- *über ethisch vertretbare u n d wirksame Kampfmittel zu reflektieren,*
- *und geistliche Führerschaft auch in ihrer politischen Dimension wahrzunehmen.*

*Gerade weil Ihr dieses Charisma habt, bitten wir Euch, bei Eurem gerechten Kampf gegen die herrschende Unterdrückung darauf bedacht zu b l e i b e n, daß Unterdrückung in jedem Fall falsch ist und dies auch dann gilt, wenn das Apartheidsystem abgelöst sein wird.*

*Wir hoffen und beten für Euch und für uns alle, daß Ihr bald befreit sein werdet.*

*Wir hoffen und beten, daß die ganze Welt mit ihrer ökonomischen und politischen Macht Euch bei Eurem Befreiungskampf unterstützt. Wir grüßen Euch mit einem Bibelwort für diese Woche:*

*»Fürchte dich nicht, denn ich habe dich erlöst;*
*ich habe dich bei deinem Namen gerufen,*
*du bist mein« (Jesaja 43,1)*

*Lutherstadt Wittenberg, 8. Juli 1986*

Nelson Mandela wurde nach 27 Jahren Haft (mit Zwangsarbeit) freigelassen, wurde freigewählter Südafrikanischer Präsident und zusammen mit Frederik de Klerk mit dem Friedensnobelpreis geehrt. Die Leidens- und Widerstandsautorität und die Geisteshaltung Mandelas strahlten so aus, daß der politische Umbruch in Südafrika weithin gewaltlos blieb und eine Form der »Vergangenheitsbewältigung« in den »Kommissionen für Wahrheit und Versöhnung« gewählt wurde, die historisch ohne Beispiel ist.

Der Weg in die Freiheit ohne Gewalt konnte gewaltfrei gegangen werden.

Aber es erfordert weiterhin ganzen Einsatz, das Vergeltungsprinzip aufzugeben.

## Der Mensch – das Tier, das Zivilcourage hat

### Eine Ermutigung, sich den Verpflichtungen der Freiheit zu stellen

Was steckt nicht alles – auch – in jungen Menschen und ist zugunsten der Demokratie in ihnen zu wecken: kritische Wachheit, elementares Gerechtigkeitsgefühl, solidarisches Mitempfinden für Schwächere, Aufbegehren gegen falsche Konventionen. Dazu der »Mut, sich seines eigenen Verstandes ohne Anleitung eines anderen zu bedienen« (Immanuel

Kant) und entsprechend zu handeln sowie der Mut, sich der Kräfte seines eigenen Herzens zu bedienen, selbst gegen den Trend.

Das richtige Wort zur richtigen Zeit zu sagen, auch wenn man riskiert, damit ganz allein zu stehen, das ist Zivilcourage. Sie ist nichts ganz Großes, Heldisches, Außerordentliches, sondern vielmehr das Kleine, Alltägliche, Selbst-Verständliche. Der Mut dazu wächst mit dem Üben. Niemand soll sich gleich überfordern, weil dies nur in Resignation führt, sondern erste Schritte gehen, seine Kräfte nicht über-, aber auch nicht unterschätzen, sich ausprobieren und stärken durch Tun. Zivilcourage zu üben ist Sisyphusarbeit. Täglich beginnen, Scheitern positiv verarbeiten, sich am Erreichten erfreuen und sich des Sinns der Mühen bewußt bleiben.

Es ist zu erinnern an den Ursprung dieses Wortes, das aus dem Französischen kommt: »Courage civil«, also der Mut des einzelnen zum eigenen Urteil und »Courage civique«, der staatsbürgerliche Mut, fließen im Wort Zivilcourage zusammen. Im Deutschen taucht dieses Wort nachweislich zum ersten Mal 1847 auf, gewissermaßen am Vorabend der bürgerlichen Revolution. Es wurde gebraucht von einem Mann, von dem man dies wahrlich zunächst nicht erwartet hätte, nämlich vom jungen Bismarck, nachdem er in einer Debatte des Preußischen Landtages ausgepfiffen wurde. Als anschließend ein Älterer ihn mit den Worten: »Du hattest wohl recht, nur sagt man so etwas nicht« zu belehren versuchte, antwortet Bismarck: »Wenn Du meiner Meinung warst, hättest Du mir beistehen sollen. Nur Dein Eisernes Kreuz hindert mich, Dir einen verletzenden Vorwurf zu machen.« Und er fügte hinzu: »Mut auf dem Schlachtfeld ist bei uns (Deutschen) Gemeingut. Aber Sie werden es nicht selten finden, daß es ganz achtbaren Leuten an Zivilcourage fehlt.« Da ist es, dies Wort: Zivilcourage.

Zivile Tapferkeit, auch vor dem Freund! Genau das meint es: nicht einem (höheren) Befehl, einem von außen gegebenen Auftrag zu folgen, um sich hinterher darauf zu berufen, daß man ja »nur im Gehorsam« und nicht in eigener Verantwortung gehandelt hätte. Zivilcourage heißt: selbstbestimmt aus eigener Einsicht das Notwendige tun. Dazu gehört, daß wir uns die Fähigkeit zu Einfühlung und Mitempfinden nicht abtrainieren, nicht hart oder gleichgültig werden. Wir sind das einzige »Tier«, also Naturwesen, das sich aus der Instinktbindung befreien kann – das Zivilcourage hat, eben die Freiheit menschlichen, solidarischen, eingreifenden Handelns. Wir sind nicht mehr fest an instinktmäßige Über- und Unterordnungen gebunden. Es ist das eigene, freie Heraustreten aus den »Regeln der Horde«, wo die Verantwortung und das Gewissen es gebieten, wo das Herz unmittelbar schlägt und nicht ängstlich selbstbezogen oder kühl kalkuliert, wie es schaden könnte, jetzt zu handeln. Zivilcourage fordert: Habe den Mut, dich der Kräfte deines eigenen Herzens zu bedienen, und schau nicht darauf, wieviel Beifall du dafür findest! Wir sollen heraustreten, einschreiten, uns einsetzen. Darin steckt dies ganz Eigene, sich dort mit der ganzen Person zu engagieren, wo sonst eine Leerstelle wäre.

Man redet heute viel von Individualisierung und versteht dies vor allem im Osten als Gegenschlag gegen die 40jährigen Kollektivierungen – wenngleich die aktuelle Shelljugendstudie da eine andere Sprache spricht. Deren Autoren beobachteten allgemein eine stark zurückgehende Bereitschaft, eigene Bedürfnisse zugunsten des Gemeinwesens zurückzustellen. Daß der Gemeinsinn ostdeutscher Jugendlicher in den Jahren nach der Wende noch deutlich höher war und jetzt niedriger ist als bei ihren westdeutschen Altersgenossen, interpretieren sie als Enttäuschungsreaktion auf die Ellenbogengesellschaft: »Hilf dir selbst, sonst hilft dir keiner«. Wie dem auch sei, heraus kommt allzuhäufig Egozentrierung, die reine Interessenfixierung des einzelnen auf sich selbst und seinen vordergründigen Vorteil.

Zivilcourage meint etwas anderes: Auf jeden einzelnen und jede einzelne kommt es an. Tritt *du* heraus. *Du*, laß es nicht laufen, wenn *du* siehst, daß etwas in die falsche Richtung geht, daß jemand zu Schaden kommt, wo nackte oder versteckte Gewalt den Streit mit zivilen Mitteln ersetzt. In der DDR-Zeit gab es viele »Killersätze« für eigenverantwortetes »aus der Reihe Tanzen«:

- Tu, was man dir sagt!
- Fall nicht auf!
- Was willste machen?
- Man will doch seine Ruhe haben.
- Gesetz ist Gesetz.
- Du glaubst doch nicht, daß du was änderst!
- Das ist doch völlig sinnlos, was ihr da macht.
- Du wirst schon sehen, was du davon hast!
- Wenn du dich dagegenstellst, schadest du dir bloß und bewegst nichts.

Leider sind die hinter den Sprüchen steckenden Haltungen auch heute noch weit verbreitet – und nicht nur im Osten. Wenn aber das die Gründe für unser Nichthandeln sind und bleiben, wird auch uns eines Tages nicht mehr geholfen werden, wenn wir in Gefahr kommen, als Gesellschaft im ganzen oder individuell als Person. Zivilcourage heißt: gegen die allgemeine, auch in mir selbst aufkeimende Resignation anzugehen und mich gegen den Trend zu stellen, wenn ich gute Gründe habe zu widersprechen. Zivilcourage zu haben heißt auch, vorbeugend zu handeln und nicht nur nachträglich Schäden zu beseitigen. Das setzt die Absicht und Fähigkeit voraus, genau hinzusehen, statt sich im »Mut« des Wegschauens zu üben.

Artikel 1 unserer Verfassung enthält ein Versprechen und eine Verpflichtung zugleich. Da heißt es: »Die Würde des Menschen ist unantastbar. Sie zu achten und zu schützen, ist die Verpflichtung aller staatlichen Gewalt.« Der Staat ist also als Vertreter des Gemeinwesens zum sorgsamen Umgang mit uns allen verpflichtet. Als Staatsbürger sind wir jedoch die Garanten dafür, daß die Würde des Menschen im Alltag geschützt und geachtet wird – es sei denn, wir wünschten uns (wieder) einen Staat, der alles kontrolliert, justiert, kommandiert, indoktriniert, denunziert oder Denunziation fordert. Im eigenen Interesse können wir die staatsbürgerlichen Aufgaben nicht auf »den Staat« abschieben. Auch die Polizei ist nur für den Notfall da, muß dafür da sein! Wir Bürgerinnen und Bürger jeden Alters und jeder Stellung sollen nicht »jeder des anderen Polizisten« werden, aber doch »jeder des anderen Freund und Helfer«. Wir müssen schlicht wissen: Wer Schlimmes nicht verhindert, den wird selbst Schlimmeres treffen. In einer Gesellschaft, in der jeder nur für sich selbst, um die eigenen Interessen kämpft, wird der Kampf gnadenlos. Und er wird vor allem gegen die geführt, die scheinbar nicht zu uns gehören, gegen *das* Fremde und gegen *die* Fremden und gegen die Schwächeren.

Menschen mit Zivilcourage haben nicht nur gemeinsam etwas zu verhindern, also sich gegen einen gemeinsamen »Feind« zu verbünden, sondern sie haben auch positiv etwas zu gestalten. Wer miteinander etwas tut, muß mit Reibungen in seiner eigenen Gruppe leben und kann daran lernen. Er wird merken, daß Zivilcourage nicht ein einzelner, spontaner Akt ist, sondern ebenso ein beharrliches Tun. Menschen, die gemeinsam etwas tun, das sie als sinnvoll erfahren – selbst wenn es schwierig ist –, haben auch Spaß daran. Doch meist verzichten wir auf dieses Erlebnis. Wenn wir, ahnungslos auf der Straße gehend, plötzlich gefordert sind einzuschreiten und nicht wissen, welches Risiko auf uns zukommt – wieviel leichter und wahrscheinlicher ist unser Vorübergehen! Jeder ist Teil einer »Unkultur des Wegschauens« oder einer »Kultur des Eingreifens«.

Schlimm steht es um die Zivilcourage in unserem Land, wenn in Guben ein Algerier zu Tode gehetzt werden kann, ohne daß die Meute von irgendeinem Mitbürger unterbrochen wird. Hat niemand die Schreie gehört, als in der Magdeburger Börde eine Horde Jugendlicher ein Mädchen quälte, bis sie es in den Dorfteich trieben? Zu Pfingsten 2000 wird der Dessauer Mitbürger Alberto Adriano, ein aus Moçambique stammender Farbiger, nachts in einem Park zu Tode getrampelt. Wieviel Empörung macht sich in Dessau Luft? Wie denkt eigentlich die Mehrheit, und sind sich die Täter einer noch stillschweigenden Zustimmung gewiß, »weil Ausländer hier nichts zu suchen haben«? Spätes Entsetzen aus der Zeitung. Entsetzen auch über mich? Über meine Angst einzugreifen, wenn rohe Gewalt wütet? Mut braucht Verbündete, damit nicht mein Leben aufs Spiel gesetzt wird, ohne helfen zu können. Aber zuerst braucht der Mut mich!

Zivilcourage ist positive Ethik. Das heißt, nicht im Ausschlußverfahren nach dem Strafgesetzbuch untadelig zu leben, sondern ohne Auftrag oder Befehl zu fragen: Was ist zu tun? und dann aus eigenem Entschluß und freiem Willen zu handeln. Dies setzt voraus, daß wir eine Überzeugung entwickelt haben, das Bewußtsein, was Menschsein heißt, nämlich ein Mitmensch zu sein. Eine Überzeugung, die wir auch zeigen und nicht verstecken! Ganz einfach, ganz alltäglich. Das ist so schwierig wie nötig. Nicht die Kraft zum Außergewöhnlichen, die Kraft zum Gewöhnlichen fehlt uns meistens. Dabei macht nichts uns so müde, wie das, was wir nicht tun.

Homo homini lupus? Homi homini homo! Der Mensch sei dem Menschen ein Mensch, nicht ein Wolf. Wir alle brauchen einander. Heute brauche ich dich und morgen du mich. Leben wir im Vertrauen, daß wir uns im Ernstfall des Lebens aufeinander verlassen können. Und dabei ist jeder wichtig, gleich welchen Alters oder welcher Stellung. Volker Braun schrieb vor zwanzig Jahren:

*Aber in dieser Zeit*
*begann ein*
*neues, härteres*
*Training*
*des schmerzhaften*
*und*
*wunderbaren*
*aufrechten Gangs.*

Der aufrechte Gang ist so schmerzhaft wie wunderbar, in dieser Zeit, in unserer Zeit, in jeder Zeit.

## Die Schule als »Schule der Demokratie«

Prägende Jahre ihres jungen Lebens gehen unsere Kinder fast täglich in Schulen mitten in unseren Kommunen und lernen gemeinsam mit anderen. Welche Chancen die Schule hat, bekommt und ergreift, bestimmt entscheidend das Lebensklima unserer Gesellschaft. Das Land braucht Schulen, die sich um seine Zukunft kümmern, wie sich das Land um die Schulen zu kümmern hat.

Unsere Schulhäuser müssen »Häuser der Demokratie« sein, oder wir werden die Demokratie bald wieder verlieren. Sie müssen praktisch, ja buchstäblich erweisen, daß sie »auf dem Boden des Grundgesetzes« stehen, wenn das Zusammenleben nicht regel- und bodenlos werden soll. Wenn sie keine Probierräume für eine mitmenschliche Zukunft bereitstellen, wird unsere Gesellschaft perspektivlos. In den Schulen muß sich bewähren, daß »die Würde des Menschen unantastbar« ist und der Achtung und des Schutzes bedarf. Sonst geht der Kampf der Starken gegen die Schwachen, der Inländer gegen die Ausländer, der Erfolg-Reichen gegen die Einfluß-Armen endlos weiter.

Auch wenn dem Tüchtigen die Stunde gehört und gehören soll, dürfen die weniger Begabten nicht chancenlos zurückbleiben.

In einer Schule von morgen wird es darauf ankommen, den Gemeinsinn, das verantwortliche Miteinander zu üben, und zwar nicht als abstraktes Lernziel, sondern erfahrbar in den sozialen Räumen. Ein Kind muß erleben können, sich in anderen und in der Gemeinschaft wiederzufinden. Es muß erfahren, daß es durch sein Verhalten und sein Tun etwas bewirken kann. Damit einher geht die Erkenntnis, daß Engagement und Gemeinsinn kein Selbstzweck, sondern sinnstiftend sind.

Die Schule ist auch dazu da, Benachteiligten zu helfen und Schwache zu fördern. Und derer werden immer mehr: Kinder aus zerrissenen, aus von Armut bedrohten Familien, Kinder von gestreßten Eltern, die, ob mit viel oder wenig Geld, ihre Sprößlinge physisch oder psychisch verwahrlosen lassen. Hier wäre »mehr Staat«, nicht weniger Staat zu fordern! Darüber darf allerdings die Förderung von Begabten nicht vernachlässigt werden. Eine Nivellierung, eine Unterforderung verschenkt genauso viele Möglichkeiten wie die mangelnde Beachtung der weniger begabten und unterprivilegierten Kinder.

Ein Mensch geht nicht nur in die Schule, sondern auch bei jemandem zur Schule. Lernen ist und bleibt ein individueller Vorgang, der Lernende und Lehrende wechselseitig prägt. Also braucht es Lehrer, die bereit sind, nicht nur Wissen zu zeigen und weiterzugeben, sondern auch zu vermitteln, worauf es im Leben ankommt. Wer den Lehrerberuf als Job mißversteht, sollte besser Eis verkaufen. Eine Schule, die nur Kenntnisse für eine möglichst einträgliche Berufsperspektive vermittelt, verfehlt ihre Aufgabe: das Wissen über sich selbst, über Begabungen, Grenzen und die Abgründe in jedem Menschen zu erweitern, um soziale Kompetenz für die Gestaltung des Gemeinwesens zu erwerben. In einer Welt, in der Chancen und Risiken sich globalisieren, in der die Grenzen zwischen

Selbstbestimmung und Selbstbehauptung verschwimmen, brauchen gerade Heranwachsende viel Selbstvertrauen, um der Unübersichtlichkeit und der Ungewißheit von Zukunft produktiv und zuversichtlich begegnen zu können.

Das Land braucht Schulen als Probierräume von Demokratie, wo die »Werte« des Lebens und lebenswertes Leben nicht nur gelehrt, sondern so angeeignet werden, daß Interessenskonflikte nach gemeinsam vereinbarten Regeln gelöst werden, bis auch das und der Fremde nicht als Bedrohung, sondern als fruchtbare Ergänzungen und Korrektive verstanden werden können. Dann wird sich das Gute letztlich als das Nützliche erweisen.

Eine Schule steht heute vor der großen Aufgabe, die sich immens verändernde Realität im Auge zu haben und sie dem Kind als lebendiges und verletzliches Wesen lehrend so zu erschließen, daß es Lust bekommt, darin selbst Verantwortung zu übernehmen. Doch unsere hochkomplexe, technisch ausdifferenzierte Gesellschaft wird immer unübersichtlicher in Vielfalt, Tempo und Dynamik. Wer kann diese Prozesse übersehen, steuern, Einfluß nehmen? Das Lebensgefühl vieler Heranwachsender ist verbunden mit dem Empfinden von Machtlosigkeit, Ausgeliefertsein und Verlust von Identität durch mangelnden Handlungsspielraum. Daß mit diesem Lebensgefühl Wut, Hilflosigkeit und Konsummanie einhergehen, kann nicht verwundern. In dieser Situation ist die Schule gefordert, Lehrpläne für den souveränen Umgang mit Technologien, Medien und Informationen zu entwickeln, um diese zu beherrschen, statt sich von ihnen beherrschen zu lassen.

Um die historische Bedingtheit unserer Zeit zu begreifen, ist die Auseinandersetzung mit der Geschichte, mit der Kultur, der Kunst, der Wissenschaft aus unserer Zeit und aus anderen Zeiten unerläßlich. Wer nichts vom Gestern weiß, kann das Heute nicht begreifen. Der Bildschirm – gleich ob Computer oder Fernseher – bietet die weltweite Möglichkeit, miteinander zu kommunizieren. Als Instrument erleichtert er den Zugang zu Wissen, als Wirklichkeitsersatz führt er in Isolation und Entfremdung.

Die Werte und Maßstäbe von bürgerlich-aufgeklärter Erziehung schwanken oder verschwinden. Reize und Eindrücke überfluten die Kinder und erschweren die Konzentration auf das Wesentliche. Der Sinn von Disziplin und Pflichtbewußtsein wird fragwürdig durch Arbeits- und Perspektivlosigkeit. Wozu lernen, wenn man das Wissen nicht wird anwenden können? Hohe Schülerzahlen in den Klassen, Stundenausfall, minimierte Curricula, Lehrermangel in den Schulen, Lehrerüberfluß im Arbeitsamt, all dies sind Zeichen eines Notstands. Überarbeitete Eltern, die um ihren Lebensunterhalt kämpfen müssen oder vornehmlich materielle Sicherheit im Auge haben, stehen ratlos und erschöpft vor den Ansprüchen ihrer Kinder. Es sind vitale Interessen, die mit jedem Erwachsenwerden verbunden sind: sich im Lernen ausprobieren zu wollen, neugierig zu sein, Fragen zu stellen, vorgegebene Ziele zu prüfen und Widerstand zu provozieren, um ein eigenes Selbst zu entwickeln und sich in der Welt der Erwachsenen behaupten zu können. Ein Kind ist ein »Störfaktor« im besten Sinne – gegen die Bequemlichkeit. Kinder strengen an, fordern die Erwachsenen heraus und zwingen sie, zwischen Gewähren, Begleiten und Fordern, Einhalt gebieten und Erziehen im Sinne des Kindes zu entscheiden.

Doch die Eltern und Lehrer sind selbst in einer Krise, in der die Herausforderung leicht zur Überforderung wird. Die Älteren aus der Vor- und Nachkriegsära erlebten Mangel und Strenge, Anpassung, Leistungsdruck und Erfolgsdenken. Als Reaktion darauf entstand im Westen die antiautoritäre Erziehung, deren Einfluß auf die Jüngeren weit mehr Folgen zeitigt, als man wahrhaben will: Alles ist erlaubt, ganz gleich mit welchen Folgen; Autorität ist unerwünscht, nur die eigenen Bedürfnisse gelten. Doch ohne äußere Grenzen lernt kein Mensch sich selber kennen und seine Grenzen zu überschreiten.

Im Osten blieb alles reglementiert und kollektiviert, egalisiert und kommandiert, bis »der Partei« ihr angemaßtes Wahrheits-, Macht- und Erziehungsmonopol entrissen wurde. Das Zuviel an Moral und propagiertem Gemeinsinn hinterließ ein von den – übriggebliebenen, durch Gesinnungsschnüffelei verunsicherten und unter Nostalgieverdacht stehenden – Lehrern kaum füllbares Sinn-Vakuum, dessen sie oft nur formal Herr werden können.

Gleichwohl gilt nun in Ost und West: Wer groß wird, hat viele Fragen an die Welt. Beantworten die Verantwortlichen sie? Wer lernt, will wissen, wofür. Welche Gesellschaft erwartet die Kinder? Wer wächst, braucht Raum. In welche Räume gerät ein Kind heute?

Die Schule steht derzeit vor anderen Aufgaben als nach dem Zweiten Weltkrieg und während des Kalten Krieges. Die Trennung zwischen Ost und West ist formal aufgehoben. Die Zeit der Prosperität und der unbegrenzten Möglichkeiten ist im Westen vorbei, im Osten öffnen sich neue Freiräume, die jedoch schmerzhaft den Mangel von materiellen Möglichkeiten und auch den Verlust von Solidarität und »Volks«-Bildung spüren lassen, die der DDR trotz aller Einengungen eigen blieben. Vor fünfzig Jahren gab es in Ost und West unter gänzlich unterschiedlichen Vorzeichen vor allem Aufbauideen. Heute müssen wir uns unentwegt mit Abbau auseinandersetzen – auf beiden Seiten. Nicht nur im Sozialbereich und am Arbeitsmarkt wird »abgebaut«, es schwinden ebenfalls der Glaube und die Hoffnung, etwas selbst bewirken zu können und in dieser Gesellschaft ein wichtiges Mitglied zu sein. Wirtschaft und Medien beherrschen das öffentliche Leben, weit mehr als die Politik. Sie bestimmen den Mainstream: soviel Unterhaltung wie möglich bei ständig wachsendem Profit und ohne Verantwortung für die Folgen. Jüngstes Beispiel ist der monatelange Verzicht einiger Jugendlicher auf Bewegungsfreiheit und Schutz der Privatsphäre für Geld und publicity beim Medienspektakel »Big Brother«: freiwillige Preisgabe bürgerlicher Rechte, die durch die Elterngeneration unter Einsatz von Freiheit und Leben erst hart erkämpft werden mußten, provoziert durch die Quotenjagd eines Privatsenders!

Nicht nur die Schule, sondern auch Wirtschaft und Medien hätten die dringende Verpflichtung, sich über sinnvolle Erziehungsziele einer nachwachsenden Generation Gedanken zu machen, und zwar nicht nur in einem funktional-technokratischen Sinn. Wie sollte eine Gesellschaft ihren Fortschritt planen, ohne Menschen mit Kreativität und Wissen – nicht nur Fachwissen – auszustatten? Nach dem Überbordwerfen politisch wie familiär autoritärer Strukturen, die ohnehin vielfach in Auflösung begriffen sind, wird es entscheidend sein, die Werte und Ziele in Schule und Erziehung neu zu bestimmen: Verantwortung, Neugier, Realitätssinn, aufrechter Gang, das Denken in Alternativen, die Suche nach Vorbildern und der Respekt vor Autorität und Alter. Dazu gehört auch das Bejahen von Grenzen, das Ertragen von Versagen und die Entwicklung von Vertrauen. Die Schule hat nicht nur die Aufgabe, »verwertbares« Wissen zu vermitteln und das Kind in die Gesellschaft »einzupassen«, sondern Intelligenz, Phantasie, Mündigkeit und Mut fürs Leben, nicht nur fürs Ü b e r leben, zu fördern.

Wir brauchen Schulen, in denen Heranwachsende erkennen, erleben und entfalten können, welche Potentiale in ihnen stecken, welcher Reichtum an Erlebnisfähigkeit und an Gestaltungskraft in ihm schlummert.

# Die Freiheit der Kunst und die Kultur der Freiheit

In wenigen Wochen wurde 1999 in der Kultur-Stadt Weimar deutsch-deutsches Porzellan zerschmissen. Die DDR-Künstler fühlten sich in toto diffamiert. Die Bilder wurden – unterschiedslos und lieblos – so gehängt, daß sie – alle! – gehenkt wurden.

Der Ausstellungsmacher stammte aus dem Rheinischen und befand, daß das ein »Bombenerfolg« geworden sei – es gibt »öffentliche Diskussionen und der Ausgang ist offen«. Der Spalt zwischen Ost und West wurde noch einmal vertieft – das Nichtverstehen bestätigt. Vielleicht ist das nicht verwunderlich – nur die Massivität irritiert. Denn zwei Lebenskulturen kamen nach vierzig Jahren Trennung zusammen. Sie knüpften an deutsche Traditionen an, entwickelten sich jedoch grundlegend anders. Ohne Verklärung, aber auch ohne pauschale Abwertung müssen wir uns daran erinnern, um die kulturellen Aufgaben heute begreifen und erfüllen zu können. Weithin hat sich zur westlichen ökonomischen Übermacht die Deutungsmacht über alles gesellt, was in der DDR »Kultur« hieß. Doch aus der Westperspektive läßt sich die vergangene Kulturrealität der DDR nicht erfassen. Die SED-Führung meinte es ernst damit, dem »einfachen Menschen« Kultur nahe zu bringen und so ein »kulturvolles Volk« zu bilden. Allen Menschen sollten alle Kultureinrichtungen zugänglich und erschwinglich sein. Damit war auch beabsichtigt, die Klassenspaltung zu überwinden und die Bildung eines dekadenten Elitebewußtseins auszuschließen. Als höchste Kultur wurde die Arbeit des Menschen angesehen; und Kunst im engeren Sinne war immer auf die reale Arbeit bezogen. Sie wurde daran gemessen, wie sie Alltag widerspiegelt und positiv beeinflußt und war dazu verpflichtet, »realistisch« und allgemein verständlich zu sein. Zu dieser ideologisch geprägten Massenkultur gehörte, neben der Kontrolle von Kultur und Wissenschaft durch die Partei, das Kollektivabonnement im Theater, der Zirkel schreibender Arbeiter, diverse Kulturzirkel als Freizeitkollektive.

Durch die Kultur sollte die ideologische Erziehung zur Festigung des Standpunktes und die Motivation für die Arbeit zum »Wohle des Menschen« ergänzt werden. Insgesamt wurde sie reglementiert und instrumentalisiert. Die in Verbänden organisierten Schriftsteller und Künstler bekamen vom Staat ein Gehalt, von dem sie, wenn auch nicht üppig, leben konnten – selbst Lyriker. Die Existenz der Dreispartentheater in mittelgroßen Städten stand nirgendwann zur Disposition. In Ostberlin hatten mindestens vier Bühnen Weltrang, immer gut besucht – auch von Westbürgern.

Die Schauspieler und Musiker verfügten über ein sicheres Einkommen, die Zirkelleiter in den Kulturhäusern wurden bis zum Schluß von den Großbetrieben durchgefüttert. Beispielsweise gab es im Kulturhaus eines mittelgroßen Chemiekombinats 22 Kulturgruppen, in denen mehr als 500 Werktätige freiwillig und unentgeltlich tätig waren. Die volksnahe und parteigebundene Ausrichtung dieses Kultur- und Kunstverständnisses hatte unterschiedliche Auswirkungen: Neben der geistigen Engführung und der Berieselung von Massen mit Volks- und Marschmusik gab es billige Karten für erstklassiges Theater, Konzerte, Museen, Galerien und preiswerte Bücher aller Art. Bücher waren und sind Brücken der Verständigung und können als tief wirksamer Bericht über die Lage der Nation gelten. Wie wichtig waren im Osten einerseits Lenz, Böll und Grass und andererseits die Gedichte Kunerts, Kunzes und Brauns, die Romane und Essays von Christa Wolf, Heym, de Bruyn, Loest, auch Hermann Kant, die Stücke von Heiner Müller, Peter Hacks und Christoph Hein – Spiegelbild für das, was die DDR auch war.

Die DDR hielt es sich zugute, für die Kultur etwas übrig zu

haben. Diese Kultur war nicht elitär, sie schuf vielmehr ein Gegenbild zum bürgerlichen Kulturbetrieb im Westen. Doch sie war nicht nur in der Förderung und der Reglementierung von Kunst und Kultur widersprüchlich, sondern auch in ihren Aktionen und Wirkungen: Die Führungsschicht des SED-Staates neigte zum einen dem kleinbürgerlichen Kitsch zu und brachte es andererseits fertig, erhebliche Mittel daran zu setzen, die Semperoper und das Schauspielhaus mit großem Aufwand wieder herzurichten.

Die Kunstausstellungen der DDR – vor allem die VIII. 1977/78 – lösten gerade wegen der ideologisch motivierten Kritik durch die Führung ein breites Interesse aus. Gerade die Inszenierungen, die offiziell in Schwierigkeiten geraten waren, zogen das Publikum aus der ganzen Republik an. Zum Beispiel »Die neuen Leiden des jungen W.« von Plenzdorf in den 70er Jahren, die Adaption der antiken Stücke von Heiner Müller und kurz vor der Wende Heins Stück in Dresden »Die Ritter der Tafelrunde«. Wenn das »Neue Deutschland« ein Theaterstück, einen Film, ein Buch, ein Bild verriß, war das der sicherste Weg, die Menschen in Massen an diese Kunstwerke heranzuführen. Man erinnere sich an die Diskussion, die Bilder von Pfeiffer und Mattheuer auslösten. Die Zensur hatte fast immer ein Gespür für Qualität. Der Mangel an materiellen Gütern, die Verknappung an Kulturgütern zog die Menschen in die Ausstellungen von Klee und Caspar David Friedrich, brachte sie dazu zu lesen, in die Theater und Kinos zu gehen. Die DDR hatte eine erstaunlich entwickelte Massen- und Breitenszene hervorgebracht, neben dem Peinlich-Volkstümlichen mit »rotem Anstrich«. Heute lesen dieselben Menschen BILD, sehen RTL 2 und PRO 7, fahren in die Einkaufsparks und diskutieren über Preise, Jobs und Steuersparmethoden. Der Weg in die Freiheit erwies sich gleichzeitig als Weg in den puren Kommerz, weg von jeglichem Kultur- und Kunstanspruch. Die dominierende materielle

Lebensorientierung durch den deutschen Einigungsprozeß wurde geradezu ultimativ: im Wunsch nach DM-Teilhabe. Kultur und Kunst wurden auf diesem Weg immer mehr zu Luxusgütern der Eliten, und »Massenkultur« verkommt zur Massenware auf niedrigstem Niveau. Die Massenkultur der DDR bezog sich auf die breite Bevölkerung und sollte so unterhaltsam wie verständlich sein. Realismus und Verständlichkeit wurden verwechselt, propagandistische Ziele wurden verfolgt, die pure Regeneration für den Alltag sowie eine politisch verklärte Orientierung desselben gefordert, reglementiert durch die Partei.

Die Massenkultur der »offenen Gesellschaft« des vereinigten Deutschlands zielt hingegen auf die höchst erreichbare Einschalt- und Verkaufsquote, der jeder Anspruch geopfert wird und die zu immer weiteren Niveauunterschreitungen zu zwingen scheint. Wenn der Staat immer weniger Steuern einnimmt, die Länder und Kommunen immer weniger für Kultur und Kunst ausgeben können und diese immer mehr der Eigenverantwortung überlassen werden, gerät die Kultur- und Kunstförderung in Abhängigkeit von Sponsoren großer Firmen, die Imagetransfer erreichen wollen. Der Sponsor erwartet als Gegenleistung Werbung für sich selbst. Dies führt zu einer oft nicht einmal erkannten, aber sichtbaren Demutshaltung der Künstler und Kultureinrichtungen und bringt diese in die Lage von Bittstellern und Bettlern. Kulturförderung sollte aber im Gegensatz dazu öffentliche Aufgabe sein, im Rahmen einer demokratischen, transparenten und kontrollierten Vergabepolitik. Der Staat muß über genügend Steuern verfügen, um in der Lage zu bleiben, die Vielfalt kultureller Tätigkeiten zu unterstützen, wobei Kultur und Politik strikt auf wechselseitiger Autonomie bestehen müssen. Doch es geht nicht nur um Geldvergabe, sondern auch um die politische wie geistige Einsicht in die Notwendigkeit, daß ein Land ohne Kunst und Kultur auf hohem

Niveau ethisch und ästhetisch zu verkommen droht. Es darf in der Kultur weder innere Zensur (wie in der DDR) noch vorauseilenden Gehorsam gegenüber politischen Instanzen oder privaten Sponsoren (wie im vereinigten Deutschland) geben.

Die Freiheit und die Autonomie der Kunst sind gefährdet, wenn sie auf subtile oder direkte Weise vom Geldgeber abhängig werden. Doch heißt Freiheit der Kunst gewiß nicht postmoderne Beliebigkeit, in der alles gilt, was auf gemeine Weise gefällt: von der kunstlosen Ichbezogenheit der Künstler, der Pornographisierung bis zum dumpfen Feiern von Gewalt – Phänomene, die sich in allen Kunstsparten ausbreiten. Wie jedoch das Zeistgeistdilemma – notwendige Freiheit ohne Schrankenlosigkeit, jedoch auch ohne ideologische Doktrin – zu bewältigen ist, weiß im Moment niemand.

Wenn wir im zehnten Jahr der deutschen Einheit die Entwicklung unserer Kulturgesellschaft resümieren, stehen wir vor einer Gewinn- und Verlustliste.

Verlorengegangen ist ein breitgefächertes Angebot an kulturellen Betätigungsfeldern für Menschen, die nicht nur Kunst passiv konsumieren. Musik- und Malschulen, Zirkel und Amateurtheater sind unbezahlbar geworden.

Allerdings haben sich, wenn auch nicht in dem Ausmaß wie vorher, Vereine gebildet, die heute von jeder politischen Reglementierung befreit sind. Auf der Gewinnliste sind unendlich viele Restaurierungen, Modernisierungen von Schlössern, Museen, Kultureinrichtungen, historischen Gebäuden und Altbausanierungen als großartige Kulturleistung der deutschen Einheit zu verzeichnen.. Der Eintritt in die Museen, Theater und Konzerte ist aber so teuer geworden, daß sich viele Menschen diesen »Luxus« nicht mehr leisten können. Die Billigkultur, die zu Hause via Fernsehen geboten wird, reißt parallel dazu die Ansprüche der Mehrheit immer weiter nach unten. Die Folgen für den seelischen Haushalt und für die Entkultivierung des täglichen Lebens sind noch nicht abzusehen. Der Einbruch zeigt sich vor allem darin, daß die Mehrzahl der »Kulturproduktionen« gar keinem Anspruch mehr gerecht werden will.

In der DDR gab es immerhin das Ziel, Kultur als »moralische Anstalt« zu verstehen und »Sinn« und »Form« in einen widerspruchsvoll-produktiven Zusammenhang zu stellen, in Verbindung mit hoher handwerklicher Qualität.

An die Stelle eines richtigen Anspruchs einerseits und einer quälenden Reglementierung durch die Partei andererseits in der ehemaligen DDR ist heute im vereinigten Deutschland die verantwortungslose Orientierung am Boom getreten. Es gibt zwischen Ost- und Westdeutschland mentale Differenzen, die nach 1989 rasch sichtbar wurden. Im Juni 1990 lud Bertelsmann zu einem ersten »gesamtdeutschen« kulturpolitischen Symposium ein. Die erste freigewählte Volkskammer übte Demokratie ein, die Verlage und Theater entfalteten frei ihre Programme, die Zeitungen im Osten waren nicht mehr wiederzuekennen, und Rundfunk und Fernsehen erfüllten ihre jahrzehntelang eingebüßte Funktion der öffentlichen Unterrichtung wesentlicher Vorgänge. Ost- und Westliteraten, Politiker, Intellektuelle und Künstler sprachen sich aus. Doch soviel Mißverstehen gab es nie zuvor. Zur westdeutschen ökonomischen und politischen Übermacht kam die Deutungshegemonie der Westdeutschen. Christa Wolf und Stefan Heym fanden sich plötzlich auf der Anklagebank wegen »mangelnden Mutes« und »zu großer Staatsnähe«. Die künstlerischen Hervorbringungen aus der DDR sollten nun den gleichen Maßstäben unterzogen werden wie im Westen. Die Rezensenten sprachen davon, daß die Schonfrist vorbei sei und man nun nicht mehr politisch Rücksicht nehmen müsse. Eine merkwürdig nachholende DDR-Identität entwickelte sich daraufhin, gerade bei denen, die in Differenz oder Konflikt zur DDR gestanden hatten. Gerade sie hatten die Idee des »utopischen Überschusses« nie aufgegeben und beharrten auf der Ausgestaltung einer eigenständigen Kultur. Doch der 1. Juli, das Datum der Währungsunion, stand unmittelbar bevor. Die sich damals abzeichnenden Verständigungsprobleme, die Bewertung der DDR-Kultur und ihres Erbes, die Frage, was als Widerstand anerkannt werden soll und was als Kollaboration zu gelten hat, welche Rolle Kultur für das Gemeinwesen spielen soll und welche Verantwortung dabei dem Staat zukommt – all diese Fragen sind bis heute virulent geblieben. Dies spiegelte sich auch in den endlosen Querelen zwischen Ost- und West-PEN wider. Die nun stattgefundene formelle Vereinigung des PEN wird Unterschiede deutlicher erkennbar werden lassen. Im Osten scheinen diejenigen Kunst- und Kulturakteure die Mehrheit behalten zu haben, die »eingreifendes Denken« nach Brecht als ihren selbstgestellten künstlerischen Auftrag begreifen. Andere sind dort »stehengeblieben«, wo sich Böll geistig und politisch angesiedelt hatte. Das steht im schroffen Gegensatz zu der Freiheit, in der sich die Postmoderne im Wechselbad von Beliebigkeit und Zynismus offeriert. Eine doppelte Vereinigung und Trennung zugleich: Diejenigen, die eine gesellschaftliche – eine kritische und entwerfende – Funktion von Kunst hochhalten, und andere, die sich von derlei Auftrag gänzlich befreit sehen, indem sie jeden Utopiegedanken unter Ideologie- oder Gutmenschverdacht stellen. Letztlich führt dies zu der Frage, ob ein Ethos für Kunst und Kultur existiert, das keiner ökonomischen Zweckmäßigkeit geopfert werden kann, und ob es Grenzen gibt, jenseits derer das Humanum sich auflöst.

## »Das höchste Fest auf dem Wege zur Freiheit«

### Über den Umgang mit dem Sturz aus dem Leben

In den »Stationen auf dem Wege zur Freiheit« nennt Dietrich Bonhoeffer den Tod die letzte und höchste Stufe. Ist das glaubwürdig, gar übertragbar – oder nur persönliche Entsagung aus Freiheit?

In der kirchlichen Tradition ist der Gründonnerstag der Tag des Vermächtnisses, der Tag der Prüfung, der Tag des Abschieds, der Tag, an dem einer zu den ihm bevorstehenden Leiden Ja sagt, wenn auch unter dem Schweiß der Angst und den Tränen des Zweifels. Widerstand *und* Ergebung – um dieses kleine Und geht es. Ein Abend des nächtlichen Gebets. Der eine muß es ganz für sich allein ausmachen. Die anderen schlafen. Müdigkeit ist stärker als Mitleid oder gar Mitleiden. Letztlich ist jeder mit sich allein.

»Wir sind allesamt zu dem Tod gefordert und wird keiner für den anderen sterben, sondern ein jeglicher in eigener Person für sich mit dem Tode kämpfen. In die Ohren können wirs wohl einander schreien, aber ein jeglicher muß für sich selber bereit sein in der Zeit des Todes: Ich werde dann nicht bei dir sein, noch du bei mir. Hierbei muß jedermann die Hauptstücke, so einen Christen angehen wohl wissen und darin gerüstet sein«, beginnt Martin Luther seine berühmten Invocavitpredigten 1522.

Es gibt Momente, da sind wir allein, ganz allein, und brauchen doch gerade dann Menschen, die uns nicht allein lassen, obwohl ihre Hilflosigkeit der eigenen durchaus entspricht.

Der Grün-Donnerstag ist der Grein-Donnerstag. An jenem Abend im Garten Gethsemane: Da wird einer leiden und soll auch wissen, warum. Sein Leiden wird einen Sinn behalten. Leiden soll einem Ziel dienen.

Dem Leiden widerstehen u n d das Leid akzeptieren. Beides

gilt. Wie leicht läßt sich eine verallgemeinernde Erfahrung sagen: *Wir können nicht Sinn erfahren, wenn wir Leid eliminieren.* Konkret muß er gelebt werden. Und Dunkelheit bleibt. Allzuoft.

Da haben sie Stunden zuvor zusammengesessen, die zwölf. Mit IHM. Und haben gegessen. Und er hat ihnen sein »Testament« vermittelt: Für euch wird dies Brot gebrochen. Für euch wird dieser Wein vergossen. Und in beidem, wenn ihr dies teilt, meiner gedenkt und mir weiter vertraut, bin ich bei euch, und ich werde euch durchtragen. Ein Stück Brot, ein Schluck Wein, geteilt in der Gemeinschaft, mit dem Versprechen von Zukunft. Worte werden gesprochen und nisten sich ein in das Gedächtnis des Herzens, ohne daß wir sie ganz verstehen können. Sie erweisen ihre Tragkraft, oder wir brechen ein, wenn uns ereilt, was wir so gern wegschieben im Getriebe unserer Alltage.

Einer gibt sein Vermächtnis weiter. Andere schreiben es später auf. Sie deuten es. Was wir nicht im voraus wissen können, wird im nachhinein interpretiert. Was als Ahnung da war, wird als Gewißheit überliefert.

Was als Geheimnis – Mysterion! – vor ihnen lag, wird als Offenbarung – Apokalypsis! – erlebt. Von rückwärts gesehen verstehen wir, verstehen wir besser. Doch bleiben Fragen, tun sich immer wieder Abgründe auf. Das ewig bohrende Warum? Warum mir das?

Nur wer »Eli, Eli, lama asabtani! – Mein Gott, mein Gott, warum hast du mich verlassen!« gerufen hat, wird schließlich auch sagen können: Ja. Es ist vollendet. Es ist vollbracht. Ich kann loslassen.

Der Abend des Gründonnerstag verweist auf d i e drei Tage, die das Geheimnis von Tod und Leben, von Trauer und Hoffnung, von verdüstertem Himmel und offenem Horizont in sich tragen.

Greindonnerstag, ein Tag der Erinnerung, als 1000 Jahre zuvor das unterdrückte Volk aus Ägypten nächtens aufbricht.

Pessach, Passahtag, Tag der ungesäuerten Brote. An dem Tag wird das Brot geteilt. »Ich. Für euch«, sagt er nun. Die Evangelienlesung jenes besonderen Abends, überall in den christlichen Kirchen in Moskau, in Rom, in Wittenberg, ja auch in Belgrad, in Brüssel und in Berlin. Der Meister bückt sich und wäscht den anderen die Füße. Sein Vermächtnis ist einfach: »Wenn nun ich, euer Herr und Meister, euch die Füße gewaschen habe, so sollt auch ihr untereinander die Füße waschen. Ein Beispiel habe ich euch gegeben, damit ihr tut, wie ich euch getan habe. Ein neues Gebot gebe ich euch, daß ihr euch untereinander liebt, wie ich euch geliebt habe, damit auch ihr einander lieb habt. Daran wird jedermann erkennen, daß auch ihr meine Jünger seid, wenn ihr Liebe untereinander habt.« (Johannes 13, 34–35)

Das ist der Hintergrund christlicher Kultur für diesen Tag. Wer wissen will, wie es um unsere Kultur steht, der schalte am Abend den Fernseher ein. Vielleicht ist doch irgendwo noch ein Rudiment unserer Kultur sichtbar? Wieviel Verwechslungsmöglichkeit in unseren Tagen von Gewalt als Unterhaltungsmittel und Gewalt als Realität! Das Ergebnis ist jedenfalls Abstumpfung.

Gründonnerstag, ein Tag unserer christlichen Kulturtradition, der zur Besinnung ruft: ob es noch Hoffnung gibt, ob es Hoffnung gibt. Das ganz Persönliche und das ganz Allgemeine, das Private und das Politische verschränken sich. Die offene Frage noch immer, formuliert von Marie Luise Kaschnitz:

»Ob wir davonkommen ohne gefoltert zu werden, ob wir eines natürlichen Todes sterben, ob wir nicht wieder hungern, die Abfalleimer nach Kartoffelschalen durchsuchen, ob wir getrieben werden in Rudeln, wir haben's gesehn. Ob wir nicht noch die Zellenklopfsprache lernen, den Nächsten belauern, vom Nächsten belauert werden, und bei dem Wort Freiheit weinen müssen. Ob wir uns fortstehlen rechtzeitig auf ein weißes Bett oder zugrunde gehen am hundertfachen Atomblitz, ob wir es fertigbringen mit einer Hoffnung zu sterben, steht noch dahin, steht alles noch dahin.«

Das ist für mich die Frage am Ende dieses so unglaublichen Jahrhunderts, das mit einem großen Zukunftsoptimismus in einer festgefügten Friedens- und Aufbauordnung begann, in eine allgemeine, geradezu euphorische Begeisterung nach den Schüssen von Sarajevo in den ersten großen Krieg, den wir nachträglich 1. Weltkrieg nennen, einmündete. Eine Welt, deren Hoffnungen in den Schützengräben von Verdun begraben wurden, so daß vielen ganz und gar auch die Lebenszuversicht, ja der Glaube verging. *1918 ist euch Christus nicht erschienen*, auf einem Holzschnitt von Carl Schmitt-Rotluff. Danach bald ein 1000jähriges Reich!

Aus Not und Elend geboren: Aufbruch, proletarische Weltrevolution, siebzigjährige Hoffnung, endend mit dem totalen politischen und ökonomischen Desaster, nachzählend die Leichen in Millionen, zu verantworten von denen, die die Hoffnung der Menschheit zu verkörpern behaupteten. Hitler und Stalin wurden zu Zentralfiguren des Jahrhunderts.

Und: anrührendes Pathos einer polnischstämmigen deutschen Jüdin mit berührenden Briefen aus dem Gefängnis. Diese kleine hinkende Lichtgestalt hatte 1914 zusammen mit Liebknecht nein gesagt, als alle der Behauptung glaubten, der Krieg sei notwendig und »unausweichlich«. Und vier Wochen vor ihrem Tode, vier Wochen vor ihrer Hinterrücksermordung schrieb Rosa Luxemburg:

Die proletarische Revolution »ist kein verzweifelter Versuch einer Minderheit, die Welt mit Gewalt nach ihrem Ideal zu modeln, sondern die Aktion der großen Millionenmasse des Volkes, die berufen ist, die geschichtliche Mission zu erfüllen und die geschichtliche Notwendigkeit in Wirklichkeit umzusetzen ... Sie ist zugleich die Sterbeglocke für jede Knechtschaft und Unterdrückung ... Sie kann sich nur stufenweise,

Schritt für Schritt, auf dem Golgathaweg eigener bitterer Erfahrungen, durch Niederlagen und Siege zur vollen Klarheit und Reife durchringen.«

Da ist er, der »Golgathaweg eigener bitterer Erfahrungen und Siege«. Wagen w i r noch, von einer Hoffnung zu reden, die über den einzelnen hinausreicht, einer Hoffnung, die sich organisiert und am Ende dieses Jahrhunderts großer Utopien und noch größerer Antiutopien die Mehrheit der Menschen erfüllen könnte? »Klarheit und Reife« bleiben nötig, um die Abgründe des Menschen wissend, seine Berufung nicht vergessend …

Was indes bedeutet das große Ganze, wenn es einen einzelnen trifft, wenn ihm gesagt wird – oder beredt verschwiegen wird –, daß seine Tage gezählt sind? Was sind die Wucherungen der Welt, das Bruttosozialprodukt, die Zinssätze und die Müllberge für den, der weiß, daß ihm mit seinen inneren Wucherungen nicht geholfen werden kann, der dennoch hofft und der sich fragt, was diese Wucherungen in ihm sind, was sie ihm und uns allen sagen wollen? Sinn suchen im Sinnlosen, abbrechen müssen die Zelte, die gerade aufgebaut sind …?

Greindonnerstag, ein Tag des Abschiednehmens, ein Tag der Testamentsübergabe, der Weitergabe eines Vermächtnisses, das eine Hoffnung einschließt, die ewig und drei Tage gilt für den, der sie glaubt, der sie glauben kann.

Wenn du nicht glauben kannst, suchst du Trost bei dem, der der Trostlosigkeit das Lied gesungen hat, bei Benn, Gottfried, dem Arzt?

*Woher, wohin – nicht Nacht, nicht Morgen,*
*kein Evoë, kein Requiem.*
*du möchtest dir ein Stichwort borgen –*
*allein bei wem?*

*Ach, als sich alle einer Mitte neigten*
*und auch die Denker nur den Gott gedacht,*
*sie sich den Hirten und dem Lamm verzweigten,*
*wenn aus dem Kelch das Blut sie rein gemacht,*

*Und alle rannen aus der einen Wunde,*
*brachen das Brot, das jeglicher genoß –*
*oh ferne zwingende erfüllte Stunde,*
*die einst auch das verlorne Ich umschloß.*

Trost finden in Zeilen der Trostlosigkeit, weil das Trostlose das Wahre ist? Oder doch, immer wieder, aufbrechen, Sisyphus, der Schweißgetriebene, Sisyphus, der Glückliche, Sisyphus, dem kein Zweifel fremd ist und dem die Hoffnung doch die Kraft gibt zum Wiederbeginnen, zum Neubeginn, so hoffnungsvoll wie illusionslos?

Wie anders, ganz anders das Pathos eines Dichters, der mit Benn am Anfang unseres Jahrhunderts *Oh Mensch* ausrief und die Vollendung des Reiches des Menschen vor sich sah in diesem abgeteilten Land:

*Wurde erfüllt je solch Traum,*
*Ein solches Gedicht je gedichtet!*
*Es hat der Mensch sich sein Reich,*
*Das Reich des Menschen errichtet …*
*Übermenschliches haben wir gelitten.*
*Blättere zweitausend Jahre auf*
*Und versuche nachzuzählen:*
*Du wirst zu keinem Ende kommen.*
*Groß waren wir in der Vernichtung.*
*Der Schmelz ging ab von den alten Dingen,*
*Und sie verloren ihren Glanz …*

Bechers »Planetarisches Manifest« läßt unseren Mund schal werden; damals betörte er Menschen im Aufbruch.

Die Welträtsel zu lösen und gegen den Tod sich zu wehren – Jahrhundert der Revolution! Zeitalter der Wissenschaft …

*Jahrhundert, du zwanzigstes, sei uns gepriesen!*
*Es singt dir zum Ruhme der Völker Millionenchor.*
*Was Propheten gedeutet und was Astronomen verhießen,*
*Hast du verwirklicht wie keine Zeit je zuvor.*
…
*Es war das Herz des Menschen einst von Ängsten beklommen,*
*Von der Angst vor der Not und der Angst vor der Sterblichkeit:*
*Es wurde den Menschen die Angst vor der Not genommen,*
*Nun wird er auch von der Angst vor dem Tode befreit.*

*Die Grenzen der Zeit haben wir überschritten*
*Und sind aufgebrochen ins Zeitalter des Kommunismus.*

Das war das Pathos des Jahres 1958. Hybrid, babylonisch, blasphemisch. Müssen wir annehmen, daß es ernst gemeint war? Prophetische Weissagungen erfüllt, die Angst vor dem Tode überwunden, die Grenzen der Zeit überschritten … Der Völker Millionen-Chor ist verstummt.

Wir leben in der Postmoderne. Ihr Zynismus beginnt, das geistige Leben mit dem Gift von Verachtung und Selbstverachtung zu durchtränken. Alle, die der Stimme der Vernunft unter der dünnen Decke unserer Zivilisation noch ihre Stimme zu leihen versuchen und dem Bösen entgegenzusetzen wagen, werden als Betroffenheits-Gutmenschen verhöhnt. Mitleiden, das in Aktivität mündet und sich keinen Illusionen hingibt, aber eben nicht im Nichtstun verharrt, weil nicht a l l e s zu machen ist, wird lächerlich gemacht. Es greift eine Verhöhnung derer um sich, die sich Sorgen machen um die Zukunft einer Welt, in der das Unheil unter der Oberfläche des sichtbaren Glanzes schlummert.

Der Hoffnung eine Stimme leihen, damit das Unheil nicht die letzte Stimme behält! Und doch genau sehen und hinsehen, was geschehen ist und was mit uns in dieser Weltzeit geschieht. Wer das Unheil prophezeit, Prophet des Unheils wird, darf es nur tun, wenn er es aus Liebe zu denen tut, für die er fürchtet.

Düstere Propheten behalten bisweilen gnadenlos recht, oder sie werden gnadenlose Rechthaber. Ein Prophet des Unheils, der nicht ein Mitleidender ist, soll schweigen.

Wer es ernst meint, muß Spott hinnehmen, denn er will ja nicht, daß eintritt, was er prophezeit. Er droht es an für den Fall, daß sich nichts ändert, und will, daß wir uns ändern. Er sagt genau voraus, was werden wird, wenn wir nichts tun. Aus dem Dagegen erwächst ein Wofür, sonst können wir uns das Dagegen sparen!

Wer vor dem Atomkrieg gewarnt hat, darf nun nicht verlacht werden, weil vermieden werden konnte, was täglich möglich war und längst nicht ausgeschlossen ist. Vermieden wurde der Tag X auch durch Angst, die zum Widerstand wurde.

»Tschernobyl ist überall«, marode Kernkraftwerke gibt es nicht nur in der ehemaligen Sowjetunion. Vor allem aber wissen wir um die Gefährdung des Menschen, der über solche gefährlichen Werke nicht verfügen darf. Man stelle sich ein von tschetschenischen Terroristen oder fanatischen Serben gekidnapptes Atomwerk vor!

Das Waldsterben ist nicht eingetreten; aber der Wald ist krank. Es gibt wieder Fische in der Elbe und im Rhein, aber das Trinkwasser wird das Problem der Zukunft werden.

Uns wird die Luft ausgehen, wenn wir weiter so mit den Lungen der Welt, den Regenwäldern, umgehen.

Am Ende des Jahrtausends, am Ende dieses Jahrhunderts, brauchen wir nichts mehr als Selbstbesinnung über das, was wir tun und das, was wir fortan unterlassen sollten. Die Nachhaltigkeit all unseres Tuns, die Verantwortbarkeit vor künftigen Generationen muß zum ethischen Kriterium schlechthin werden. Wir brauchen nichts mehr als die durch bittere Erfahrungen geläuterte Hoffnung, die uns Kraft gibt, so zu handeln, daß Perspektive bleibt in dieser Welt, für diese Welt. Der Pragmatismus folgt nur den Notwendigkeiten, die er »zwingend« nennt und reagiert nur auf das, was sowieso geschieht. Er paßt sich den Mächten an, die regieren, statt bewußtem menschlichen Handeln eine steuernde Chance zu lassen. Werden wir uns weiter auf den effektiven Gebrauch der Instrumente konzentrieren, die unser Verstand geschaffen hat, oder werden wir sie nach unserer Vernunft gebrauchen oder auch ihren Gebrauch vernunftsgemäß unterlassen, indem wir uns an Maßstäbe halten, die die Menschheit aus vielen Leiden gewonnen hat?

Welche alten Mythen werden uns in ihrem Bann halten, welche Gefühle uns bestimmen, welche Interessen unser Tun beherrschen? Das Humanum setzt sich nicht von selbst durch; es braucht Subjekte, die es durchsetzen, mit Mitteln durchsetzen, die human sind.

Es ist so erschütternd wie ermutigend, wenn Menschen, die bewußt mit Krebs umgehen mußten, Zeit fanden, über sich selbst und die Zukunft dieser Welt zu reflektieren, dies gar aufzuschreiben. Schonungslos reden sie, aber nicht lieblos über alles, was auf dem Spiel steht. Ganz von sich absehend, haben sie uns etwas von ihren Erfahrungen hinterlassen, bevor sie gehen mußten. Ich nenne Maxi Wander und Peter Noll.

Maxi Wander schreibt an Christa Wolf: »Seltsam, du, wenn ich jetzt an die intensive Zeit nach der Krankheit zurückdenke! Offenbar gelingt diese Dichte des Erlebens nur nach großen Schocks und Erschütterungen. Man vergißt so rasch. Das ist traurig.«

Sie reflektiert dann über das »Aufarbeiten«, nein, nicht mit Blick auf die DDR, sondern mit Blick auf den Faschismus. Sie glaubt nicht, daß man nur schreibend über die Dinge kommt, und fängt an, einfach zu leben, anders zu leben, die Dinge ganz anders, ganz neu, ganz intensiv wahrzunehmen:

»Daß Äpfel vor Deinem Fenster wachsen, ist schön. Ich gehe oft nachts in den Garten, genieße dieses nächtliche Spaziergehen, barfuß im taufrischen Gras. Und ich möchte so gern da und dort was herunternaschen, aber außer einem Ribiselstrauch haben wir keine Früchte im Garten. Auch der kleine Apfelbaum trug in diesem Jahr keine Frucht. Die Kirschen werden von den Amseln geerntet, sie hängen auch zu hoch ... Manchmal bin ich nachts mit dem Igel beschäftigt, der immer nachts auf unsere Terasse kommt und mit dem Katzenschälchen rumort. Christa, ich glaube, ich sage immer die gleichen banalen Dinge, aber für mich sind sie sehr wichtig.«

Geschrieben am 6. August 1977. Sie sollte nur noch wenige Monate leben. 6. August, der Tag, an dem in diesem Jahrhundert das »neue Zeitalter« begann, wie Günter Anders meinte. Wir müßten neu zählen: n. H. – nach Hiroshima oder n. A. – nach Auschwitz, forderte er. Das seien die Zäsuren, die unser künftiges Geschick bestimmen. Ich meine dennoch, wir sollten weiterzählen, um unserer selbst und der Zukunft willen, n. Chr. »nach Christus«, nach einem, der die Hoffnung nicht mit ins Grab nahm, sondern aus dessen Grab Hoffnung stieg und steigt. Mit dem Mut zum Sanften und der kräftigen Stimme der Liebe, dem radikalen Ruf zum Frieden.

Den Unterschied wahrnehmen zwischen dem Abend, der zur Nacht wird, und dem Vorabend, der ein neues Licht bringt! Wer vom Vorabend spricht, ist noch voll von Erwartung. Wer das Grau und das Grauen nicht leugnet und doch jeder Lebensstunde, jedem Augenblick, jedem Ton, jedem Stück Holz, das seine Finger abtasten, etwas abgewinnt, ein ganzes Leben abgewinnt, den werden die Trauer und der Verlust nicht aufzehren.

Maxi Wander:

»Nichts in der Welt kann schöner sein, als dies Stück Himmel zwischen den Birken in unserem Garten. Der Rasen, der schönste Teppich. Kein Baum kann interessanter sein als diese Tanne: Du kannst sie betrachten, ihre Haut, diese graubraune, diese rötliche, feste, zerrissene und wieder heile Haut ... Ich liebe Bäume. Ich kann Bäume betrachten wie Menschengesichter. Ich dringe durch die Borke, wühle mich durch die Jahresringe in Zeitlosigkeit, ins Erdreich, in Saftströme stürze ich und ertrinke in den Gerüchen, mit denen der Baum verschwenderisch die Luft schwängert. Ich bewege mich in den Zellstrukturen wie im freien Raum, spüre das Wachstum, als hätt ichs in den Fingern, im Blut, in meinem Haar, das vom Wind gezaust wird.«

Sie vermag es, das Ende vor Augen, ganz am Tage zu sein und erfährt in der sinnlichen Erfahrung tiefen Sinn, weil es nicht um den bloßen, platten Sinnesgenuß geht, sondern um reich machende Erfahrung des Sinns durch die Sinne.

Gleichzeitig wollen alle anderen von ihr, daß sie stark ist, mutig, gesund wird und lebt. Die anderen, die ihr Lieben: »Sie wollen alle glauben können, daß der Kelch an uns vorbeigeht!«

Da ist es wieder, das Bild vom Kelch, der vorübergehen soll. Die Spannung zwischen Annehmen und Widerstehen, zwischen Bangen und Hoffen ...

Und Peter Noll schreibt in seinen »Diktaten über Sterben & Tod«: »Auffällig wenige Worte Jesu über den Tod und das Sterben. Tod und Erlösung waren für ihn derartige Selbstverständlichkeiten, daß er sich ganz dem Leben zuwandte.«

Und was keiner sagen oder schreiben darf, der nicht betroffen ist, das sagt der vom Krebs Betroffene: »Alle Anklagen der Betroffenen gegen ihren Krebstod sind ungerecht und wirken narzißtisch und wehleidig, wenn wir an die Millionen denken, die wirklich ungerecht umgebracht worden sind. Dennoch kann das Sterben nur ganz individuell erlebt und beschrieben werden. Insofern gibt es keinen kollektiven Tod. Auch von dieser Seite zeigt sich die ungeheure Seite des Todes Jesu am Kreuz. Er war allein, starb, wie es nicht anders sein kann, als einzelner, und zugleich war sein Sterben das Sterben jedes einzelnen, auch der Hunderte von Millionen Menschen, die seither von anderen Menschen umgebracht worden sind.«

So macht sich Noll Gedanken über die vielen Kriege, die heute geführt werden, über die vielen Kinder, die heute an Hunger sterben (heute, an diesem Tag – nicht nur heute, in dieser Zeit!), und ordnet das ganz Individuelle in das große Ganze ein. Da wird die Sorge um den Verlust des eigenen Lebens auch zur Sorge um den Verlust des Lebens in dieser von ganz alltäglichem ökologischen Terrorismus bedrohten Welt. Und dann ist er wieder zurückgeworfen, ganz auf sich:

»Überall setze ich mich dem Verdacht aus, mir und anderen einen Trost einzureden, der auf dem individuellen Weiterleben nach dem Tode besteht. Dabei bin ich nur auf der Suche nach Sinn. Das ist viel mehr.«

Auf der Suche nach Sinn und auf der Suche nach Hoffnung. Da verschmilzt beides. Wissend, daß morgen alles mit mir und morgen alles mit dieser Welt zu Ende sein kann. Da heißt es dann, das Apfelbäumchen pflanzen – und auch das blühende Apfelbäumchen sehen. Darauf vertrauen, daß es Schönheit gibt und daß es Frucht gibt und daß das Leben stärker ist als der Tod, weil die Liebe stärker ist als der Tod.

Wie hieß es in der Evangelienlesung des Greindonnerstages: »Ein Beispiel habe ich euch gegeben. Daran soll jedermann erkennen, daß ihr meine Jünger seid, daß ihr Liebe untereinander habt.« Und das heißt zuerst, daß ihr euch herunterbeugt, tief herunterbeugt und das tut, was dem anderen zum Labsal wird.

Da wird Liebe zur Sinnoase des Daseins und zu einem Schimmer Gottes.

»Einen Schimmer Gottes finden wir in den Sinnoasen des Daseins. Mehr kann man nicht sagen. Mehr kann höchstens die Musik ausdrücken, die so abstrakt ist, daß sie nahe an das Übersinnliche herankommt.« (Peter Noll)

# V. Die Zukunft der Demokratie

## Die Runden Tische und die parlamentarische Demokratie

Der Runde Tisch ist für alle, die der parlamentarischen (Parteien-)Demokratie überdrüssig geworden sind, zu einem Gegenstand der Verklärung geworden. Er lebt fort als Erinnerungsmythos einer kurzerhand zur »Wende« erklärten friedlichen Volkserhebung gegen die Machtanmaßungen der SED. Einerseits werden auf ihn Wünsche projiziert – und diese Wünsche kurzerhand zur Realität erklärt. Andererseits wird er von nahezu allen Etablierten müde belächelt. Er habe im Übergang seine Funktion gehabt; sei damals von den einst Mächtigen ausgenutzt worden und inzwischen für den politischen Alltag nicht mehr tauglich.

Die Parteien haben alles an sich gerissen und versinken nun im selbstangelegten Sumpf von Machtversessenheit und Korruptionsverdacht. Ich frage in dieser Situation:

Welche Rolle konnten Runde Tische beim Gewinn der Freiheit spielen? Und welche Rolle kommt ihnen bei der Ausfüllung der Freiheit heute noch zu?

### Ursprünge des Runden Tisches

Am 31. Oktober 1989 heftete der Wittenberger Pfarrer Gottfried Keller im Anschluß an die »reformatorische Demonstration zum Luther-Denkmal« an das Wittenberger Rathaus sieben »Thesen zum Dialog«. Die Dialogeinforderung der bis dahin Ohnmächtig-Gemachten und die Dialogbereitschaft der bis dahin Mächtigen waren Voraussetzung für die Gespräche an den Runden Tischen, die Instrument für einen zivilisierten Übergang in die demokratische Freiheit wurden. Die freie Assoziation freier Individuen kam aus der Selbstbefreiung des Denkens aus ideologischer Umklammerung. In den »Thesen« hieß es:

- Im Dialog wird der Gegner nicht als Feind, sondern als anders denkender Partner angenommen.
- Im Dialog wird keine Machtfrage entschieden …
- Ziel des Dialogs ist nicht, seine Meinung zum Sieg zu bringen.

Seit Mitte Oktober 1989, unmittelbar nach der Ablösung Honeckers, gab es in Wittenberg einen ersten Runden Tisch. Wir Kirchenvertreter überbrachten in das Rathaus – in Cranachs Amtsstube – einen Forderungs- und Gesprächsthemenkatalog. Wir sagten den Staatsvertretern, das Ziel sei, die Wut nicht zu steigern, sondern den Zorn und die Enttäuschung in zivilisierten Formen auszutragen und eine grundlegende Erneuerung anzustreben. Wir machten deutlich:

Die Friedfertigkeit des Herzens, der Zunge und der Hand darf nicht als Feigheit oder Unentschlossenheit verstanden werden.

Der Dialog braucht Strukturen, die unumkehrbar werden. Dazu müssen die neuen Bewegungen als Gesprächspartner anerkannt werden, und sie können nicht einfach in die alten Strukturen integriert werden.

Der Konflikt sei kein Konflikt zwischen Staat und Kirche, sondern zwischen Volk und Regierenden. Und wir Kirchenvertreter sind nur Mittler und Überbringer, die versprochen haben, alles auszusprechen und die direkte Konfrontation mit den Verantwortlichen zu schaffen, ohne daß es zu Übergriffen kommt.

Die Kirchen reichen nicht mehr aus. Wir brauchen die Straßen. Wir repräsentierten »das Volk« in seiner Vielfalt; spontan ausgewählt nach dem »Gebet um Erneuerung« in der Wittenberger Schloßkirche.

Am 31. 10. 1989 wollten wir aus unseren Mauern herausgehen. Wir kündigten dies als eine vertrauensbildende Information »offiziell« an.

Es kam zu einer Vereinbarung, in allen großen Räumen der Stadt Wittenberg Foren zu veranstalten. Sie wurden wegen der Synode in Erfurt vom 2. – 5. November auf den 9. November gelegt. Die staatliche Seite hätte den 2. November vorgezogen; aber die meisten kirchlichen Abgesandten am Runden Tisch waren zu dieser Zeit in Erfurt. Die Vertreter des Staates wußten genau: wenn wir gefehlt hätten, wäre das Volk mißtrauisch geworden.

Was wir in der Lutherstadt Wittenberg erlebten, geschah zeitgleich oder nur wenig zeitversetzt in vielen anderen Städten und Gemeinden der DDR. Nichts war abgesprochen, und doch verlief das meiste in vergleichbarer Weise. Die Opposition hatte sich nicht organisiert, aber sie funktionierte. Die Zeit war reif. Und das Volk war weise, erstaunlich weise, mutig und entschlossen zugleich. Endlich nahmen die Machthaber das Volk ernst, das zu repräsentieren sie vier Jahrzehnte beansprucht hatten.

Die Dialogverweigerung der SED resultierte aus ihrem Alleinvertretungsanspruch auf Wahrheit und Macht. Die SED zelebrierte und exekutierte in totalitärer Manier die hypertrophe Vorstellung, Weisheit des Volkes und Weisheit der Geschichte zu verkörpern. Ideologische Koexistenz gab es ebensowenig wie dialogische Erkenntnis- und Entscheidungsfindung. Die im Block der Nationalen Front agierenden gesellschaftlichen Organisationen strebten eine totale Konsensgesellschaft an, in der sich alle konstruktiven Kräfte zum Wohle des ganzen Volkes bündeln sollten. Da diese realsozialistische Gesellschaftsform nicht mehr von »antagonistischen Widersprüchen« geprägt sei, würden die Widersprüche nun produktiv wirken.

Um die Diskrepanz zwischen Theorie und erlebter Wirklichkeit zu kaschieren, setzte die SED alle ihr zur Verfügung stehenden Machtmittel ein. Völlig unbeeindruckt von der Goebbelschen Tradition vertraute sie offiziell auf ihre »Agitation und Propaganda«, die – getreu dem »großen Lenin« – fortschrittliche Überzeugungen einträufeln sollte durch ständige Wiederholung stupider Parolen und lähmend-langweiliger Reden ihrer unbegabten Führungsriege.

Auf dem Höhepunkt der ökonomischen und ideologischen Krise ihrer Herrschaft avancierte das Wort »Dialog« überraschend zu einem politisch-strategischen Zauberwort, mit dem die SED ihre brüchig gewordene Macht in die neue Zeit hinüberzuretten und sich eine Legitimation zu schaffen trachtete. Mit dem Dialogangebot hatte sie ihren Anspruch auf das Wahrheits- und Führungsmonopol praktisch aufgegeben.

Der Dialog suchte sich Formen in großen Foren (in Kirchen, Sälen und auf den Straßen). Bevor der zentrale Runde Tisch am 7. Dezember 1989 in Berlin/Hauptstadt der DDR tagte, hatten sich überall im Land parallele Strukturen der Verantwortung aufgebaut, die auf die Vorbereitung demokratischer, freier Wahlen zielten.

Dieser Prozeß schuf eine Entlastung und bot eine Perspektive für die Transformation in eine parlamentarische Demokratie. Diese zivilisierte Gestalt einer Revolution, die zwar friedlich, aber nicht konfliktlos ablief, blieb bis zum Schluß gefährdet. Daß der gesellschaftliche Umbruch gelang und eine gewaltig-gewaltlose Umwälzung zustande kam, bleibt letztlich etwas »Wunderbares« und ist a l l e n Beteiligten zu verdanken.

Die »Konterrevolution« kam eben ganz anders, als es die Lehrbücher der kommunistischen Ideologie vorsahen: auf leisen Sohlen, mit Kerzen und Gebeten, Thesenpapieren und Dialogangeboten. Die einst Mächtigen wurden noch ernst genommen; aber sie waren entzaubert und ließen sich entzaubern, ja sie suchten sich auf eine Ebene mit dem »Volk« zu stellen, das sie als Avantgarde anzuführen bis dahin sich angemaßt hatten.

Das stummgemachte, lange gebückte und gedrückte Volk schloß sich kurzzeitig den kleinen widerständigen Gruppen an, die »die Kohlen aus dem Feuer« holten. Als es nicht mehr so »heiß« war, wählte eben dieses Volk ihre (idealistischen und hochmoralisch agierenden) Sprecher kurzerhand ab und suchte das wirtschaftliche und politische Heil in dem Gesellschaftsmodell, das die meisten bis dahin lediglich via »Fernsehen« wahrnehmen konnten. Und die Repräsentanten der alten Bundesrepublik fühlten sich voll bestätigt, verweigerten im Vereinigungsprozeß jegliche Veränderung ihrer Gesellschaft und halten bis heute alle Erfahrungen aus der DDR – einschließlich des Herbstes 89 – faktisch für überflüssig.

Die Kirchen setzten die Wort-Macht gegen die Macht-Worte und hatten als einzige dem unmittelbaren staatlichen Zugriff entzogene Institutionen jahrzehntelang in der DDR öffentlich tabuisierte gesellschaftliche Probleme thematisiert und über ihre Leitungen die zuständigen staatlichen Stellen um Gespräche gebeten. (Der SED-Staat nannte die Kontakte »vertrauensvoll« – dabei waren sie angstvoll und abgeschottet. Diese Charakteristik ist ein weiterwirkender Schaden für unsere Sprache und die nachhaltige Besudelung von Worten.) Die Übermittlung der entsprechenden Botschaften an das immer kirchenfernere DDR-Volk durch Westmedien beschränkte sich im wesentlichen auf politische Kernsätze.

Auf der Synode der Kirchenprovinz Sachsen 1981 hieß es:

»Wir verstehen, bejahen und vertreten das Sicherheitsinteresse unseres Staats. Wir müssen aber unsere Besorgnis darüber aussprechen, daß das Militärische in wachsendem Maße unser ganzes gesellschaftliches Leben durchdringt: von Militärparaden bis zum Kindergarten, ... von Kriegsspielzeug der Kinder bis zu Übungen der Zivilverteidigung.

Wir treten ein für Reduzierung der SS-20-Raketen, für Abbau der zahlenmäßigen Panzerüberlegenheit.«

Der erste Satz wurde in der westlichen Berichterstattung weggelassen. Bei Mielke läuteten damals die Alarmglocken.

Der Synodalausschuß »Kirche und Gesellschaft« und von der Kirche benannte Experten führten mit den entsprechenden Gremien des Rates des Bezirkes und deren Experten (aus Morsleben und Stendal) – in paritätischer Besetzung – erste Sachgespräche nach der Katastrophe von Tschernobyl im Herbst 1986. Die Kirchen und die Gruppen machten gemeinsam mobil gegen die Atomenergieprojekte in der DDR, insbesondere in Stendal.

Dies waren erste »Runde Tische«, wenngleich noch im Verborgenen, weil erstmalig der Vorrang der Sachfrage zu einem Verzicht auf (symbolische) Machtdemonstration geführt hatte.

Als die Kirchen Ende April 1989 die zwölf Abschlußpapiere der Ökumenischen Versammlung in Dresden verabschiedet hatten (insbesondere Text 3 »Mehr Gerechtigkeit in der DDR«), vermutete die SED-Führung dahinter ein konterrevolutionäres Konzept.

Der Konsultations- und Diskussionsprozeß für diese Ökumenische Versammlung bildete das Rückgrat für die spätere revolutionäre Erhebung in der DDR und deren substantielle Ausfüllung sowie für die Fähigkeit, Diskussions- und Entscheidungsprozesse demokratisch zu organisieren.

Die Versuche des Staates und seiner Sicherheitsorgane, die Kirchenleitungen und die widerständigen Gruppen auseinanderzudividieren, hielten bis zum Ende der DDR an. Sie hatten trotz der eingeschleusten inoffiziellen Mitarbeiter keinen durchschlagenden Erfolg.

Als Bischof Hempel im April 1989 eine abends an ihn ergangene staatliche Drohung am nächsten Morgen öffentlich machte, hatte dies in der Ökumenischen Versammlung den – im SED-Sinne – gegenteiligen Effekt. Schließlich akzeptierten auch die Kirchen die Beschlußpapiere der Ökumenischen Versammlung, die wesentlich aus den Basisgruppen gekommen waren. Im Herbst 1989 legten die Kirchen ihre Petitionshaltung gegenüber dem Staat ab und erhoben erstmals direkte Forderungen.

In den 20 Wittenberger Thesen vom Juni 1988 hatten wir in These 10 bereits formuliert:

»Weil nur eine lebendige Kultur des Streits um die Wahrheit und um den besten Weg des menschlichen Miteinanders zu einer humanen, gerechten und überlebensfähigen Welt führen, halten wir es für erforderlich, daß die Kommunisten auf das mit Macht ausgeübte Wahrheitsmonopol und auf den prinzipiellen gesellschaftlichen Überlegenheitsanspruch verzichten.«

Dies war die erste öffentliche Forderung nach Streichung des Artikels 1 der DDR-Verfassung, und die Verfasser kamen ins besondere Visier der Stasi. Diesen Satz nämlich hatte die Tagesschau zitiert!

Das Konfliktreglement, auf das sich die evangelischen Kirchen in einer damals wie heute nicht unstrittigen Weise eingelassen hatten, war eine der Voraussetzungen dafür, daß die Vertreter der Staats- und Parteiführung die Vertreter der Kirchen als Makler betrachteten, die zwischen sogenannten radikalen Gruppen, den aufgebrachten Volksmassen und einem auf Zuschlagen getrimmten Machtapparat des DDR-Staates vermitteln konnten.

Menschen, die jahrelang in Friedens-, Umwelt-, Menschenrechts- oder Frauengruppen aktiv gewesen waren (heute »Bürgerrechtler« genannt), wurden zu Organisatoren und Sprechern der plötzlichen Volkserhebung und offizielle »Kirchenvertreter« aller Ebenen zu allseits akzeptierten Moderatoren der sich bald spontan überall bildenden Runden Tische, die die Gesprächsforen zum Teil ablösten und zum Teil weiter begleiteten.

Die Einrichtung Runder Tische verdanken wir Ostdeutschen der politischen Kreativität, dem Mut und der Entschlossenheit der polnischen Dissidenten, die damit im Februar 1989 den Durchbruch geschafft hatten. In der DDR entwickelten sich Vorformen in den Sonntagsdiskussionen rund um den Leipziger Karl-Marx-Platz, als Kurt Masur die Menschen im buchstäblichen Sinne dirigierte und in das große Haus am Platz einlud. Es war die Vielstimmigkeit des Volkes, die dort zu Dissonanzen und zum Einklang gelangte.

Die Runden Tische trugen dazu bei, ein drohendes Chaos zu verhindern und die Zuversicht zu vermitteln, daß den Worten Taten folgen konnten und es einen gangbaren Weg gibt, der politisch und ökonomisch aus der Sackgasse herausführt. Sie wurden zu einer Schule der Demokratie in der Situation eines dramatischen Übergangs mit offenem Ausgang. Aber sie konnten die parlamentarische Demokratie nicht ersetzen, weil sie Defizite an Legitimation, Verbindlichkeit und geregeltem Entscheidungsverfahrensablauf aufweisen.

Der Runde Tisch bündelte eine lange nicht abgerufene politische Gestaltungsenergie, die ihren Ausdruck in hoher Politisierung der Bevölkerung fand. Die Menschen warteten auf etwas substantiell Neues und sahen den zentralen Runden Tisch als Beitrag zur eigenen Meinungsbildung in einer Zeit extremer Orientierungsunsicherheit an. (Dafür sprechen die hohen Einschaltquoten bei der [Direkt-]Übertragung seiner Sitzungen seit 7. Dezember 1989 aus Berlin.)

Der Runde Tisch repräsentierte zu Beginn die Breite der Problemlagen und Interessen. Er wandte sich unmittelbar der Fülle der zu lösenden Sachprobleme und den zentralen Fragen der gesellschaftlichen Zukunft zu. Besondere Merkmale waren Besonnenheit und Beharrlichkeit. Dazu bedurfte es Moderatoren, die darauf verzichten mußten, selbst Partei zu werden, aber Autorität über ideologische und politische Grenzen sowie über Lobbyinteressen hinweg besaßen. Angst vor unberechenbaren Gewaltentladungen und allgemeine Orientierungsunsicherheit mündeten in die Suche nach zivilisierten Klärungen, die dem jeweiligen Gegner die Lebensmöglichkeit ließen.

Die Ereignisse überschlugen sich. Die Macht der SED erodierte. Die ökonomische Lage spitzte sich dramatisch zu. Jeden Tag mußte man sich eine Meinung zu den stündlichen Veränderungen bilden. »Sich-Positionieren« sagte man mit einem neuen Unwort.

Manchem wurde sicher erst allmählich klar, wie er wirklich dachte, nachdem das gemeinsame DAGEGEN eine Übereinstimmung im DAFÜR suggeriert hatte.

Die Zustimmung zu den Runden Tischen war ein geschickter Schachzug der alten Machteliten mit – ideologisch untermauerten – Machtinstinkten. An ihnen vollzog sich eine gewaltlose Form der Machtübergabe: als mehrstufige Transformation von einer Diktatur in eine Demokratie. Die Schonung der persönlichen Integrität einstiger Funktionsträger gehörte zu den (unausgesprochenen) Verabredungen. Dieser zivile Weg wurde fortan kaum honoriert, da eine juristische Aufrechnung mit zweifelhafter Rechtsbasis und unbefriedigendem Ergebnis folgte. Was ist in einem System organisierter Verantwortungslosigkeit persönlich zuzurechnen? Wer im Politbüro hatte Handlungsfreiheit außer dem Generalsekretär? Die Schuld unterlassener Hilfeleistung blieb, juristisch zwar schwer faßbar, politisch und moralisch nichtsdestoweniger groß.

Die Vorsichtigkeit und Nervosität der Kirchen und Oppositionsgruppen, sogar noch nach dem 9. November 1989, war auf die Unberechenbarkeit einer noch immer zuschlagfähigen Staatsmacht zurückzuführen, der eine tief innewohnende Angst vor »der Konterrevolution« eigen war und die stets alles für illegal erklärt hatte, was sich nicht in den Block der Partei begab. Dafür hatte sie sich ein äußerst repressives

Strafgesetzbuch geschaffen, das nach 1975 (KSZE-Schlußakte mit Korb 3 »Menschenrechte«) mehrfach verschärft worden war.

Der Runde Tisch repräsentierte in einer kurzen Übergangszeit das Volk als Ganzes, das bis dahin keine andere Stimme gefunden hatte. Seine Protagonisten fühlten sich als »Abgesandte« des Volkes, aber ihre Entwürfe, Wertvorstellungen und Demokratiekonzepte waren nicht mehrheitsfähig. Das Wahlergebnis vom 18. März 1990 war niederschmetternd für alle, die zwar im Dissens zum SED-Regime gelebt hatten aber nicht einfach in die bundesdeutsche Gesellschaft wechseln wollten.

Die prozentual winzigen Bürgerrechtsgruppen waren und bleiben schlechtes Gewissen einer angepaßten Bevölkerung. Als das Volk sich für die (West-)Parteien entschied, verschwand der Runde Tisch und mit ihm ein Moment politischer Unmittelbarkeit. Auch eine friedliche Revolution hat ihren Preis.

## Zur Funktion des Runden Tisches im Übergang von der Diktatur zur Demokratie

Der Runde Tisch war der symbolisch verstärkte reale Wunsch, eine nicht-hierarchische Sachdiskussion zu führen, in der Machtfragen zurückgestellt werden, an der die alten Machthaber zunächst jedoch gleichberechtigt sind. Punktuell erlaubte er eine Konzentration auf wesentliche Problemlagen, eben weil Machtfragen kurzzeitig nicht das wichtigste waren.

Der Runde Tisch ist eine herausragende Innovationsleistung der Zivilgesellschaft: Er ist ein Instrument, die Demokratieabstinenz und das Ohnmachtsgefühl der Bürgerinnen und Bürger zu vermindern. Er erlaubt einerseits spontane Mitwirkung, beruht andererseits auf Zufälligkeiten und Beziehungen. Er lebt vom hohen Grad der Politisierung der Gesellschaft in einem unauflösbar erscheinenden Problemstau. Dies ist seine Chance und Grenze zugleich.

Der Runde Tisch kommt mit einem Mindestmaß von Geschäftsordnung aus; er kann nur funktionieren, weil er von vornherein auf eine vorübergehende Zeit angelegt ist.

Er ist manipulierbarer als jedes Parlament, weil die (populistische) Rhetorik einzelner zum Autoritären ausarten kann, weil Privatinteressen unkontrollierbarer verfolgt werden können und weil es zu wenige geregelte Entscheidungsabläufe mittels einer Geschäftsordnung gibt.

Seine Chance ist, daß er als dezentrale Einrichtung in der parlamentarischen Demokratie sehr viel flexibler und schneller als ein Parlament auf Problemstellungen, Festgefahrenes und aktuell Brennendes reagiert. Er kann Politikern neue Einsichten in schwer lösbare Sachverhalte und Konfliktlagen vermitteln. Auf Dauer aber ist er die Bühne von Populisten und Demagogen, die »Geschäftsordnungen« als Fesseln ihrer Machtgelüste empfinden.

Der Runde Tisch wird zum Marktplatz der Illusionen, wenn man meint, hier würden Bürger auf Dauer nur sachbezogen miteinander streiten. Im übrigen kann er weder über Geld verfügen noch rechtlich verbindlich etwas beschließen.

## Der Verfassungsentwurf des Runden Tisches und die innere Verfassung der vereinigten Republik

Der Fortgang der Geschichte überholte den Fortgang der Gedanken. So war es eine Ironie im Vereinigungsjahr 1990, daß die Arbeitsgruppe »Neue Verfassung der DDR« des Runden Tisches erst nach den Volkskammerwahlen vom 18. März ihren Entwurf vorlegen konnte. Zu diesem Zeitpunkt war die Mehrheit schon längst damit beschäftigt, den Anschluß an die Bundesrepublik und ihren eigenen erfolgreichen Weg zu organisieren.

In der Bundesrepublik aber hatten sich die politischen Parteien fest etabliert und teilten sich je nach den Wahlergebnissen die politische Macht für vier oder fünf Jahre. Diese Arbeitsteilung zwischen Volk und gewählten Repräsentanten ist mitverantwortlich für die Unlust vieler Bürger, sich in politische Entscheidungsprozesse zwischen den Wahlterminen einzumischen.

Insofern ist die Frage nach dem Runden Tisch im Kern die Frage nach der Beteiligungsdemokratie bzw. nach dem Verhältnis zwischen permanenter und parlamentarischer, zwischen unmittelbarer und repräsentativer Demokratie.

Im Artikel 21 jenes Verfassungsentwurfes aus der kurzen Freiheitsphase der DDR heißt es: »Jeder Bürger hat das gleiche Recht auf politische Mitgestaltung. Die Verfassung und die Gesetze gestalten aus, wie das Recht unmittelbar oder durch freigewählte Vertreter ausgeübt wird.« Und Artikel 21, Abs. 5: »Jeder hat das Recht, sich einzeln und in Gemeinschaft mit anderen mit Anregung, Kritik und Beschwerde an jede staatliche Stelle zu wenden. Es besteht Anspruch auf Gehör und begründeten Bescheid in angemessener Frist.«

Politische Mitgestaltung ist eines der Grundrechte, das unmittelbar oder über die freigewählten Vertreter ausgeübt werden kann; das Petitionswesen bezieht sich nicht zuerst auf (persönliche) Beschwerden, sondern zunächst auf Anregung und Kritik, mit denen sich jeder Bürger an jede staatliche Stelle wenden kann und Anspruch darauf hat, Gehör und begründeten Bescheid zu bekommen. Diese Ermunterung zu politischer Mitverantwortung ist aus der lähmenden Erfahrung der Verbürokratisierung und der Reduktion der politischen Mitwirkung auf das Eingabewesen in der DDR erwachsen. Dieses Eingabewesen war auf persönliche Anliegen beschränkt und wurde in der Art absolutistischer Herrscher von »oben«, bis hin zum Staatsratsvorsitzenden, nach Gutdünken beschieden.

Im Artikel 35, Abs. 1, heißt es: »Vereinigungen, die sich öffentlichen Aufgaben widmen und dabei auf die öffentliche Meinungsbildung einwirken (Bürgerbewegungen), genießen als Träger freier gesellschaftlicher Gestaltung, Kritik und Kontrolle den besonderen Schutz der Verfassung.«

Bevor die Parteien genannt werden, wird die öffentliche Meinungsbildung erwähnt, die sich in Bürgerbewegungen sammeln kann. Sie werden zu Trägern freier gesellschaftlicher Gestaltung. Dies intendiert permanente Demokratie und ist eine Einladung an die Bürgerinnen und Bürger mitzuwirken – mit der Aussicht, auch Wirkungen zu sehen.

Im Artikel 37 wird sodann festgeschrieben: »Die Freiheit der Parteien, gleichberechtigt an der politischen Willensbildung in der Gesellschaft mitzuwirken, ist gewährleistet.«

Das Recht der Parteien mitzuwirken, wird gewährleistet, aber *gleich-berechtigt* neben anderen Zusammenschlüssen (Assoziationen) in der Zivilgesellschaft. Die Verfassung des Runden Tisches ist insofern eine Verfassung, die strukturell zum Ziel hat, daß die Bürger des Gemeinwesens sich auf vielfältige Weise der Gestaltung des eigenen Gemeinwesens zuwenden und dies nicht einfach an Gewählte in Wahlperioden delegieren. Natürlich nimmt auch dieser Verfassungsentwurf zur Kenntnis, daß man institutionelle Regularien braucht und Spontandemokratie zur sachgerechten Gestaltung einer komplexen Gesellschaft nicht ausreicht.

Dieser Verfassungsentwurf verfehlte seinen parlamentarischen Start und blieb angesichts des Königswegs deutscher Einheit nach Artikel 23 des Grundgesetzes politische Makulatur.

Der Versuch, die Ideen des Runden Tisches und seine zivilgesellschaftliche Unmittelbarkeit von Mitbestimmung durch ein gesamtdeutsches Kuratorium für eine neue Verfassung gemäß Artikel 146 Grundgesetz hinüberzuretten, scheiterte an der Dominanz der Parteiendemokratie, den damals herrschenden Mehrheitsverhältnissen im Bundestag und dessen Abstimmungsprozeduren.

Die Chance eines breiten Diskussions- und Abstimmungsprozesses zur Aneignung des Grundgesetzes durch die Deutschen mit Ost- oder Westbiographien wurde somit verpaßt. Dies ist ein Grund für andauernde Politikverdrossenheit. Das politische Ohnmachtsgefühl vieler Bürger und Bürgerinnen beruht auf der Reduktion ihrer Mitbestimmung auf bloße Abstimmung über Zahlenverhältnisse in Parlamenten und führt zu einer (unangemessenen!) Verklärung basisdemokratischer Prozeduren. Der damit verbundene Autoritätsverlust der parlamentarischen Demokratie gefährdet deren Lebens- und Lösungskraft.

## Tauglichkeit des Runden Tisches für die Demokratie

Der Runde Tisch bleibt eine politische Innovationsleistung, die dem Freiheitswillen der Völker Europas Ausdruck gibt. Er hat sich als Form der friedlichen und gleitenden Machtübergabe erwiesen. Er hat geholfen, Gewalt zu verhindern und geholfen, ein Macht-Vakuum und damit bedrohliches Chaos zu verhindern. Er war gleichzeitig Ausdruck eines Entfeindungsprozesses zwischen den Mächtigen und den lang Unterworfenen, als auch mit den zu Zustimmungs- und Jubelmassen gemachten »Werktätigen«.

Das Abdanken bekam eine zivile Form unter dem ausgesprochenen und unausgesprochenen Imperativ: »Dankt ab, aber hinterlaßt keinen Scherbenhaufen. Wir, die wir die Demokratie wollen, werden euch Recht und nicht Rache widerfahren lassen.«

Insofern ist der Runde Tisch ein Instrument der Versöhnung im Augenblick lebensgefährlicher Zuspitzung des Konflikts. Weil es den Runden Tisch gab, wurde der reine Tisch vermieden.

Der Runde Tisch ist eine basisdemokratische Institution für den friedlichen Übergang von einer Diktatur in die Demokratie, ein Instrument geordneter Machtübergabe, bei Schonung der bisherigen Machthaber, zur Vorbereitung der Lösung angestauter Probleme und zur Vorbereitung auf die Demokratie, allerdings unter Ausnutzung der institutionellen Rahmen, die die Diktatur bot und die die kommunistische Herrschaft zur Sicherung des normalen Lebensablaufes bereitstellte. Insofern half er zur Transformation der Institutionen und der Träger jener Institutionen sowie deren gleitender Ablösung und Übergabe an eine Opposition, die sich auf die Machtübernahme logistisch, konzeptionell und personell so gut wie gar nicht vorbereiten konnte, weil Opposition in den kommunistischen Ländern seit 1927 nicht als Begriff demokratischer Normalität, sondern als Begriff des Strafgesetzbuches gehandelt wurde.

Der Runde Tisch taugt für den Übergang und kann das parlamentarische Prozedere nicht ersetzen; aber er kann in einer innerlich gefestigten parlamentarischen Demokratie Instrument zum Aufbrechen festgefahrener Parteistrukturen, Lobbyinteressen und angestauter, mit den Regularien des Rechtes allein nicht zu lösender Probleme führen. Er kann zu einzelnen Problem- und Konfliktlagen die Mitverantwortlichkeit und die *Mitverantwortungsbereitschaft* der gesellschaftlichen Öffentlichkeit abrufen und produktiv machen. (Man denke an ungelöste Probleme mit Jugendlichen, die sich als »rechts« verstehen und gewalttätig agieren oder an das provozierende Verhalten von Jugendlichen, die sich als Verlorene unserer Gesellschaft empfinden und nun buchstäblich auf diese Gesellschaft und ihre öffentlichen Räume »pfeifen.«)

Der Runde Tisch ist antiautoritär. Er hat kein Oben und Unten, kein Vorn und Hinten, sondern sucht und findet die gemeinsame Mitte.

Er repräsentiert die Vielfalt der Meinungen, ohne ihre Relevanz sogleich unter quantitativen Gesichtspunkten zu bewerten. Das Gewicht einer Meinung wird nicht durch Mehrheit oder Minderheit bestimmt, sondern durch das Gewicht, die Gewichtigkeit und Überzeugungskraft des vorgebrachten Arguments. Insofern bleibt er eine offene Frage für eine sich verfestigende Parteiendemokratie.

Der Runde Tisch agierte vor zehn Jahren in einer konkreten Situation und auf eine konkrete Situation hin. Er konzentriert sich auf das zu lösende Problem. Der einzelne Teilnehmer am Runden Tisch kann sich nicht hinter einer Mehrheit verstecken, die er hinter sich hat, sondern muß sich selbst mit seiner Kompetenz und Überzeugungsfähigkeit bewähren.

*Runde* Tische braucht die Demokratie – statt der *Stamm*tische in den Lokalen, wo die Welt einfach wird, und statt der *Couch*tische vor dem häuslichen Fernseher, wo die Zuschauerdemokratie Illusionen und Ressentiments nährt.

Zuschauerdemokratie und mediale Aufheizung kann nur der »Runde Tisch« vermeiden. Das ist und bleibt eine Funktion Runder Tische heute.

Am Stammtisch ist alles zu einfach, am »Runden Tisch« ist zu vieles unverbindlich, an den Parlamentstischen zu vieles zuvor festgelegt. Vereinfachung, Zuschauen und mediale, meist personalisierte Aufheizung von Problemlagen zu vermeiden, ist Aufgabe Runder Tische.

An ihnen kann die Kommunikation zwischen Volkes Stimme, Experten und parlamentarisch Gewählten stattfinden. Er eröffnet die Chance, Demokratie dort wieder lebendiger zu machen, wo sie festgefahren erscheint, ihre Akzeptanz zu stärken und das Vertrauen in die Problemlösungskompetenz der Politik und der politisch Handelnden zurückzugewinnen.

Hans-Dietrich Genscher zitiert immer wieder den Satz: »Nichts wird ohne die Menschen. Nichts bleibt ohne die Institutionen.«

Der Runde Tisch steht zwischen diesen beiden Sätzen.

## Wem die Macht schmeckt

### Eine Meditation auf den Rathausstufen zehn Jahre nach dem demokratischen Aufbruch

Immer, wenn es in einem Land einen Machtwechsel gibt, kommt eine Krise auf – eine Legitimationskrise, zumal dann, wenn ein charismatischer Führer oder ein Landesvater mit Autorität stirbt, kommen die Diadochenkämpfe, Autoritäts- und Ablösungskonflikte.

Gideon, der das Volk Israels aus der Hand der Midianiter errettet hatte, ist tot. Seine Autorität beruhte auf seiner Führungskraft; aber er hatte es abgelehnt, Herrscher über das Volk zu sein und auch gesagt, daß sein Sohn nicht Herrscher sein sollte. Er fürchtete göttliche Usurpation, wenn einer König würde über das Volk, statt daß Gott »König« bleibt, es also einen Vorbehalt von Macht gibt für alle die, die auf Erden Macht haben.

Nun aber hat Gideon siebzig Söhne hinterlassen; sie sollen sich die Macht teilen. Da kommen Angst und Chaos auf. Dies nutzt ein starker Mann, ein Gideonbastard. Er zieht im Hintergrund die Fäden. Er hetzt, er dingt sich Mörder und tötet alle seine Halbbrüder. Kein Konkurrent soll mehr leben. Das Gedächtnis an Gideon soll ausgelöscht sein. Die Gewalt imponiert. Nach dem Mord machen die Massen sich ihn zum König. Es ist die Machtfaszination und Machtangst zugleich.

Aber Jotham war übrig geblieben. Er hatte sich während des Mordens versteckt gehalten. Und er spricht nun auf dem

Gipfel des Berges Garizim, von dem man damals meinte, er sei die Mitte der Erdscheibe. Er redet zum Volk in einem Gleichnis. Dies heißt seither »Jothams-Fabel« und gehört zum ältesten überlieferten Schriftgut der Bibel.

### Jothams-Fabel

*Als das dem Jotham angesagt wurde, ging er hin und stellte sich auf den Gipfel des Berges Garizim, erhob seine Stimme, rief und sprach zu ihnen:*
*Höret mich, ihr Männer von Sichem, daß euch Gott auch höre:*

*Die Bäume gingen hin, um einen König über sich zu salben, und sprachen zum Ölbaum: sei unser König!*
*Aber der Ölbaum antwortete ihnen:*
*Soll ich meine Fettigkeit lassen, die Götter und Menschen an mir preisen,*
*und hingehen, über den Bäumen zu schweben?*
*Da sprachen die Bäume zum Feigenbaum:*
*Komm du und sei unser König!*
*Aber der Feigenbaum sprach zu ihnen:*
*Soll ich meine Süßigkeit und meine gute Frucht lassen*
*und hingehen, über den Bäumen zu schweben?*
*Da sprachen die Bäume zum Weinstock:*
*Komm du und sei unser König!*
*Aber der Weinstock sprach zu ihnen:*
*Soll ich meinen Wein lassen, der Götter und Menschen fröhlich macht,*
*und hingehen, über den Bäumen zu schweben?*

*Da sprachen alle Bäume zum Dornbusch:*
*Komm du und sei unser König!*

*Und der Dornbusch sprach zu den Bäumen:*
*Ist's wahr, daß ihr mich zum König über euch salben wollt, so kommt und bergt euch in meinem Schatten; wenn nicht, so gehe Feuer vom Dornbusch aus und verzehre die Zedern Libanons.*
(Richter 9.7 – 15)

Die Bäume wollen also einen König salben und fragen alle die, die für das Gemeinwesen etwas leisten, die etwas Sinnvolles getan haben. Sie fragen den Ölbaum. Er aber verweist auf seine Unentbehrlichkeit, denn er kann nicht mehr Öl liefern, wenn er Macht ausüben muß. Die Macht braucht dann alle Kraft. Öl, das ist die Fettigkeit für die ausgetrocknete Haut und unentbehrlich für die Zubereitung der Speisen.

Nun wird der Feigenbaum gefragt. Und er antwortet: Ich trage Früchte, die Feigen. Ich gebe das Süße, das Genüßliche und die Kraft, das Bestärkende. Der Feigenbaum will darauf nicht verzichten und will nicht die Macht.

Und dann fragen sie den Weinstock: Komm, sei du unser König! Und der Weinstock fürchtet auch, daß er seinen Wein lassen muß, der Götter und Menschen fröhlich macht. Soll denn die Fröhlichkeit ausgehen, bloß weil einer die Macht haben wird, der doch ursprünglich für Fröhlichkeit zuständig ist?

Macht und entspannte Fröhlichkeit passen nicht zusammen.

Und schließlich sprechen alle Bäume zum Dornbusch: Komm, sei du unser König! Der Dornbusch antwortet barsch. Da haben sie den Richtigen gefunden. Der, der keine Frucht bringt, der, der stachlig ist, der, der verachtet wird, der, der nicht nur Stacheln hat, sondern alles überwuchert und seine Stachligkeit gegen andere wendet. Der Fruchtlose ist auch der Ruchlose. Er nimmt die Macht und droht mit der Macht.

Auf Dauer werden die Nachdenklichen nicht geliebt, sondern erst bemitleidet, dann belächelt und schließlich verachtet. Denken wir an die Olivenbaumallianz in Italien unter Prodi, an die samtene Revolution in Prag unter Havel, an die Nelkenrevolution in Portugal, an Allende in Chile, an Perez in Israel, an Hyaobang, den sanften Parteiführer in China, im Juni 1989. Und denken wir andererseits an Pinochet, an die »heilige Familie« Jelzin, an Meciar in der Slowakei, an Gamsachurdia in Georgien, an Kabila im Kongo, an Mugabe in Simbabwe:

Sie alle wissen sich in Szene zu setzen und nutzen die Gesetze der Macht. Sie sind im tiefsten Volksverächter und Machtzyniker. Machiavelli hat aufgeschrieben, was er von Machthabern denkt, wie die Macht schmeckt, wem die Macht schmeckt und wie man sich die Macht erhält.

»Es ist eine alte Streitfrage, ob es besser ist, mehr geliebt als gefürchtet zu werden. Meine Antwort ist, beides miteinander zu verbinden. So ist es viel sicherer, gefürchtet als geliebt zu werden. Denn man kann ganz allgemein von den Menschen sagen, daß sie undankbar, wankelmütig, heuchlerisch, feig in Gefahren und gewinnsüchtig sind.

Ich wage zu behaupten, daß es sehr nachteilig ist, stets redlich zu sein: aber fromm, treu, menschlich, gottesfürchtig, redlich zu *scheinen* ist sehr nützlich.

Kein Staat glaube jemals mit Sicherheit auf etwas bauen zu können, sondern rechne stets mit der Ungewissheit aller Dinge. Die Welt ist nun einmal so beschaffen, daß man stets, wenn man aus einer Verwicklung glücklich herauskommt, sofort in die nächste hineingerät. Die Klugheit besteht darin, unter ihnen die richtige Wahl zu treffen und die geringste auszusuchen. Auch ist ein Sieg selten so vollständig, daß der Sieger nicht allerlei Rücksichten nehmen müßte, insbesondere auf die Gerechtigkeit.« (Machiavelli, Der Fürst)

Ist dies nun unser Schicksal oder können auch diejenigen Verantwortung übernehmen, die in der Lage sind, Sinnvolles zu leisten, um dann wieder ohne Scham und ohne Schwierigkeiten in ihre Berufe zurückzukehren?

Ich erinnere mich gut, wie es auf den Stufen des Rathauses im Herbst 1989 war: es ging um die De-Legitimierung der Machthaber, nicht um deren Liquidierung. Und manche fordern nachträglich, wir hätten sie liquidieren können und sollen; dann wäre die Revolution entlastender verlaufen. Wir bräuchten keine langwierige »Aufarbeitung« und keine langen, quälenden Prozesse mit unbefriedigendem Ausgang. Der »kurze Prozeß« hätte uns vieles erspart ...

Wirklich? Wären es nicht Sündenböcke gewesen? Und wer war nicht verwickelt ins totalitäre System? Schließlich: hätte man nicht wiederum falsche Märtyrer geschaffen?

Wie sollte nun aber die neue Macht – als wahrgenommene Verantwortung – legitimiert werden? Etwa per Volksakklamation? Das hätte man gern, statt mühselig wählen zu gehen und sich mit Parteiprogrammen auseinanderzusetzen! Lieber neue Führer auswählen, auf die man alle Hoffnung richten und auch alle Verantwortung schieben kann ...

Die Menschen kamen hier zusammen und sagten, wer »es nicht mehr machen« sollte. Wer aber sollte es nun machen? Wer sollte Macher oder Machthaber werden – und dabei verantwortlich bleiben! Ein Mann oder eine Frau aus dem Volk, eine Person des Volkes und für das Volk! Viele hatten Angst, daß die Macht sie selbst verändert. Andere blieben, als sie Macht hatten, so, wie sie vorher waren, und wurden und werden nacheinander weggeschubst, weggewählt oder bösartig weggeschrieben.

Hier warteten die Menschenmassen vor 10 Jahren. Wir kamen aus den Kirchen. Viele verzichteten von vornherein auf solche »innere Vorbereitung«. Wir kamen von den Stufen des Altars zu den Stufen des Rathauses. Da nimmt man etwas mit: prophetische Wahrheit, menschliches Mitgefühl und strikte Forderung nach Gewaltlosigkeit.

Bald gab es im Rathaus den »Runden Tisch« als Übergangslösung. Es folgte das geordnete Chaos. Viele »Ehemalige« krochen irgendwo unter. Alle sollten leben können! Das war das Besondere dieser friedlichen Revolution, auch in Wittenberg. Die »Aufrührer« wurden nicht zu Mördern, sondern blieben gewaltig-gewaltlos. Die Zeitungen der verflossenen Macht beklagten sich indes über Wachstropfen von den Kerzen auf dem Pflaster. Und die Wachstropfen waren es doch, die daran hinderten, daß es Blutstropfen wurden! Hier, auf diesen Stufen, standen die Machthaber, die so lange auf den hohen Tribünen gestanden und gewunken hatten, nun mit dem Gesicht zum Volke, nicht mehr »von oben herab«. Es gab keine Selbstbestätigungsrituale mehr, sondern Selbstbefragung. Es gab keine »Befragungen« in verschlossen Räumen der Angst mehr, sondern eine auf offener Bühne. Und sie kamen zum Teil gar noch in ihren Uniformen, den Insignien ihrer Macht. Und die Rede war hart. Und die Rede war bitter. Und die Rede war scharf. Aber es blieb bei der Rede. Es war der offene Streit, und es blieb das Bemühen, einander leben zu lassen.

Dann kamen bald die Wahlveranstaltungen. Und »das Volk« kam nicht mehr, sondern nur noch die Anhänger der jeweiligen Parteien, um sich selber zu beklatschen. Die Neugier und der Wille zum Mitmachen erloschen.

Nie wieder gab es solche unmittelbaren Begegnungen wie zu jener Zeit im Herbst 1989 – ein Sich-Erklären, Fragen und Antworten. Jetzt gibt es Wahlveranstaltungen als Selbstpreisung und Selbstanpreisung. Wahlwerbung, der Warenwerbung so zum Verwechseln ähnlich.

Wieder und wieder verlangen Menschen nach einen starken Mann und wissen nicht, was »der Starke« dann mit ihnen macht.

Demokratie lebt davon, daß Menschen, die auch im normalen Leben etwas leisten können, auf Zeit Verantwortung für das Ganze übernehmen. Was sich »im einzelnen« schon bewährt hat, soll »fürs Ganze« – auf Zeit – sich bewähren. Macht ist nicht für sich gut oder böse, sondern wird das, was derjenige daraus macht, der die Macht bekommt. Man kann Früchte für andere bringen und davon selber »etwas haben«: Bestätigung, Genugtuung, Gestaltungsfreude. Verliebtsein ins Gelingen.

Also: ihr Ölbäume und Feigenbäume und Weinstöcke! Keiner soll sich zu schade sein, an der Wahrnehmung von Verantwortung im Gemeinwesen teilzuhaben; sonst brauchen wir uns nicht zu beklagen, daß wieder Dornsträucher über uns kommen und dann auch noch frech triumphieren.

*Was soll bloß aus uns werden*
*Uns droht so große Not*
*Vom Himmel auf die Erden*
*Fall'n sich die Engel tot.*

So dichtete einst Wolf Biermann. Aber die Engel stehen immer wieder auf, nicht mit flammendem Schwert stehen sie vor uns, sondern mit dem sanften Flügelschlag berühren sie uns. Was bleibt uns anderes übrig, als darauf zu vertrauen?

Denken wir an Abimelech und den Dornstrauch. Als Warnung und Ermunterung. Freiheit braucht gute Köche, nicht bloß hungrige Esser.

# Moralischer Hochmut kommt vor dem Fall

Eine »geistig-moralische Wende« wurde 1982 großspurig versprochen. Der spätere »Kanzler der Einheit« identifizierte mit den Jahren Partei und Staat mehr und mehr mit seiner eigenen Person. Was für seine Macht gut war, war für das Land gut. 1992 erklärte er: »Es darf niemanden geben, der sich anmaßt, für sich selbst rechtsfreie Räume zu beanspruchen.« Ist Helmut Kohl nun dieser anmaßende Jemand geworden, der sich die Freiheit nimmt, über Recht und Gesetz zu stehen und möglicherweise von weiteren staatsanwaltlichen Ermittlungen verschont bleiben wird?

Die Enthüllungen über schmutzige Geld-Quellen für eine große demokratische Volkspartei, über die Korrumpierbarkeit und Bestechlichkeit höchster Repräsentanten unseres Staates führten nicht nur die CDU in die Krise, sondern die Demokratie. Unser demokratisches System beruht letztlich nicht nur auf der formalen Gültigkeit von Gesetzen gegenüber jedermann, unabhängig von deren Amt, Stellung oder Vermögen – also auf funktionierender Gewaltenteilung –, sondern auch auf dem freiwilligen Anerkennen solcher Gesetze durch die Bürger, das heißt auf einem allgemeinen *Rechtsbewußtsein*. Letzteres hat tiefen Schaden genommen. Mit dem Schwinden eines allgemeinen Rechts- und Unrechtsbewußtseins breitet sich geradezu Rechtsverachtung aus, die sich in dem Satz bündelt: »Alle betrügen, wenn sie nur können.« Oder: »So sind sie alle.« Oder: »Warum soll ich mich noch an Recht und Gesetz halten?«

Die zweite Folge ist eine dramatische Abnahme der *Akzeptanz* des demokratischen Systems. Die Parteien als Träger der legislativen und exekutiven Macht kommen allgemein in Mißkredit, die Politikverachtung der Bürger wächst zusammen mit der Abstinenz von jeglichem eigenen politischen

Engagement – bis zur verbitterten Wahlverweigerung. Dies alles rüttelt an den Grundlagen unserer Demokratie.

Drittens sind die Folgen für die *Autorität* der gewählten Repräsentanten unübersehbar. Sie sind schließlich gesetzgeberisch tätig. Der Rechtsbruch erfolgte nun von ganz oben! Es gärt ein Grundmißtrauen gegenüber allen gewählten Repräsentanten auf allen Ebenen.

Eine Atmosphäre des Mißtrauens und der Verachtung stellt sich ein, bis niemandes Wort noch etwas gilt. Wenn ausgerechnet einer, der sich als prononcierter Repräsentant von Recht und Ordnung darstellte, dessen Denken so gescheitelt erschien wie sein Haar, nicht bloß Millionen auf geheime Konten in der Schweiz verbringt, um sie vor dem Parteiengesetz zu schützen, sondern auch noch jüdische Emigranten als Erblasser ausgibt, die sogar die Weisung gegeben hätten, dieses Geld sei ausschließlich für die Hessische CDU bestimmt, dann beginnt jeder, der auf irgendeiner Ebene demokratische Verantwortung übernommen hat, sich für seine politische Tätigkeit zu schämen, weil er das Gefühl hat, daß die Bürger ihn mit dem Gedanken sehen: »Das ist auch so einer«. Wenn dieser ehemalige Innenminister sein Bundestagsmandat mit der Begründung niederlegt »Ich will die Treibjagd beenden«, so geriert sich der Täter als Opfer, statt sich für sein Tun in aller Form zu entschuldigen, um sodann die rechtlichen und politischen Konsequenzen auf sich zu nehmen.

Das Rechtsbewußtsein hat einen schweren Schlag bekommen durch das Tun (also durch diverse Aktenkoffer, durch die ins Land gestreuten Hunderttausend-Mark-Beträge) wie auch durch die Begründung, daß man alles nur für das Wohl der Partei getan habe, bis man das Wohl der Partei mit dem Wohl des Landes verwechselt. Vorteilsnahme wird von den Beschuldigten nur als materielle Vorteilsnahme anerkannt, als ob Sicherung von Macht nicht auch Vorteilsnahme wäre.

Helmut Kohl scheint der Unterschied zwischen Schuld und

Schulden ebensowenig geläufig wie der zwischen Gnade und Ablaß. Daß es etwas geben könnte, das nicht mit Geld zu begleichen sei, ist ihm fremd: Er erkaufte sich jahrzehntelang die Gefolgschaft seiner Partei; er erkaufte im Kaukasus die deutsche Einheit; er erkaufte die Zustimmung der Westeuropäer dazu mit dem Euro; er verteilte nach seinem Gutdünken geschenktes, aber offiziell verschwiegenes Geld; schließlich sammelt er bei Getreuen 8 Millionen Mark zur Begleichung des »seiner CDU« entstandenen Schadens; und nun will er sich mit 200000 DM die Freiheit von weiteren staatsanwaltschaftlichen Ermittlungen erkaufen. So bleibt der »Kanzler der Einheit« auch der Kanzler der Einheit von Bimbes und Macht. Noch immer wirft seine Macht dunkle Schatten. Er war mit ihr so verwachsen, daß das Drama weitergeht, und sei es auf Kosten seiner Partei.

Politiker und das politische System überhaupt bekommen inzwischen einen Mißtrauensvorschuß. Dies geht an die Wurzeln unseres demokratischen Systems. Es ist keinerlei Triumphgefühl der politischen Konkurrenten der CDU angebracht, denn wenn eine demokratische Partei sich selbst durch den 25 Jahre wirkenden Vorsitzenden so ruiniert, dann erfaßt jeden demokratisch Denkenden blankes Entsetzen. Wer einer Partei angehört, muß sich rechtfertigen und bekommt den Hohn und die Enttäuschung der Bürger und Bürgerinnen zu spüren.

Eine tiefe Desillusionierung der Jugend ist unübersehbar. Wie will man in den Schulen unser Grundgesetz und die »Werte unserer Demokratie« hochhalten, wenn »die da oben« sich so wenig daran halten, ja die Verfassung gröblich brechen? Solche Reaktionen sind gleichzeitig eine Beleidigung der vielen hunderttausend Mitglieder aus der CDU, die vor Ort sich redlich um das Gemeinwohl mühen, Sachfragen sachgerecht lösen wollen, einen Großteil ihrer freien Zeit ehrenamtlich einsetzen, ob für die Kommunen oder für die Bundesländer.

Mir fallen die »Wehe!«-Rufe der alttestamentlichen Propheten ein. So heißt es beim Propheten Jesaja: »Weh denen, die Unrecht herbeiziehen mit Wagenseilen. Weh denen, die Böses gut und Gutes böse nennen, die aus der Finsternis Licht und aus Licht Finsternis machen, die aus sauer süß und aus süß sauer machen! Weh denen, die den Schuldigen gerecht sprechen für Geschenke und das Recht nehmen denen, die im Recht sind! Deine Fürsten sind Abtrünnige und Diebsgesellen; sie nehmen alle Geschenke an und trachten nach Gaben.« (Jesaja 5, 18 ff; 1,23)

Offensichtlich gibt es eine Grundgefährdung aller, die Macht innehaben. Sie sind von Günstlingen und Schmeichlern umgeben, die an der Macht dadurch partizipieren wollen, daß sie den Machthaber begünstigen. Und wer läßt sich nicht gerne umschmeicheln und beschenken – bis er darüber jegliches Unrechtsbewußtsein verliert? Wer Macht hat, ist gefährdet und gefährlich zugleich. Insofern heißt Demokratie, Verantwortung mit einem Mandat auf Zeit zu übernehmen. Dies ist immer noch die geeignetste Art, Machtmißbrauch einzudämmen. Dazu gehört eine Struktur der Parteien, in der es vermieden wird, daß einzelne unumschränkte patriarchalische Macht bekommen.

Die jüngsten Erfahrungen gebieten es, darüber nachzudenken, ob es nicht für alle politischen Ebenen eine Begrenzung auf zwei Legislaturperioden geben sollte.

Niemand sollte pharisäisch reagieren. Bei Sophokles heißt es: »Beurteile nie einen Menschen, du habest ihn denn vier Jahre in einem Regierungsamte erlebt«. Wer keine Macht ausüben muß oder kann, leistet sich zuallermeist eine hehre Moral und weiß zu genau, wie er selbst als Mächtiger handeln würde. Er braucht es nicht zu erweisen! Ich halte die pauschale Aburteilung politisch Handelnder nicht nur für fatal, sondern auch für falsch. Auch wenn wir gegenwärtig über täglich neue Skandalgeschichten der politischen Klasse entsetzt sind, berechtigt dies nicht, einen Generalvorwurf gegen alle zu erheben, die politische Verantwortung tragen. Ich kenne viele redliche, nachdenkliche, fleißige, verantwortungsbewußte Bürger, die ziemlich zerreibende tägliche Mühen auf sich nehmen, die jetzt gleichzeitig mit beschmutzt werden. Man tut ihnen Unrecht, so daß sie vorzeitig resignieren.

Ich fürchte, daß die politischen Bühnen leer geräumt werden, bis nur noch diejenigen sie betreten, denen es nichts ausmacht, wenn sie als amoralisch gelten. Unsere Demokratie zeichnet aus, daß Kontrolle garantiert wird. Das wird häufig durch solche Macht- und Parteitypen – alten oder neuen »Typus« würde man in der DDR gesagt haben – ins Zwielicht gebracht, die macht-gespreizt und kritik-unfähig daherkommen, dem politischen Gegner möglichst eins auswischen wollen, um dadurch selber besser dazustehen. Genau sie bekennen öffentlich, daß es ihnen nur um »die Sache« und »um das Land«, ja um das Vaterland ginge. In Wirklichkeit sehen sie ihre Position wie einen Erbhof an, nutzen Privilegien oder lassen sich in sie hineinziehen.

Wer so gut schweigen kann wie Helmut Kohl, als es um die Parteispenden ging, soll auch am Tag der Einheit nicht reden. Kohls Leistung ist inzwischen zur Genüge gewürdigt worden, auch unter (seinen) Tränen. Was hätte er uns noch zu sagen, das er nicht längst gesagt hätte? Würde er wieder von sich in der dritten Person sprechen und sein (von anderen böswillig besudeltes) Denkmal putzen? Alle Ehren hat er bereits zum 9. November 1999 im Reichstag abgefaßt, als ob ihm entscheidendes Verdienst beim Mauerdurchbruch zukäme. Keiner wagt die Wette, ob das System Kohl so stark geblieben ist, daß sein Auftritt am 3. Oktober 2000 durchgesetzt wird. Ehrengast sollte er wohl – trotz zweifelhaften Ehrenworts! – sein: Es ist menschlich und historisch angemessen. Seine Größe ist unübersehbar. Seine Leistungen sind dokumentiert. Sein System ist wirksam (gewesen). Kohl ist wahrlich keine Unperson, aber er wirkt kräftig an seiner Selbstdemontage.

Dieser Patriarch war einmal Herr über die versteinerten Gesichter seiner Fraktion, als Stefan Heym im Bundestag die Eröffnungsrede hielt. Nun kommt er wie ein tief gekränkter Über-Vater-Staatenlenker daher, der für nichts anderes als für seinen Denkmalschutz plädiert und in allen Anfragen lediglich infame Herabsetzung seiner historischen Verdienste wittert. Bei den Medien vermutet er sowieso pauschal »ganz was anderes« als die Suche nach Wahrheit. »Und das wissen Sie so gut wie ich ...«, wiederholt er im Tonfall ungebändigter Wut. Das alles fällt unter die Rubrik Realitätsverlust. Wie lange muß die Öffentlichkeit solche ruppig-selbstherrliche Unverfrorenheit noch ertragen, wenn er jedes Nachfragen in Majestätsbeleidigung ummünzt und seine historischen Leistungen gegen eklatanten Verfassungsbruch aufrechnet. Er verweist empört auf die SPD, die das Grundgesetz gebrochen hat, indem sie vom Verfassungsgebot der deutschen Einheit abgerückt sei. Während er seine Schattenwirtschaft zu einem »Fehler« verharmlost, ist er bei anderen flink mit dem Wort »Verrat« zur Hand und nennt Argumente seiner Gegner »unerträglich«, »absurd«, »abwegig«.

Glücklicherweise haben wir noch eine funktionierende Gewaltenteilung und eine offene Gesellschaft, in der alles benennbar wird und Abhilfe geschaffen werden kann. Unterwerfung wird es nur so lange geben, wie es unterwürfige Menschen gibt, die Führung brauchen, um nicht mündig werden zu müssen, und lieber auftragsgemäß als eigenverantwortlich oder gar gewissensgesteuert handeln.

Die vierte Gewalt bleibt in der Demokratie unabdingbar. Die Wahrheit muß an den Tag. Gleichzeitig wirken Skandalnachrichten auflagensteigernd für die Medien. Es gibt eine zusätzliche Häme von genüßlich moralisierenden Kommentatoren, die auflagensteigernd wirkt, weil »die da unten« sich gegenüber »denen da oben« so gern ergötzen und »die da oben« denen »da unten« den Gefallen eigener Fehlbarkeit ausreichend tun. Der Rest ist nicht Schweigen, sondern Zynismus. Unter der Herrschaft flimmernder Medien entwickelt sich unsere Demokratie mehr und mehr zu einer Zuschauerdemokratie, die den demokratischen Diskurs auf Talk-Runden reduziert, in die der einzelne nicht mehr eingreift, sondern in denen er nur noch zuschaut.

Aber Zuschauen und sich Echauffieren ist noch keine demokratische Haltung! Es kommt jetzt darauf an, daß Enttäuschung nicht zur Tatenlosigkeit führt, sondern daß mehr Bürger sich selber in das politische Geschäft einmischen, wissend, was Macht aus Menschen machen kann und wie gefährlich Macht ist für den, der sie hat wie für den, der sie erleidet. Wir sollten wissen, daß Menschen immer Menschen brauchen, zu denen sie aufsehen, auf die sie sich verlassen können, die Maßstäbe setzen und sie so erfüllen, daß sie etwas Vorbildhaftes bekommen. Dies dürfen unsere gewählten Repräsentanten nie vergessen. Ihr Ansehensverlust führt zu einem grundsätzlichen Autoritätsverlust.

Jeder einzelne von uns sollte wissen, daß er selbst jemand sein kann, dem man vertrauen kann, statt sich nur auf andere zu richten, denen man vertraut, oder denen man sich ganz und gar unterwirft, bis man enttäuscht wird. Sich selbst einem Anspruch redlich zu stellen und sich weder zu überschätzen noch zu unterfordern ist eine ganz alltägliche menschliche Tugend, angereichert mit selbstkritischer Weisheit. Wer das Wagnis des (öffentlichen) Handelns eingeht, muß wissen, daß er auch schuldig wird – durch Tun und Unterlassen. Er muß wissen, daß Prinzipien nur vermittelt in die Wirklichkeit übersetzbar sind, aber Prinzipien weiter Geltung beanspruchen.

Wir Bürgerinnen und Bürger sind es selbst, auf die Verlaß ist. Wenn wir uns lediglich auf andere verlassen, sind wir verlassen. Sollten wir unser eigenes Verhalten vom enttäuschenden Verhalten anderer bestimmen lassen? Oder wollen wir selbstbestimmt leben und uns selber an das halten, was uns Verfassung und Gesetz vorschreiben, s o f e r n beides dem Wohle aller dient.

## Pressefreiheit und die Würde des Menschen

Der internationale Wettbewerb um die gekonnteste Durchbrechung aller Tabus, um die Freiheit der Darstellung ohne Rücksicht auf die Wahrheit oder gar auf die Würde des Dargestellten ist in vollem Gange. Wo Freiheit und Verantwortung nicht mehr zusammen gedacht werden, kommt ein Gemeinwesen in Gefahr. Diese Verantwortung kann in der offenen Gesellschaft nur in Freiheit wahrgenommen werden. Aber die Freiheit impliziert bestimmte Werte, die über das Kodifizierbare hinausgehen und das innere Grundgerüst einer Gesellschaft ausmachen. Oberster Maßstab ist der Artikel 1 unseres Grundgesetzes: »Die Würde des Menschen ist unantastbar. Sie zu achten und zu schützen ist Verpflichtung aller staatlichen Gewalt.« So gehört es auch zur Aufgabe der staatlichen Gewalt, die Würde zu schützen, wenn sie in Ausübung der Meinungsfreiheit verletzt wird. Welche Institutionen sind dafür geeignet und welche Formen wären dafür angemessen, damit das nicht zum Vorwand genommen wird, die Freiheit prinzipiell einzuschränken? Heißt es doch im Artikel 5 des GG: »Jeder hat das Recht, seine Meinung in Wort, Schrift und Bild frei zu äußern und zu verbreiten und sich aus allgemein zugänglichen Quellen ungehindert zu unterrichten. Die Pressefreiheit und die Freiheit der Berichterstattung durch Rundfunk und Film werden gewährleistet. Eine Zensur findet nicht statt.

Diese Rechte finden ihre Schranken in den Vorschriften der allgemeinen Gesetze, den gesetzlichen Bestimmungen zum Schutze der Jugend und in dem Recht der persönlichen Ehre.«

Wie aber kann einer seine Ehre einklagen, wenn es einen allgemeinen Begriff solch einer »Ehre« kaum noch gibt? Daß Helmut Kohl – ein 16 Jahre als Bundeskanzler tätiger Bürger – für sich Sonderrechte mit der Berufung auf ein »Ehrenwort« beansprucht, macht den eklatanten Mißbrauch des Wortes »Ehre« offenbar; schlimmer noch: Er stellt ein »Ehrenwort« über Recht und Gesetz und rechtfertigt damit den Bruch der Verfassung. Hier wird auch das Prinzip der Gleichheit vor dem Gesetz ohne Ansehen der Person verletzt. Die Folgen solcher Fehlleistungen für unser Gemeinwesen, das politische Klima und das allgemeine Rechtsbewußtsein sind noch unabsehbar. Denn was für eine Gesellschaft verbindlich wird, läßt sich nicht allein durch Gesetze absichern, garantieren und verankern. Das Verbindliche muß das eine Gesellschaft Verbindende sein, das, was das Klima des Zusammenlebens ausmacht und nur für den Konfliktfall einklagbare Gesetze vorsieht.

Wenn aber die Nachricht zur bloßen Ware wird, verdrängt der Warencharakter (mit dem dazugehörigen Unterhaltungswert) den Wahrheitsgehalt, weil der Wahrheitsanspruch hinter den Ansprüchen der Verkäuflichkeit der »Wahrheit« so weit zurücktritt, daß er bald ganz verschwindet.

Das Aufdecken von Mißständen, auch von Verfehlungen einzelner Personen, die in der Demokratie – also unter den Bedingungen der Gewaltenteilung – Macht haben, bleibt zentrale Aufgabe der sogenannten vierten Gewalt. Ihr Zustand spiegelt den inneren Zustand der Demokratie. Stellt die vierte Gewalt den Jagdinstinkt über das Wahrheitsinteresse und werden unter den Vorwand des »Aufdeckens« die in Rede stehenden Personen entblößt und entwürdigt, ist alles pervertiert: in sein Gegenteil verdreht. Ein Beispiel ist die

Persiflierung der Rede des Bundeskanzlers zum Jahreswechsel 2000 in einem Werbespot – in unmittelbarer Nähe zur Rede des Kanzlers selbst. Der Werbespot wurde in einem öffentlich-rechtlichen Medium – dem ZDF – wieder gestrichen, während die Privatsender sich darauf gestürzt haben, nachdem es eine öffentliche Diskussion über diese Kanzlerpersiflage gegeben hatte. Dies ist nicht verwunderlich, zeigt aber um so mehr an, wie wichtig es bleibt, daß wir öffentlich-rechtliche Sendeanstalten behalten und verantwortliche Medienmacher haben, die ein Gespür dafür haben, was auf dem Spiel steht.

In einem Satiremagazin gab es vor Jahren ein alle Regeln des guten Geschmacks, der Ehre und des Respekts verletzendes Titelbild mit Kanzler Kohl und Bärbel Bohley; das Anzügliche wurde zur übelsten Pornographie. In der BILD-Zeitung wurde im Dezember 1999 der Katholische Bischof Leo Nowak auf Seite 1 abgebildet, neben der Blocküberschrift: »Porno-Razzia beim Bischof.«

Für die völlige Freiheit der Presse wird immer wieder Kurt Tucholsky als Kronzeuge angeführt, der 1919 in seinem Beitrag »Was darf Satire?« zum Schluß die Antwort gegeben hatte: »Alles«. Dabei wird übersehen, daß Tucholsky zuvor geschrieben hatte »Satire ist eine durchaus positive Sache. Der Satiriker ist ein gekränkter Idealist: Er will die Welt gut haben, sie ist schlecht, und nun rennt er gegen das Schlechte an. Die Satire eines charaktervollen Künstlers, der um des Guten willen kämpft, verdient also nicht diese bürgerliche Nichtachtung und das empörte Fauchen, mit dem hierzulande diese Kunst abgetan wird.«

Tucholskys Sätze taugen nicht als Freibrief für Zyniker und Menschenverächter! Satire ist eine Sache »gekränkter Idealisten«, von Menschen, die die Welt gut haben wollen, die also auch ein Gefühl haben für das, was gut ist und was gut werden soll. Und sie ist eine Kunst!

Tucholsky wird noch deutlicher: »Nirgends verrät sich der Charakterlose schneller als hier, nirgendwo zeigt sich fixer, was ein gewissenloser Hanswurst ist, einer, der heute den angreift und morgen den.« Satire kommt also aus einer Haltung des Satirikers, die er erkennbar macht und nicht aus bloßer Lust aufmischt, aufpeppt und antörnt. Eine sensationslüsterne, an niedere Instinkte appellierende und an bloßer Verkaufsfähigkeit interessierte Nachricht wird unversehens – oder gewollt – zur interesseheischenden Mißachtung des menschlichen Respekts vor der Würde eines anderen. Dies ist nicht gleichbedeutend mit der so nötigen wie befreienden Respektlosigkeit gegenüber allen, die Machtattitüden an den Tag legen. Diese wollen allzugern Unberührbarkeit beanspruchen und würden am liebsten alle Kritik an ihnen untersagen oder wenigstens vorher »gegenzeichnen«. Solche Versuche gibt es in einer Demokratie vor allem von Seiten langjähriger Amtsträger ebenso, wie das in einer Diktatur der Normalfall ist. Doch Kritik ist inzwischen vielfach entartet, ausgeartet in einen Niedermach-Wettbewerb, in Demontage-Lust und einen Schlagzeilen-Journalismus, der Tot-Schlagzeilen produziert. Hinzu kommt, daß man der Häppchenkultur Genüge zu tun sucht.

»Politik vermittelt sich über Personen, nicht über Programme.« Wenn diese These nun Programm wird, kommt es zu einer systematischen Personalisierung. Sachfragen treten zurück. Wie was durch wen »rüberkommt«, wird entscheidend. Ein Sachverhalt, der sich nicht aufpeppen läßt, verliert dann alsbald das Interesse. Am leichtesten scheint das Interesse daran weckbar zu sein, was an niedere Instinkte appelliert. Eine Wahrheit, die sich nicht grobschlachten läßt, wird in das Minderheitenproramm bzw. in Minderheitenpublizistik verlegt. Die Differenzierung wird so zur Nischenexistenz verdammt. Die sachbezogene Aufbereitung komplizierter

Problemlagen und Interessenkonflikte wird in dem Maße weniger verkaufsfähig, in dem Vereinfachung zum verdummenden Mehrheitsprinzip wird. Auch seriöse Tages- und Wochenzeitungen leisten sich hier immer mehr Ausrutscher. Die Anpassung des Journalismus vollzieht sich »nach unten«.

Wo die Freiheit nicht mehr der Wahrheit dient, sondern der Warencharakter der Nachricht dominiert, wird die innere Selbstzerstörung der Gesellschaft – ungewollt oder gewollt – weitergetrieben. Es kommt zur Selbstopferung all dessen, was dem Menschen etwas wert ist und wer dem Menschen etwas wert ist. Aus purer Angst, in den Verdacht zu geraten, Bigotterie zu dulden, gar zu befördern oder irgendwie obrigkeitshörig zu sein, wird jedes Mittel recht, wenn es nur deutlich macht, wie mutig, aufdeckend, investigativ, tabufrei der jeweilige Journalist sich produziert. Obermoralisten entwickeln eine »Lust an der Wahrheit«, sofern sie andere betrifft. Der Journalist oder der besonders eifrige »Chefredakteur des Investigativen« selbst wird nie Gegenstand, auch seine Verdiensttabellen oder zweifelhaften »Connections« mit Begünstigungen nicht. Mit Zynismus als Lebenshaltung fühlt er sich dazu berechtigt, die Unmoral mit spitzer Zunge und Feder aufzudecken, um sich im gleichen Moment über Moral und das Moralische überhaupt, vor allem über diese »Gutmenschen« lustig zu machen. Zeilen der Bösartigkeit scheinen den Lustgewinn in dem Maße zu steigern, als die getroffenen Personen sich auch betroffen zeigen.

Da kommentiert Herr Matussek vom SPIEGEL eine empörte Antwort Lafontaines auf die Frage von Sabine Christiansen nach dessen Annäherung an die PDS mit den Worten: »Zack! Kurz mit der Peitsche durchs Gesicht, nach der Devise: So was wie dich verspeise ich zum Frühstück.« (Spiegel 42/99 S. 145 f.) Die anderen Gesprächspartner (Bahr, Geißler, Glotz) gelten ihm als »Rentner-Band« mit einer »durchaus lustigen Brabbelei«.

Wo Freiheit der Medien heißt: »Es ist alles erlaubt; Hauptsache es läßt sich verdiensträchtig an die Leute bringen«, werden Wahrheit und Würde als zwei Säulen eines zivilisatorischen Grundkonsenses eingerissen. Ihre Trümmer werden schließlich auch die erschlagen, die sich solche alles zerstörende Freiheit nehmen zu müssen glaubten. Eines wird schon deutlich: die Bereitschaft von Bürgerinnen und Bürgern, in den Institutionen der Demokratie mitzumachen, öffentlichkeitsrelevante Positionen einzunehmen oder sich darum öffentlich zu bewerben, nimmt rapide ab. Dramatisch wird die schwindende Bereitschaft, sich verbindlich in demokratische Organisationen (Parteien, Gewerkschaften, Verbände) zu begeben. Es bleiben schließlich diejenigen übrig, die an bloßem Zoff ihre Lust haben und denen es genügt, daß sie »im Gespräch sind«, ganz gleich womit. Der Rückzug der anderen, der Sensibleren, der Bedächtigeren, der Sachbezogenen, der weniger Egozentrierten ist die Folge. Die Aushöhlung der Institutionen der Demokratie wird unübersehbar.

Die junge Generation winkt einfach ab, ohne selber etwas zu gründen, was ihnen besser entspricht. Die Abmeldementalität wird allgemein, wenn die Institutionen und ihr Führungspersonal total korrumpiert, verlogen und gesetzesbrecherisch agierten, wie die CDU – Spendenaffäre mit den besonders delikaten Affären »Kohl und Kanther« zeigt. Genau da aber kann sich Gewaltenteilung und die aufdeckende Funktion der Medien erweisen.

Doch diejenigen, die Politik als Showgeschäft verstehen, drängen sich nicht nur nach vorn, sondern werden nach vorn gebracht. Das Wechselspiel von »Auf ein Podest stellen« und »Vom Podest gestoßen werden« vollzieht sich in rasantem Tempo. Die Möglichkeiten der Gegenwehr eines zu unrecht Angegriffenen oder bösartig Verunglimpften sind ziemlich gering. Das Instrument der Gegendarstellung oder Richtigstellung ist ziemlich stumpf. So leben viele nach dem Prinzip: »Halt die Schnauze – sonst bekommst du eins auf die Schnauze«. Oder »Häng deinen Kopf nicht aus dem Fenster, er wird dir abgeschlagen werden«. Wo das Mißtrauen gegeneinander zum Prinzip wird, spricht der Verdacht.

Etwas anderes, etwas Nötiges und Belebendes ist der kritische Blick, das Durchbrechen der mit Macht gestützten Tabus, die unvoreingenommene Recherche, der nicht nachlassende Mut, den Mächtigen nicht nach dem Munde zu reden. Es ist und bleibt Aufgabe der vierten Gewalt in der Demokratie, der Wahrheit ohne Ansehen der Person den fälligen und unersetzbaren Dienst zu erweisen. Daß damit nicht die jeweils betroffene Person und ihr menschliches Umfeld fahrlässig oder bösartig in Mitleidenschaft oder Mithaftung genommen werden und daß die Unterminimierung der persönlichen Integrität nicht »Nebeneffekt« wird, gehört »eigentlich« zu den selbstredend geltenden Normen dieses Mediums der Freiheit. Diese Normen werden zum Schaden aller täglich gebrochen, bis es zu einem Wettbewerb kommt, wer sie am »sensationellsten« bricht. Man denke an die Veröffentlichung der Protokolle des Lewinsky-Clinton-Ausschusses selbst in seriösen Zeitungen.

Gegen jede gewaltsame Änderung der Verhältnisse schrieb im 16. Jahrhundert Martin Luther: »Die Schreibfeder muß Kaiserin bleiben.« Und dazu gehört innere Freiheit und der alltägliche Mut, »daß einer so frei in der Rede ist, daß er nicht fürchtet, der Leib und der Brotkorb könnten Schaden leiden.« Solches Wahrheitsethos und solches Wahrheitspathos bleiben auch in unserer Mediendemokratie unerläßlich. Es bewährt und bewahrheitet sich in der Haltung jedes einzelnen Journalisten. Mut zur Selbsterkenntnis kann vor einer allzumenschlichen Gefahr bewahren: »Es ist eine allgemeinschädliche Plage, daß jedermann lieber Böses als Gutes von dem Nächsten sagen höret ... Das heißen nun Afterredner ..., wenn sie ein Stücklein von einem anderen wissen, tragen sie es in alle Winkel und haben eine Freude daran, daß sie eines anderen Schmutz aufwühlen können, wie die Säue, die sich im Kot wälzen und mit dem Rüssel darin wühlen.« Es gehört zur Erfüllung des achten Gebotes (»Du sollst nicht falsch Zeugnis reden gegen deinen Nächsten«), daß »niemand seinem Nächsten, Feind und Freund, mit der Zunge schädlich sein noch Böses von ihm reden soll.« (So Martin Luther im Großen Katechismus.).

Es kann auch eine Lust sein, Gutes voneinander zu sagen und zu hören – mit dem Ziele, daß es dadurch besser werde mit uns allen.

Das setzt freilich ein ehrliches Bild von sich selbst voraus: als eines irrenden, horizont-begrenzten, fehlenden und sich verfehlenden, verführbaren, verbogenen und biegsamen, anpassungsbereiten, vorteilsbedachten, anerkennungssüchtigen, selbstunsicheren, sich verbergenden und aus Selbstschutz sich verstellenden Geschöpfes – auf der Suche nach Geradheit und Glaubwürdigkeit, nach Wahrhaftigkeit und Offenheit.

Keine moralische Selbstüberanstrengung, kein moralischer Masochismus, schon gar nicht Rigorismus oder Zynismus helfen uns gemeinsam weiter. Es gilt, eine gelassen akzeptierte Fehlbarkeit aller anzunehmen. Doch Menschen sind auch nicht dazu verdammt, auf abschüssiger Bahn zu leben. Es gibt Geradheit, Lauterkeit, Verläßlichkeit. Und es gibt Wahrheit über uns, die schmerzt, ehe sie frei macht. Deshalb braucht Wahrheit eine Barmherzigkeit, die gerade nichts zudeckt, sondern letztendlich »aufhilft«.

## Die rechte Schlagseite und die Mitte der Gesellschaft

Aus dem Kern unserer Gesellschaft kommt, was am Rande zum Ausbruch kommt. Die einen klopfen nur Sprüche und lassen jeden Ausländer tagtäglich spüren, daß er »hier nichts zu suchen hat«, die anderen schlagen zu und jagen Ausländern existentielle Angst ein. Wer als Ausländer in Deutschland lebt, den kann nicht ruhig schlafen lassen, was er alltäglich zu hören, zu lesen und zu sehen bekommt. Er könnte ja persönlich »der nächste« sein. Anders die Normal-Deutschen; sie müssen nicht täglich Angst haben, bloß wegen ihres Aussehens angegriffen zu werden. Sie können abends relativ unbesorgt ausgehen und ruhig schlafen. Eine gesellschaftliche Wende stellt sich erst ein, wenn ein emotionaler Perspektivwechsel zu einem allgemeinen veränderten Verhalten führte: Wie ginge es mir, wenn *ich* das täglich erleben müßte, was Ausländer in Deutschland alltäglich zu befürchten haben? Wer sich so fragt, wird nicht mehr achselzuckend schweigen oder verharmlosen, sondern wird Flagge zeigen gegen die Ausuferungen der Gewalt.

Was gegenwärtig geschieht, ist nicht ein Problem des Ostens, sondern ein Problem für unser ganzes vereinigtes Land, denn hier ergeben sich einige Wechselwirkungen, wobei die Vorfälle im Osten Deutschlands so gravierend sind, daß sie einer besonderen Beachtung und Bearbeitung bedürfen. Hier haben rechte Sprücheklopfer aus dem Westen, die dort wenig Resonanz finden, leichtes Spiel, – einen Resonanzboden – und dies hat Gründe, über die zu reden und die auszuräumen eine Langzeitaufgabe darstellt. Im Osten wirkt generationenübergreifend nach, was an persönlicher Übernahme von Verantwortung für den national-rassistischen Wahn versäumt wurde. Was zwischen 1933 und 1945 geschehen ist, wurde den »Faschisten« angelastet und hatte mit dem

Verhalten von 17 Millionen Ostdeutschen wenig zu tun, zumal die »Neofaschisten« in der BRD lebten und dort neu zu Ehren gekommen seien. Das Problem wurde nach außen verlagert, und eine Gewissensbildung und Gewissensschärfung fand nicht statt. Eine Ausnahme bildeten seit dem »Stuttgarter Schuldbekenntnis« die Kirchen, insbesondere die Evangelische Kirche. Doch gesellschaftlich wirksam war die politische Projektion und eine Form von Distanzierung vom Nationalsozialismus und seinem Rassismus, der alle, die dieses Credo mitsangen, von einer irgendwie gearteten Mitverantwortung freisprach; nicht zuletzt aus diesen Gründen hat die DDR auf jegliche Wiedergutmachung verzichtet, da sie sich nicht als Nachfolgestaat des faschistischen Dritten Reiches, und sich als Repräsentantin ihrer Bürger nicht in moralischer und politischer Mitverantwortung sah.

Hinzu kommt eine jahrzehntelange Tabuisierung alles »Deutschen« in der DDR und die spezifische Provinzialität des Denkens und Fühlens von Eingemauerten. Dumpf-Nationales und ausländerfeindlich Ressentiments-Geladenes sind das Ergebnis. Bereits 1990 war es zu einigen besorgniserregenden Dammbrüchen gekommen. Eine latente Fremdenfeindlichkeit hat sich im Osten breit gemacht. Die von außen mit Macht abgestützten Koordinaten des DDR-Systems sind in sich zusammengefallen. Viel Frust, lebensgeschichtliche Entwertung, politische Demütigung und soziale Ängste haben im Gefolge des Zusammenbruchs des kommunistischen (Werte-)Systems und des damit verbundenen »geschlossenen« Weltbildes ausländerfeindliche Grundstimmungen begünstigt. Diese richten sich zugleich gegen »den Westen«, wo angeblich »Deutsche weniger gelten als Ausländer« und wo man den »Asylanten hinten und vorn alles hereingesteckt«. Solche Sätze bekommt man jahraus und jahrein alltäglich zu hören. Eine geschlossene Gesellschaft entläßt ihre Kinder in die Freiheit! Ressentiments- und aggressionsgeladen gehen sie los und schlagen blindwütig zu. Sie erleben eine weithin dazu schweigende Gesamtbevölkerung. Alle bisherigen Versuche, dem zu begegnen, haben die weitgehende Hilflosigkeit der demokratischen Institutionen offengelegt. Die bisherige Abschreckung wirkt kaum. Die Präventionsprogramme greifen nicht genug. Die Aufrufe zur allgemeinen Zivilcourage finden wenig Echo.

Eine außerordentliche gesamtgesellschaftliche Anstrengung ist nötig, um dem Nährboden rechter Gewalt zu begegnen. Für den Umgang mit diesen Verbrechen muß folgende Reihen- und Rangfolge gelten: Täter und Taten verurteilen – Ursachen ergründen – Konzepte entwickeln.

### Täter und Taten verurteilen

Erstens geht es um die Verurteilung der Taten, um das Ächten und ein schnelles durchgreifendes Bestrafen der Täter sowie um eine unmißverständliche Reaktion der Öffentlichkeit. Neben der juristischen Verurteilung muß den Tätern klargemacht werden: dies gehört nicht zu den Grundabmachungen unserer Gesellschaft! Dies kommt vom Rand der Gesellschaft, nicht aus ihrer Mitte! Dieser unansehnliche Rand wird nicht verharmlosend geduldet, sondern aktiv bekämpft! Die Täter müssen spüren, daß sie viel weniger zu unserer Gesellschaft gehören, als die von ihnen zum Freiwild gemachten Ausländer. Konkret: Wer einen Farbigen nachts im Park zu Tode trampelt, ist ein ganz gemeiner Mörder und steht weit außerhalb dessen, was unser Gemeinwesen ausmacht. Wenn solche Signale nicht mit überwältigender Mehrheit aus der Gesellschaft kommen, wird es weiterhin solche Übergriffe geben. Die Täter werden sich als Exekutoren eines allgemeinen Bewußtseins empfinden können. Was zu Pfingsten 2000 in Dessau geschah, ist für sich selbst schlimm genug.

Schlimm ist zugleich, daß sich zur Protestdemonstration, zu der nicht zuletzt von der Landesregierung aufgerufen worden war, aus dem ganzen Land Sachsen-Anhalt und der Stadt Dessau lediglich 5000 Menschen einfanden. Dessau hat 100000 Einwohner. Zu den großen Demonstrationen im Herbst 1989 fanden sich über 20000 Bürger und Bürgerinnen allein aus Dessau zusammen. Und auch auf dem Marien-Platz in München versammelten sich im August 2000 nur etwa 3000 Demonstranten, die von Parteien, Kirchen und Gewerkschaften aufgerufen worden waren, öffentlich zu zeigen, wo sie stehen. Dies sind äußere Zeichen einer noch immer allgemeinen Gleichgültigkeit der deutschen Öffentlichkeit, die sich der Dramatik des Problems noch längst nicht bewußt geworden ist. Es bedarf deutlicherer Zeichen: »Hier sagt die große Mehrheit der Deutschen: NEIN! Hier nicht! Stopp! Wir nicht! Wagt euch nicht heraus! Wir sind Deutschland und nicht ihr!« Solche Signale der Aufgeregtheit muß es geben, selbst wenn sich in Medien bestallte Zyniker bald wieder über solche Aufgeregtheit mit der Wortkeule »Alarmismus von Gutmenschen« lustig machen sollten. Der »brutalst-mögliche« Aufklärer Roland Koch erklärte ausgerechnet in Dachau am 23. August 2000, das Thema Ausländerfeindlichkeit werde überdramatisiert und von der Bundesregierung sowie von den Medien künstlich aufgebauscht. Er selbst allerdings gehört zu den Brandstiftern einer dumpfen Volksstimmung gegen Ausländer. Er rechnet bei seinem Abwiegeln wiederum mit Zustimmung, ähnlich wie für seine Unterschriftensammlung im Wahlkampf in Hessen 1999.

Eine groteske Situation: Die ausländerfeindliche Stimmung exkulpiert sich selbst, indem sie von denen geleugnet wird, die von ihr erfaßt sind!

Zweitens muß es darum gehen, die Komplexität der Ursachen zu klären und dabei auf vorschnelle Schuldzuweisungen zu verzichten, insbesondere bei der Analyse und Beurteilung des ostdeutschen Rechtsextremismus. Gelingende Integration von Ausländern ist ein gesamtdeutsches Problem, nicht ein marginal westdeutsches und ein zentral ostdeutsches. Ausländer sind für fremdenfeindliche Ostdeutsche ein angstmachendes Phantom. Bisweilen trägt selbst dieses Thema zur Perpetuierung der deutschen Teilung bei, indem das Bild des häßlichen Ostdeutschen gemalt wird, als ob es nicht auch im Osten nennenswerte gesellschaftliche Gegenwehr gegen nationalistischen Ungeist gäbe. Auch wenn die statistischen Vergleiche alarmierend sind, so ist das, was in Lübeck, Mölln, Solingen, Düsseldorf ... geschehen ist, von gleichem Geiste und gleicher Kaltblütigkeit. Die Verführbarkeit besonders ostdeutscher Jugendlicher ist ebensowenig wie ein immer noch vermauertes Denken und Fühlen von Ostdeutschen zu leugnen.

Die fremdenfeindlichen Übergriffe müssen auch als Spätfolge eines DDR-typischen Minderwertigkeitsgefühls und seiner künstlichen Aufpäppelung gewertet werden. Die Minderbewertung der DDR und ihrer Bürger, die in diesem Bollwerk des Friedens »sehr bewußt« oder zwangsläufig lebten, hat zu einer nachhaltig wirkenden Minderwertigkeitsatmosphäre geführt. Minderwertigkeitsgefühle arbeiten sich an Schwächeren ab. Da steht allem voran »das Deutsche« sowie der plump-dumme »Stolz, ein Deutscher zu sein«. Diese Schläger und Jäger von Fremden machen reinen Tisch und exekutieren das, was sie an den häuslichen Tischen oder an den Pausentischen der Betriebe gehört haben. Sie fühlen sich durchaus nicht ausgegrenzt, sondern aufgehoben. Viele von ihnen genießen geradezu die öffentliche, wenngleich negative,

Aufmerksamkeit. Gemeinschaftsbildung vollzieht sich negativ, so wie sich Zuwendung für die Täter negativ vollzieht: im Polizeigewahrsam.

Da wird nicht nur »nicht viel gefackelt«, sondern gleich angefackelt und abgefackelt. Dumpfe Gewalt und sich steigernde Aggressivität wird an Schwächeren abgeladen und ausgelebt.

Ostdeutsche mehrerer Generationen haben mehrfache Demütigungen erfahren. Demütigungen setzen sich fort und haben etwas mit der Asymmetrie zwischen der Bundesrepublik und der zusammengebrochenen DDR zu tun. Wer sich nun »nach oben« nicht wehren kann, neigt dazu, »nach unten« zu schlagen. Wer positiv wenig sein und gelten kann, baut sein Selbstbewußtsein negativ auf. Wer konstruktiv nicht zeigen kann, was er kann, zeigt es destruktiv. Wem ein positives Ziel fehlt, konstruiert sich ein negatives. Wo die gesellschaftlichen Koordinaten weggebrochen sind, baut sich ein Konstrukt aus Ressentiments auf. Frust sucht und findet Entladung. Ein Primitiv-Darwinismus gegen die »Fremden« oder die »Nutzlosen« tobt sich in amorphen Gruppen aus, wo sich keine Gemeinschaften bilden können. Die Schwächeren werden Abladeplatz intrapersonaler und interpersoneller Aggressionen. Vor allem Jugendliche leben überschüssige Energien blindwütig aus. Sie haben »einen Feind« gefunden, an dem sie sich beweisen können. Rauschhaft. In der DDR waren Aggressionen ideologisch kanalisiert worden und konnten sich in einer militarisierten und vom Wettkampf-Sport bestimmten Gesellschaft ausleben. Viele Jugendliche sind in ihrer Lebenseinstellung orientierungslos und haltlos. Sie sehen ihr Leben als ziellos und erleben sich selbst als wertlos. So schlagen sie auf alle Schwachen, wahllos.

Wer aus einer überreglementierten Welt in eine unreglementierte kommt, bräuchte neue Orientierung. Wurde früher alles vorher bestimmt, so ist jetzt alles unsicher geworden, und so machen sie die Welt unsicher. Die Gewaltobjekte sind austauschbar. Clan- und Bandenbildung mit Feindbildern forcieren die überschüssige Energie nach dem Hackprinzip nach unten. Hier vollzieht sich eine inhumane Selbstaufwertung nach der Melodie: »Wir sind wer. Ihr seid nichts. Und das zeigen wir euch.«

## Strategien entwickeln

Drittens geht es darum, kurzfristige Maßnahmen, mittelfristige Konzepte und langfristige Strategien zu entwickeln. Wer auf kurzfristige Erfolge setzt, erliegt Illusionen. Es wäre gefährlich, wenn wir für das Entwickeln von wirksamen Konzepten bestimmte gesellschaftliche Gruppen als zuständig und also besonders verpflichtet ansähen, um uns selber als »einfache Bürger« herauslassen zu können. Diese Frage läßt sich nicht delegieren, obwohl es im Rechtsstaat geregelte Zuständigkeiten gibt. Es reicht nicht, lautstark und paternosterartig Schulen und Elternhäuser dingfest zu machen, wenn man nicht gleichzeitig die Herausforderung für a l l e in den Blick nimmt. Natürlich gibt es eine besondere Verantwortung politischer Entscheidungsträger, eine Verpflichtung für die demokratischen Parteien und ihre Mitgliedschaft (bis in die Ortsvereine). Und es gibt ein »Wächteramt« der Medien. Aber die Zivilgesellschaft zeichnet sich gerade dadurch aus, daß sie Verantwortung übernimmt und nicht delegiert.

Ein zweites, immer noch gängiges Muster wirkt geradezu kontraproduktiv: Wenn man angesichts der Gewalttaten und angesichts der Gewalttäter zunächst nach den Ursachen fragt, um die Vorgänge verständlich zu machen, dann trägt man ungewollt zu Relativierungen bei, wenn nicht gar zur Rechtfertigung dieser »armen Täter«. Priorität behält die Verurteilung der Täter, ihre Ächtung und Ausgrenzung. Solche

Untaten dürfen nicht honoriert werden durch verständnisvolle Streicheleinheiten oder gar durch ein Zurückweichen im Sinne der »Zumutbarkeitsgrenzen für die deutsche Bevölkerung«. Rechtfertigung verbirgt sich unter relativierenden Beobachterstandpunkten.

Daß Ausländerfeindlichkeit keine Massenbasis hat, läßt sich nur wirksam demonstrieren, wenn Massen demonstrieren und protestieren. Dazu gehört die Zivilcourage jedes einzelnen, die in dem Maße stärker wird, wie der einzelne sich auf die Zivilcourage vieler anderer verlassen kann. Zivilcourage ist nötig, solange sie noch nicht zuviel kostet. Je später der einzelne Zivilcourage zeigt, desto schwerer wird es für ihn sein und desto vereinzelter wird er sich fühlen. Zivilcourage gehört zum unverzichtbaren Lernziel in der Demokratie. Unabdingbar gehört dazu, daß es etwas gibt, was unter zivilisierten Menschen als der sittliche Boden angesehen wird, was als anständig und was als selbstverständliche Spielregel für jeden gilt. Die Wertebildung vollzieht sich in der Sprache, im Fühlen, im Denken, in der Formulierung von Interessen und Zielstellungen der Gesellschaft und des einzelnen.

Während ich so argumentiere, muß ich fürchten, daß dies bereits ein Pfeifen im Wald ist, weil die demokratietragenden Werte nur spärlich internalisiert sind. Die Täter fühlen sich durchaus nicht außerhalb der gesellschaftlichen Stimmung, obwohl die öffentlichen Stimmen aus Politik, Parteien, Medien, Kunst, Kirche, Wirtschaft, Sport noch immer klar gegenhalten. Mir verdichtet sich der Eindruck, daß diese Institutionen die Massenbasis längst verloren haben und daß das, was man die politische Klasse nennt, an den Grundlagen unseres demokratischen Gemeinwesen festhält und auch offen gegenhält. Aber subkutan breitet sich eine fremdenfeindliche Stimmung aus; die veröffentlichte Meinung stimmt mit der öffentlichen nicht mehr überein. Täter können immer mehr den Eindruck bekommen, daß sie nur das vollziehen, »woran andere nur denken und wovon andere nur reden«.

Flankierend kommt hinzu, daß einschaltquotenträchtige Medien Enthemmung und Enttabuisierung zum Alltag ihrer Sendungen gemacht haben. Brutalisierung und Banalisierung gehören längst zum Fernsehalltag, auch von Kindern. Alles ist antastbar. Das zynische Spiel mit der Würde des Menschen ist alltäglich geworden. Eine Gesellschaft ohne Grund-Sätze und Wert-Haltungen hat auf Dauer keinen Bestand. Es muß Dinge geben, die als heilig, also als unantastbar gelten; sonst wird die Massengesellschaft zum Spielball von Verführern jeglicher Couleur.

Dem Problem in seiner ganzen Tragweite kommt man erst in der Radikalität der ersten Antithese aus der Bergpredigt nahe. Da heißt es:

»Ihr habt gehört, daß zu den Alten gesagt ist: ‚Du sollst nicht töten; wer aber tötet, der soll des Gerichts schuldig sein.'

Ich aber sage euch: Wer mit seinem Bruder zürnt, der ist des Gerichts schuldig; wer aber zu seinem Bruder sagt: Du Nichtsnutz! der ist des Hohen Rats schuldig;

wer aber sagt: Du gottloser Narr! der ist des höllischen Feuers schuldig.«

(Matth. 5, 21-22)

Adaptiert könnte dies heißen:

Früher hieß es: »Wer einen Ausländer schlägt, wird mit rechtsstaatlichen Mitteln bestraft!« Heute aber gilt: »Wer über Ausländer eine verächtliche Bemerkung macht und sagt: ›Was haben die hier zu suchen, der ist an ihrer Tötung schuldig.‹«

Weder schneller Aktionismus noch ruhiges Abwarten und Abwiegeln, schon gar nicht Schuldzuweisungen bzw. Unzuständigkeitsbezeugungen mit Verantwortungszuweisungen helfen weiter, sondern nur die von jedem einzelnen

Staatsbürger nach seinen und ihren Möglichkeiten wahrgenommene Verantwortung als einzelne Person im Alltag und in den gesellschaftlichen Zusammenschlüssen der Demokratie. Die Demokratie verlangt nichts mehr und nichts weniger von jedem Staatsbürger, als sie täglich zu hüten – in jedem einzelnen Menschen. Auch für die Demokratie gilt: »Du sollst deines Bruders Hüter sein.« Was geschieht, geht dich an. Demokratie verlangt uns ab, aktive Demokraten zu sein. Erst dann wird auch das Recht auf Privatheit und politikfreie Zonen des Lebens verantwortbar, sinnvoll und genießbar.

## Was uns die Freiheit abverlangt

### oder: Ursachen und Erscheinungsformen der Ausländerfeindlichkeit

Die Demokratie ist wie ein Garten, der verwildert, sobald man ihn nicht mehr pflegt. Und ein Garten, auf den man keine planende Mühe mehr verwendet, verwildert schnell und wird überwuchert von Minder-Wertigem. Wenn man die Demokratie und die sie tragenden Werte, Grundüberzeugungen und Institutionen sich selber überläßt und sich nicht permanent der Mühe unterzieht, sie mitzugestalten, verwildert sie, zumal dann all das wieder hochkommt, was überwunden oder ausgerottet schien.

Der Umgang mit Fremden ist nicht ein Spezialfall, sondern ein Ernstfall der Demokratie. Das erste Kennzeichen der »Fremden« ist, daß sie »Menschen« sind. Wo der Artikel 1 unseres Grundgesetzes nur »im Grundgesetz steht«, bleibt er Papier. Solange er lediglich von den staatlichen Institutionen garantiert werden soll, indem sie seine Verletzung ahnden, sind Demokratie und Menschenwürde noch längst nicht im allgemeinen Bewußtsein verankert. Die Demokratie funktioniert auf Dauer nur, wo ihre Werte von einer großen Mehrzahl der Bürger internalisiert und von diesen mit politischer Wachheit verteidigt werden. Man kann den Umgang mit den Fremden unter uns nicht an irgendeine Institution delegieren – und sei es an die Eltern und Schulen oder an die Politiker und die Justiz. Dies muß so sehr »zur Chefsache aller« werden, daß alle, die aus den humanen Normen ausbrechen, sicher sein müssen, daß sie für ihre Gewalttaten keinen weiteren Nährboden und keine Zustimmung finden.

Das Problem eines humanen Umgangs mit dem Fremden und den Fremden stellt sich, seit es Zeugnisse menschlicher Zivilisation gibt. Der humane Umgang mit dem Fremdling, dem Flüchtling, der ethnischen Minderheit, den Zugewanderten rührt an archaische Ängste und berührt elementar einige aus dem Tierreich stammende Verhaltensdispositionen. Sie haben sowohl etwas mit Blutsdenken und Revierverteidigung, als auch mit identitätsstiftender Geschichtserinnerung zu tun, die sich zumeist in Abgrenzung von anderen vollzieht. Das nach aller historischen Erfahrung wahrscheinlichere ist nicht Fremdenfreundlichkeit, sondern Fremdenfeindlichkeit, ist nicht der Schutz der Schwachen, sondern die Durchsetzung des Starken, ist nicht Recht und Gerechtigkeit für alle Menschen qua Menschen, sondern die Überordnung der einen über die anderen bzw. die Mehrung eigenen Reichtums und eigener Macht in Konkurrenz mit anderen. Dies vollzieht sich als »Machtfrage«, zumeist gewalttätig – auf den unterschiedlichsten Eskalationsstufen von Gewalt.

Die Toleranz, das Ertragen und Erdulden der Andersartigen ist eine Gesinnung und Gesittung, über die man noch hinausgelangen muß, um zur vollen Anerkennung zu kommen. Darin erst besteht wahre Pluralität. Unabdingbar gehört dazu eine weitere humane Kulturleistung: daß man seiner selbst gewiß ist und anderen nicht verlust- und angstbesetzt mit Bedrohungsgefühlen begegnet. Wer seiner selbst gewiß ist, in gewisser Weise in sich ruht, kann auch den Andersgearteten und den Andersdenkenden und den Fremden gelten lassen. Die andere Seite der Medaille sind dann die Macht- und Interessenkonflikte, die Verteilungskämpfe von Ressourcen und Territorien. Hier setzt das innen- und das zwischenstaatliche Recht ein.

Eine Ethik, die nicht in anthropologischer Erkenntnis und tiefenpsychologischer Analyse verwurzelt ist, erhebt sich über die Realität und muß scheitern. Eine Ethik, die lediglich anthropologische Erkenntnisse im Sinne von verhaltensbiologischen Determinanten festschreibt und das Seiende als das Seinsollende betrachtet, wirkt tendenziell reaktionär. Sie verzichtet auf den humanistischen Überschuß, der allem Menschlichen zugrunde liegt, das sich anschickt, das bloß Biologische zum Menschlichen hin zu transzendieren. Aber: »Die Humanität ist uns nur in Anlagen angeboren und muß uns eigentlich angebildet werden«, meinte einer unserer großen Aufklärer, Johann Gottfried Herder. Jener Herder hatte ein wegweisendes, die Völker emotional verbindendes Buch geschrieben »Die Stimme der Völker in Liedern«. Wenn auch jedes Volk sein eigenes Land und Volk legitimerweise am höchsten schätzen mag, so doch nur unter der Voraussetzung, daß dies dem anderen Volk genauso zugestanden wird, bis man wechselseitig versteht, warum dem anderen das Ihre das Liebste ist. Brecht hat dies in der Zeile seiner »Kinderhymne« auf eine unnachahmlich schlichte Weise ausgedrückt: »Und das Liebste mags uns scheinen, so wie anderen Völkern ihrs.« Dies wäre tragfähige Grundlage gegenseitiger Annahme.

Die Demokratie und ihre in den Menschenrechten begründete Humanität bedarf der ständigen »Schule der Demokratie«, die sich nicht als Schulung der einen durch die anderen verstehen kann, sondern als ein permanenter Prozeß der Selbstvergewisserung der Gesamtgesellschaft über ihre eigenen Grundlagen. Ohne eine allgemeine Akzeptanz einiger weniger grundlegender Tabus, bei deren Verletzung höchste Sanktionen verhängt werden, bleibt die Gesellschaft nicht human. Tabu ist hier im Sinne des Nichthinterfragbaren als unberührbar Geltendes, als schlechthin Transzendetes, als moralisches Apriori zu verstehen. Das Apriori der humanen Wertsetzung der Demokratie muß auch ohne Gott auskommen. Daß die Würde jedes Menschen unantastbar ist und beschützt werden muß, ist das humanitätsstiftende Apriori unserer Verfassung schlechthin. Seine Gültigkeit anzuerkennen und von innen her zu bejahen, muß das Ziel jeder Erziehung zur Demokratie – als Selbsterziehung! – sein. Von irgendeinem Zweck außerhalb läßt sich dieses Grund-Gebot letztlich nicht begründen, wohl aber aus der Weisheit, die sich in der goldenen Regel des Neuen Testaments ausspricht: »Was ihr wollt, daß euch die Leute tun sollen, das tut ihnen auch!« (Matthäus 7,12) Bedingung der Humanität ist ein Perspektivwechsel: die Welt mit den Augen des anderen sehen lernen. Sich in den anderen Hineinversetzen verändert: Wenn man sich z. B. vorstellt, man könnte selbst in der Lage eines aus Bosnien geflüchteten jungen Mannes sein, dessen Brüder, Vater und Mutter im Bürgerkrieg umgekommen sind und der bei uns ein neues Zuhause sucht. Das Einüben einer solchen Haltung kann gelassene Anerkennung der anderen und ihres unverwechselbaren Wertes und ihrer Würde wecken. Nur in solchen Langzeit- und Tiefenperspektiven läßt sich auch das Problem der gegenwärtig ausufernden Fremdenfeindlichkeit in Deutschland bewältigen.

Ein historisches Beispiel solcher Einübung von Humanität durch projektive Identifikation ist das immer wiederkehrende Bekenntnis im heiligen Buch der Juden, das in eine Mahnung einmündet. Es erinnert an den »Vater Abraham«, der ein umherirrender Aramäer war, dessen Nachkommen im Gefolge einer Hungersnot nach Ägypten flohen, dort Brot und Arbeit fanden, dann in Sklaverei gehalten wurden und erlebten, was Behandlung als Fremde mit minderem Lebensrecht praktisch bedeutet. Und dieses Volk erinnert sich daran, daß es einmal aus der Knechtschaft befreit worden war und nun auch sein eigenes Verhalten – in Erinnerung an Unterdrückung und Befreiung – an den Fremdlingen, Witwen und Waisen orientieren soll. (5. Mose 26) Ohne solche Individuen und Gemeinschaften humanisierenden Erinnerungen und ohne Einübung von Vorstellungskraft daran, wie es einem selbst gehen würde, wenn man als Fremder woanders lebte, wird es kein Ende von Fremdenfeindlichkeit geben.

Insofern stehen die Bildungsziele und die Bildungsformen in unserer Demokratie erneut zur Disposition. Wenn Schule weiterhin darauf »trimmt«, bestimmte Fertigkeiten einzuüben, die berufliche Chancen eröffnen und nicht in gleichem Maße und in gleicher Intensität der »Erziehung des Menschengeschlechts« an jedem einzelnen dient, wird es zu einer Re-Barbarisierung in der globalisierten Welt kommen. Die Chancen einer zusammenrückenden Weltgemeinschaft durch weltweite freie Kommunikation sind unübersehbar.

Aber es gilt auch, die Ängste zur Sprache zu bringen, die Fremde auslösen. Zu den Erziehungsaufgaben gehört, die Herausbildung und die Überlieferung von Vorurteilen selbstkritisch zu analysieren. Wer solche Ängste leugnet und solche Vorurteile übergeht, macht sich ebenso schuldig, wie derjenige, der diese schürt.

Der Führung der SED und all ihren Macht- und Erziehungsorganen ist vorzuwerfen, daß sie einfach einen Kodex internationaler Solidarität proklamierten, den sozialistischen Staat und das ganze sozialistische Weltsystem von daher definierten, jeglichem Rassismus offiziell abschworen und dabei unversehens meinten die Eigenheiten der einzelnen Völker genauso vernachlässigen zu können, wie sie jeder Erscheinungsform neuen nationalistischen oder gar rassistischen Denkens mit drakonischen Maßnahmen begegneten. Dies war von oben und per Ideologie verordnete Fremdenfreundlichkeit. Gleichzeitig unternahm die SED den Versuch der Internalisierung durch permanente Indoktrination. Schon in der Schulfibel galten – in vielen Variationen – die schwarzen, gelben, weißen, roten Hautfarben und alle Völker als gleich. Die Völker selbst wurden als Subjekt der Geschichte verstanden, die sich stets gegen ihre Unterdrücker und Beherrscher gewendet hätten. Nationalistisches galt nur als eine Erscheinung, die den Herrschenden eigen war. Internationale Solidarität wurde gefeiert, z. B. bei den »Weltfestspielen der Jugend«. Jeder einzelne Werktätige war geradezu genötigt, seinen »Soli-Beitrag« regelmäßig abzuliefern. Auf einer abstrakt-politischen Ebene war die kommunistische Ideologie keineswegs fremdenfeindlich. Aber sie trat der konkreten Fremdenfeindlichkeit und den weiterschwelenden ethnischen Konflikten kaum entgegen. In der DDR als eingemauertem Land unter sowjetischem Protektorat blieb gegenseitige Distanz von seiten der Russen wie der Deutschen bestehen, zumal die Russen den DDR-Deutschen zumeist in Gestalt einer landzerwalzenden Besatzungsarmee erschienen. Die Ostdeutschen wurden genötigt, sich allem unterzuordnen, was aus der Sowjetunion »siegreich« kam, von den Rinderoffenställen über den Maisanbau bis geradezu lächerlichen Kampagnen zur Steigerung der Arbeitsproduktivität, indem man sich anschickte nach der »Mamai«-Methode oder »Bassow«-Methode zu arbeiten und dafür Aktivistenpreise bekam. Wer in die DDR als Lehrling oder Student – besonders aus den Ländern der Dritten Welt – kam, wurde ghettoisiert und in umzäunte Wohnquartiere gebracht, in die man nur mit Genehmigung und unter Vorlage von Ausweisen hineinkam. Nahezu jeder einzelne Student und jede einzelne Studentin bekam eine Betreuerin bzw. einen Betreuer.

Eingemauerte konnten eine wirkliche Öffnung nach außen kaum erleben, zumal dann nicht, wenn die Fremden in der Mangelwirtschaft als Mitverursacher des Mangels angesehen wurden, da sie eben »alles vorn und hinten reingesteckt« bekamen und gerade die Mangelware abkauften und nach Hause schickten. Manche erinnern sich nur noch daran, wie oft sie auf der Post Vietnamesen sahen, die sorgsam verpackte Einzelteile von Fahrrädern in ihre Heimat schickten. Oder wie Polen Unterwäsche und Strümpfe aufkauften, wie die nach schwerem Parfüm duftenden und in dicken Pelzen erscheinenden russischen Offiziersfrauen Mengen sogenannter gehobener Waren »wegschleppten«. Verachtung gegenüber der »Unkultur« der Russen blieb weithin, obwohl etwa 90 Prozent der Werktätigen in der Deutsch-Sowjetischen-Freundschaft organisiert waren. Witze über und gegen Ausländer – die meisten über die Russen – machten während der gesamten DDR-Zeit im Volk die Runde. Dies wirkte wie ein Entlastungsritual gegenüber der schwülstigen »ewige Freundschafts«-Ideologie«. Polen-Feindlichkeit und Polen-Verachtung wurden zeitweise »von oben« nicht nur zugelassen, sondern geschürt, als die Polen 1980 »streikten, statt zu arbeiten«, wie man sagte. Die Arroganz derer, die immer genug Schweinefleisch zur Verfügung hatten und solange ruhig gehalten wurden, machte sich gegenüber den freiheitssüchtigen Polen breit. Hinzu kam eine Alltags-Fremdenfeindlichkeit, in die sich viel Neid mischte, weil die »Schwarzen« ohne weiteres nach Westberlin und zurück durften oder weil die »Kameltreiber« (gemeint waren die in den großen Chemiewerken arbeitenden Algerier) besondere Faszination auf die deutschen Mädchen ausübten und man sich gegen »Leute, die schnell mit dem Messer bei der Hand sind«, gemeinschaftlich wehren mußte. Doch jeglicher offener Ausbruch von Fremdenfeindlichkeit wurde in der DDR schwerwiegend geahndet und gleichzeitig peinlichst verschwiegen. Nach außen sollte die DDR als ein stabiles, weltoffenes »internationalistisches Land« erscheinen.

Ebenso verhielt man sich gegenüber fremdenfeindlich-rassistischen Übergriffen und rechtsnationalistischem »Gedöns«; da konnte man sich schweigend jeweils am 20. April in ein Lokal setzen und nicht nur gemeinschaftlich »einen Braunen« trinken, sondern Leute anpöbeln, die es wagten, an jenem Tag einen Weißen (Schnaps) zu trinken.

Da gab es, zumal am Ende der 80er Jahre, durchaus mehr Fälle, als bekannt werden durften, daß Jugendliche gemeinschaftlich im Bus aufsprangen und den Hitlergruß grölten und alle anderen Insassen aus Angst das Weite suchten. Der »Antisemitismus ohne Juden« hatte nie aufgehört und konnte sich bequem unter Antizionismus (besonders nach 1967) verstecken. Gleichzeitig gab es intensive Beschäftigung mit den Verbrechen des Nationalsozialismus an den Juden, mit vielen ergreifenden literarischen und anderen künstlerischen Darstellungen dieser Untaten. Das Hauptziel blieb indes, das Heroische des kommunistischen Widerstandes – und sei es auf Kosten der Wahrheit – herauszustreichen.

Ich erinnere mich noch, welch ein Schreck mir in die Glieder fuhr, als wir am 9. November 1978 – 40 Jahre nach der Pogromnacht – in der Eingangshalle der alten Wittenberger Universität einen eigens dafür gezimmerten, mit Brandmalen versehenen siebenarmigen Leuchter aufgestellt, die Kerzen angezündet und ein kleines Plakat daneben gehängt hatten, das an Schuld und Schmach der Judenvertreibung aus der Lutherstadt Wittenberg erinnern sollte: Kurze Zeit darauf war der Leuchter umgeworfen, die Kerzen abgeköpft und an die Wand drei Hakenkreuze gemalt worden – mit schwarzem Fettstift. Die Staatssicherheit war nach Anzeige sofort zur Stelle, aber der Vorfall wurde »mit Macht« verschwiegen.

Das problematischste Erbe des DDR-Antifaschismus, -Antirassismus und -Antinationalismus bleibt, daß das Gefühl der moralischen Überlegenheit jegliche Selbstauseinandersetzung in totalitärer Weise unterband. Orte von Selbstbesinnung, auch für das Erkennen eigener (Mit-)Schuld, wurden Kirchen.

Erst 1976 erschien Christa Wolfs Roman »Kindheitsmuster«, in dem der ganz alltägliche Faschismus Gegenstand wurde und auf eine indirekte – und doch sehr direkte – Weise deutlich wurde, daß wir DDR-Deutschen das Problem der deutschen Geschichte mit den Verbrechen des »Tausendjährigen Reiches« nicht so einfach in den Westen delegieren können, als ob die DDR aus 16 Millionen Antifaschisten und die Bundesrepublik aus 60 Millionen Kryptofaschisten bestünde.

In der »imperialistischen BRD« würden alle ehemaligen Nazis leben und dort unbehelligt als Revanchisten tätig werden können, hieß es ständig. Die antifaschistische Propaganda der DDR war zu großen Teilen durchaus ernstgemeint, wurde aber zugleich auf eine fatale Weise politisch instrumentalisiert, indem die DDR sich gewissermaßen als moralischen Gründungsmythos »Antifaschismus« auf die Fahnen schrieb und im Klassenkampf mit dem imperialistischen Lager die Wurzeln allen Nationalismus', Faschismus' und Chauvinismus' auszutreiben anschickte. Die DDR verstand sich so sehr als ein moralischer Staat, zusätzlich noch als ein »sauberer Staat«, wie Honecker das ausdrückte, daß sein moralischer Anspruch selbst zum verbrecherischen Erbe der DDR gehört, weil genau dieses – wie vieles andere – auf Lügen und Selbsttäuschungen beruhte: der Projektion aller Geschichtslasten auf den Westen und seine menschenverachtende Ideologie und die DDR als Hort des menschlichen Fortschritts schlechthin, übersehend, welche Parallelitäten die ideologisierte und militarisierte »Einheitsgesellschaft« mit ihrem totalitären Staat und der politischen Verfolgung aufwies.

Gleichzeitig wird seit dem Zusammenbruch der DDR ein ehrlich gemeinter und zu Herzen gehender Antifaschismus vieler Opfer des Faschismus, deren Kinder und vieler mit einem großen Neuanfangs-Pathos aufgewachsener DDR-Bürger so sehr verworfen und diskreditiert, daß alle – auch die Ehrlichen – an der Verlogenheit und deren Folgen in Mithaftung genommen werden. Dabei besteht ihr Vergehen zunächst in der Verblendung durch die marxistisch-leninistische Ideologie und ihr geschlossenes Weltbild. Wer deren Grundmaximen anerkennt – nämlich die Geschichte als Geschichte von Klassenkämpfen zu verstehen, die Parteilichkeit der Wahrheit, die historische Mission der Arbeiterklasse und ihrer Partei, die Prinzipien »Wem nützt es? Wer wen?« zu akzeptieren –, dessen moralische Kategorien als ein selbständiges und selbstbewußtes Individuum werden nicht nur rudimentär, sondern sie erlöschen, und es kommt zu struktureller Erkenntnistrübung und Wirklichkeitsverleugnung.

Man macht es sich zu einfach, die gegenwärtig dramatischen und aufs höchste beunruhigenden brutalen Übergriffe von rechtsradikalen Schlägertrupps auf Ausländer, Obdachlose und Behinderte »der DDR« anzulasten. Zweifellos melden sich darin mentale Spätfolgen des Mauerstaates. Aber sie sind in derselben Weise Folgen eines nicht bewältigten gesellschaftlichen Umbruchs und Zusammenbruchs aller bis dahin im Osten geltenden Koordinaten, der plötzlichen Entwurzelung einer ganzen Generation und von Entwertungserlebnissen bei den Eltern der Täter und bei sich selbst. Solche Übergriffe und das dem vorausgehende Denken bzw. die dem zugrundeliegenden (Vor-)Urteile, die dumpfen und dummen Ressentiments, haben etwas mit Selbstwertkrisen und Selbstwertkränkungen zu tun, die sich in Stärkekult äußern und sich im Gewaltrausch austoben. Es ist zu einer besonderen Verführbarkeit menschlich – nicht vorrangig sozial! – Entwurzelter gekommen. Das Alter der Täter spricht gegen eine unmittelbare Auswirkung der DDR, wohl aber für eine Nachwirkung in einem menschlich, politisch und sozial belasteten Einheitsprozeß. Die Täter sind zwischen 14 und 25 Jahre alt. Die heute 25jährigen waren 1990 erst 15 Jahre alt. Also haben wir es mit einem nicht bewältigten Problem der Transformation aus einer Diktatur in die Zivilgesellschaft zu tun. Allerdings ist dies nicht ein Problem »der Jugend«, sondern die Folge eines geistigen Zusammenhangs mit dumpfem fremdenfeindlichen Ungeist, in dem sie aufgewachsen sind. Dabei spielt die jahrzehntelange Tabuisierung des »Deutschen« in der DDR eine nicht zu unterschätzende Rolle. Es gilt, das Deutsche auch positiv zu bestimmen und eine selbstbewußte, in sich ruhende Identität zu ermöglichen.

Unser Umgang mit Fremden ist zum Ernstfall unserer Demokratie geworden.

## Traum von Deutschland

Die Ostdeutschen erträumten und erkämpften sich die Demokratie. Westdeutsche unterstellen ihnen pauschal Diktaturschädigung und Demokratiedefizite. Freiheit sei ihnen nicht so wichtig. Rigoros wurde mit dem SED-System abgerechnet und aufgeräumt. Das bürgerschaftliche Engagement der Umbruchmonate von 89/90 wurde durch das westliche Parteiensystem abgewürgt. Alles, was aus dem Westen kam, war gut, weil es aus dem Westen kam. Wieviel Machtanmaßung und Selbstherrlichkeit, wieviel Bestechlichkeit und kaltschnäuzige Selbstrechtfertigung dort obwalteten, wie wenig Zivilcourage und Widerstand gegen Nepotismus unter Bedingungen der westlichen Freiheit herrschen, erleben gerade Ostdeutsche jetzt schockartig. Sie hatten doch so große Erwartungen an Transparenz, Machtkontrolle, Stärke des Rechts statt des Rechts der Stärkeren. Nun erlebe ich eine tiefe Akzeptanzkrise unseres demokratischen Systems und seiner Repräsentanten. Verweigerung, Verachtung und Resignation mischen sich, wenn höchste Repräsentanten, ja wenn »der Gesetzgeber« selbst, geltendes Recht auf so dramatische Weise bricht und dafür Rechtfertigungen anführt, die auch noch die Sprache besudeln (eine »Dummheit« nennt einer seine Fälschung, ein »Wort unter Ehrenmännern« ein anderer seinen Verfassungsbruch). Nochmals Jesaja: »Deine Fürsten sind Abtrünnige und Diebsgesellen; sie nehmen alle Geschenke und trachten nach Gaben.« Und sei es von dubiosen Waffenhändlern? Gewaltenteilung ist in unserer Demokratie so unabdingbar wie diese Gewaltenteilung eine Zeitbegrenzung für Machtausübung erfordert. Die Erschütterung über das Verhalten anderer aber mag uns alle zu sehr ernsten Fragen über uns selbst führen: Im Prinzip ist jeder fehlbar. Und wer gefallen ist, dem soll man auch wieder aufhelfen. Doch über das, was gewesen ist, muß offen geredet werden, damit man auch wieder neu anfangen kann. Der Mißbrauch bestimmter Worte und Werte setzt diese selbst nicht außer Kraft. Das heißt: Ein Wort, das wir einem anderen gegeben haben, auch zu halten, bleibt ein hohes Gut. Für die gemeinnützige Arbeit einer Institution zu spenden bleibt eine gute Sache. Sich für eine Verfehlung vor anderen zu entschuldigen, verdient weiterhin Respekt und eröffnet Neuanfang. Es gibt weiterhin genügend Menschen, die unser Vertrauen verdienen und denen wir glauben können. Es gibt Dinge, über die wir um anderer willen Verschwiegenheit bewahren – und das ist vom Verschweigen unterscheidbar. Jeder hat ein Recht auf Privatheit. Dazu gehört das Vertrauen, dass es Vertraulichkeit gibt. Diskretion ist nichts Kriminelles. In dieser Krise unserer Demokratie, wo das allgemeine Rechtsbewußtsein so abnimmt, daß besonders jüngere Menschen bei »Recht und Gesetz« nur in Hohngelächter ausbrechen, gilt es weiter, einem demokratisch-funktionstüchtigen

Deutschland Vertrauen zu schenken, das auf funktionierender Gewaltenteilung beruht. Sie garantiert die strikte Geltung des Rechtes, des gleichen Rechtes für alle. Ich will keine »Gerechtigkeit«. Mir genügt »Rechtsstaat«. Und der muß sich Geltung verschaffen. Moralischer Rigorismus führt letztlich in verächtlichen Zynismus. Ich halte es mit Kant, der meinte, daß wir krumme Hölzer sind, aus denen nie etwas ganz Gerades gemacht werden kann. Wir sind gewarnt vor jeder Selbstüberhöhung und Selbstüberanstrengung. Aber der aufrechte Gang, das aufrichtige und aufrichtende Wort gehörten zu unseren menschlichen Möglichkeiten und gehörten zu unserer Menschwerdung. Wenn wir aus der gegenwärtigen Erschütterungskrise unseres vereinten demokratischen Deutschlands lernen wollen, dann gehört dazu dies: Die Bestürzung über das Verhalten anderer ist das eine. Die Erkenntnis eigenen Versagens ist das andere. Das mag davor bewahren, mit anderen so ins Gericht zu gehen, daß wir ihnen keine Chance mehr lassen. Zugleich muß dem Recht ohne Ansehen der Person Geltung verschafft werden. Und für das angemessene Strafmaß gibt es Kriterien. Wer ein System unrechtmäßigen Verhaltens gestützt hat, sollte seinen Posten räumen, um seiner selbst willen und um unserer Demokratie willen.Unser demokratischer Rechtsstaat lebt von einem bestimmten Klima: von Offenheit, Respekt, Vertrauen und von der Akzeptanz der Grundwerte. Wer sie durch Mißbrauch dem Hohn preisgibt, indem er auch noch die Worte selbst verunehrt, untergräbt buchstäblich den Bestand unseres Gemeinwesen, das sich doch glücklich schätzen kann, vereint in Frieden und Freiheit zu leben.

# VI. Der unverrechenbare Mehrwert der Hoffnung

## Eine Predigt nach zehn Jahren Aufbruch

Wir hören die Verheißung des Propheten Jesaja über die erlöste, von Gewalt befreite, von Einsicht und Hoffnung erfüllte Welt – über den Messias und sein Friedensreich.

*Und es wird ein Reis hervorgehen aus dem Stamm Isais*
*und ein Zweig aus seiner Wurzel Frucht bringen.*
*Auf ihm wird ruhen der Geist des Herrn,*
*der Geist der Weisheit und des Verstandes,*
*der Geist des Rates und der Stärke,*
*der Geist der Erkenntnis und der Furcht des Herrn.*
*Und Wohlgefallen wird er haben*
*an der Furcht des Herrn.*
*Er wird nicht richten nach dem, was seine Augen sehen,*
*noch Urteil sprechen nach dem, was seine*
*Ohren hören,*
*sondern wird mit Gerechtigkeit richten die Armen*
*und rechtes Urteil sprechen den Elenden im Lande.*

*Da werden die Wölfe bei den Lämmern wohnen*
*und die Panther bei den Böcken lagern.*
*Ein kleiner Knabe wird Kälber und junge Löwen*
*und Mastvieh miteinander treiben.*
*Kühe und Bären werden zusammen weiden,*
*daß ihre Jungen beieinander liegen,*
*und Löwen werden Stroh fressen wie die Rinder.*
*Und ein Säugling wird spielen am Loch der Otter,*
*und ein entwöhntes Kind wird seine Hand*
*stecken in die Höhle der Natter.*
*Man wird nirgends Sünde tun noch freveln*
*auf meinem ganzen heiligen Berge;*

*denn das Land wird voll Erkenntnis des Herrn sein,*
*wie Wasser das Meer bedeckt.*
*Und es wird geschehen zu der Zeit,*
*daß das Reis aus der Wurzel Isais dasteht*
*als Zeichen für die Völker.*
*Nach ihm werden die Heiden fragen,*
*und die Stätte, da er wohnt, wird herrlich sein.*
(Jesaja 11, Vers 1-10)

Messianische Hoffnung, verbunden mit weihnachtlichen Gefühlen, weht uns an. Die Utopie schlechthin! Das, was nirgendwann und nirgendwo einen Ort finden wird, sondern lediglich so fromme wie aufmüpfige, so herzlich ersehnte wie verstandesmäßig unmögliche Hoffnung vermittelt?

Messias-Erwartung – Erwartung einer grundlegenden Verwandlung der Welt, die durch den lang erwarteten Erlöser erfolgt. Erlösung braucht einen Erlöser – ein Subjekt, so wie das Göttliche sich in einem Subjekt, in einem Du verkörpert oder gänzlich verflüchtigt.

Nicht totzukriegende Hoffnung darauf, daß jemand kommen wird, der ein Hoffnungsträger wird, ein Mensch, der die Hoffnung trägt und Hoffnung mit sich im Gepäck hat. Denn wer eine Hoffnung trägt, ist immer auch belastet und gefährdet; wer Hoffnungen macht, wird verantwortlich gemacht für das, was nicht eingetroffen ist. Wer ist bereit, Hoffnungen zu tragen und dafür selber einzustehen?

Ein »Hoffnungsträger« versammelt in sich all das, was wir uns wünschen in einer Welt, die nach Erlösung schreit. Wir sehnen uns alle nach »Figuren«, charismatischen Menschen, die etwas Anziehendes, Ansteckendes und Ausstrahlendes haben, nach Menschen, zu denen wir aufsehen, die die Begabung haben, zusammenzuführen und zusammenzufassen, die Gedanken zu ordnen und zu bündeln, was lose herumliegt und nichts Ganzes werden will. Sehnsucht haben wir nach einem Menschen, der Autorität hat, der Durchblick hat, bei dem Verstand und Einfühlung, Vision und Durchsetzungskraft, der Blick fürs Einzelne und der Blick fürs Ganze, das jetzt Nötige und das morgen Verantwortbare, das Wünschbare und das Machbare auf eine gleiche Weise zusammenkommen.

Wenn wir wirklich Christen sein wollen und uns auch so nennen, werden wir immer auf d e n zurückgreifen, in dem wir diese große Hoffnung erfüllt sehen und doch auch wissen, daß Hoffnung einen Überschuß behält, daß mit dem Kommen des Messias gerade nicht alles geklärt ist, sondern alles seinen Anfang nimmt, immer wieder einen verheißungsvollen Anfang nimmt.

Und die Hoffnung wächst aus dem Unscheinbaren und Unwahrscheinlichen. Dazu findet die Bibel immer wieder Bilder, eindrückliche Bilder.

Hier ist es das Bild vom Zweig, der aus dem abgeschlagenen, abgesägten, verdorrten, alt und brüchig gewordenen Baum herauswächst und nicht nur dies: Er bringt gar Frucht. Hoffnung kommt wieder »auf den grünen Zweig«. Hoffnung wird wieder ein grüner Zweig. Eine Hoffnung behalten heißt: eine Aussicht behalten und Kraft behalten, sich mit dieser Aussicht auf den Weg zu machen, sich nicht beirren zu lassen, nicht traurig zu sagen, »es war einmal«, sondern fröhlich zu sagen: »Es wird«.

»Es wird« – das ist der Satz nie versiegender Zuversicht. Wer nicht mehr sagt »es wird«, hat aufgegeben. Er richtet sich nur noch e i n und nicht mehr a u s. Wer aber sagt »es wird«, hört nicht auf, aufzusehen und auf das Erwartete zuzugehen, allen Schwierigkeiten zum Trotz.

Als wir 1983 mit dem konziliaren Prozeß begannen und uns zum 13. Februar 1988 zum ersten Mal in Dresden trafen, erwuchs unsere Hoffnung gerade aus der Sorge. Wir hörten auf, auf die Wasserstandsmeldungen der Sintflut zu starren und versuchten positiv zu sagen, worum es uns geht und was w i r tun können, statt uns laufend gegenseitig zu bestätigen, was wir »sowieso« nicht können. Zentral wurden die beiden Worte »Umkehr« und »Shalom« als eine Gabe, als eine Hoffnung und als ein Auftrag. Was ganz klein und in vielen kleinen Gruppen, Gemeinden und Initiativen entstand, wurde mitten in einer geschlossenen Gesellschaft zu einer offenen Diskussion, die in verbindliche Texte mündete, die denen, die sich nicht bewegen wollten, Angst machten. Dabei wollten wir gerade eine Hoffnung formulieren für eine Gesellschaft, die in eine Sackgasse kam. Und wir meinten damit nicht nur unsere Gesellschaft, sondern die Weltgesellschaft, aber eben auch unsere eigene Gesellschaft. Lokales und Globales waren und sind in der EINEN WELT miteinander verquickt.

Im April 1989 haben wir in der Dresdner Kreuzkirche mit den tausenden Besuchern ein riesig großes, buntes Netz geknüpft. Jeder hatte dazu seinen Faden hinzugefügt und sich mit einem anderen verknotet. Und wir haben Setzlinge verteilt zum Bepflanzen an den Orten, wo wir wohnen. Manche sind aufgewachsen, gediehen; andere wurden vergessen und sind verdorrt, die dritten wurden ausgerissen, und die vierten sind einfach nicht angewachsen, haben einfach keine Wurzeln schlagen können. Und ganz andere sind schnell, zu schnell über sich hinausgewachsen, ohne Zeit zu haben, Wurzeln zu schlagen und standhaft zu bleiben, nachdem dann alles so schnell, zu schnell gegangen war. Unsere Zweiglein der Hoffnung, zunächst sehr klein und unscheinbar, wurden plötzlich im Zeitraffer zu einem Baum. Wir staunten, wir staunten und konnten es nicht fassen. Wir waren hindurchgegangen durch Zeiten der Depression und der Angst, eingesperrt im Denken, eingesperrt im Lande, standen wir alle mit all den vielen jahrzehntelang Stumm-Gemachten und Geduckt-Gehenden aufrecht und hofften, mit unseren Erkenntnissen aufzubrechen in eine Welt, die sich den Herausforderungen der Zukunft stellt.

Und dann lief alles schnell, zu schnell über uns hinweg. Unser nationales Hemd wurde nicht nur näher als der internationale Rock; man hinderte uns geradezu, an der Weite des Horizonts festzuhalten. Was wir 1989 in den zwölf Beschlußpapieren in Dresden ausgesprochen haben, ist in einer erstaunlichen wie erschreckenden Weise aktuell geblieben, nur unter anderen Bedingungen. Beinahe besinnungslos sind wir übergewechselt

- von den einfachen Lügen einer zweigeteilten Welt zu unübersichtlichen Lügen des Pluralismus
- aus der staatlich verordneten Abgrenzung von feindlichen Ideologien und Gruppierungen zur medial verordneten Abgrenzung von allem, was in irgendeiner Weise an die DDR erinnert
- vom tötenden Grau in Grau mit seinen Losungen zum knalligen Bunt der Werbewelt mit ihren penetranten Go-West-Parolen
- von der Kaufhalle in den Supermarkt
- vom Centrum-Warenhaus ins Karstadt
- aus dem knatternden Trabant in schnittige Autos
- aus der Einparteienzwangskonsensgesellschaft in die Vielparteienmachtvertretungsgesellschaft
- von der Konsumrabattmarke auf den Aktienmarkt
- aus der Russisch- oder Mathespezialschule in die klassenspezifische Reitschule
- aus dem primitiven Sportplatz für alle in den noblen Golfplatz für wenige
- aus der undemokratischen Schnüffel- und Petzgesellschaft in den demokratisch abgesicherten Lauschangriff
- aus der zentralen Zersetzungsstrategie der Mielke-Welt in die Mobbing-Kultur der Menschen-Erübrigungswelt, bei zunehmender Arbeitsknappheit
- aus der ganz allgemeinen Stagnation in den ganz alltäglichen Stau

- vom Zentralorgan der Langeweile ins BILD der aufreizenden Schlagzeile
- von der Betulichkeit der »Wochenpost« in die Vornehmheit der ZEIT
- von der permanenten Erziehungsstrategie der NBI zum menschenverachtenden Zynismus des SPIEGEL-FOCUS
- von der Landschaftsverschandelung durch kommunale Neubaublocks zur Landschaftszersiedelung durch massenhaften Bau-Spar-Eigenheimbau ...

Und doch: Es geht uns besser, ohne daß wir die vergessen oder übersehen dürfen, denen es gar nicht gut geht.

Es ist nichts gelöst, es steht alles neu an. Aber es steht an unter neuen Bedingungen, unter den Bedingungen der Freiheit und der individuellen Lebensrisikobewältigung, wo alles erlaubt scheint, was dem Stärkeren zugute kommt.

Aber geht es nicht nach wie vor um mehr Gerechtigkeit in der Bundesrepublik Deutschland? Um mehr Mitbeteiligungsbereitschaft und Mitentscheidungsmöglichkeit vieler? Geht es nicht weiter um eine gerechtere Weltwirtschaftsordnung und um die Demokratisierung der Wirtschaft, statt der Ökonomisierung aller Politik durch Vorherrschaft der ökonomischen Interessen über jedes politische Handeln? Geht es nicht um Informationsfreiheit, die die Mündigkeit der Bürger im Blick hat und nicht die Einschaltquoten der ausgeklügelten Verdummung und der Reduzierung des Zuschauers auf Werbeobjekte? Und steht nicht viel stärker noch das Lernen des Zusammenlebens mit Menschen an, die uns fremd sind, mit Ausländern zumal? Und wer weiß, was auf den Schulhöfen in den Pausen passiert, ahnt, was an Friedenserziehung versäumt wird und nötig wird?

Wieviel Arbeit ist nötig, bis die Öffentlichkeit begreift, daß die viel gescholtene ökologische Steuerreform ein Weg sein könnte, national und international mit dem Weltenergieproblem im Dienste der Zukunft fertigzuwerden?

Wo bleibt die Friedensbewegung, wo bleibt die Ökologiebewegung, wo bleiben die Kirchen, fragen heute zu viele, statt sich selbst zu fragen, wo sie selbst bleiben. Das Salz der Erde seid ihr, sagt Jesus. Wehe, wenn das Salz dumm wird …

Diese Welt ist zugestellt mit lauter Kommentatoren des Geschehens. Es gibt viel zu wenige, die sich ins Wagnis des Handelns, des strittigen Handelns begeben. Wer traut sich denn noch, von einer Hoffnung zu sprechen, ohne sich lächerlich zu machen oder sich den Lächerlichmachern auszuliefern?!

Wer sich anrühren läßt und diese Anrührung ausdrückt, dem wird bald das Wort »Betroffenheitskitsch« aufgedrückt. Wer das Gute gut und das Schlechte schlecht nennt und sich dafür einsetzt, bekommt flugs den »Gutmensch-Stempel«. Zum pflegeleichten Idealtyp dieser Gesellschaft, die so reibungslos wie beschleunigt funktionieren soll, wird der gewissenlos und modisch gestylte Coolnesstyp, der sich eben »cool« gibt und sich jeglicher Betroffenheit enthält.

Ganz anders dieser alte Text aus dem Buch des Propheten Jesaja, der aus einer Hoffnung lebt – spes contra spem – und sagt: Es wird aus dem Stamm ein Zweig wachsen, ein unscheinbarer. Von dort, wo man es nicht erwartet, kommt er, dieser Zweig, aus einem Stamm, dem abgesägten, alten, morschen, abgebrochenen Stamm, ein Zweig, der überrascht, der Hoffnung hat. Wer Hoffnung hat, kommt »wieder auf den grünen Zweig«, i s t wieder auf dem grünen Zweig. Und dies wird kein Wildwuchs, der fruchtlos bleibt, sondern ein früchte-tragender Zweig. Auf diesem Hoffnungszweig, diesem Zweig der Hoffnung, dieser verzweigten Hoffnung, ruht der Geist Gottes, der Odem des Lebens, wo Gottes Weisheit und der ausgegossene Verstand zusammenkommen. Nicht fordernde Last – ausstrahlende Ruhe! Endlich kommen sie zusammen: kritischer Verstand und erfahrungsgesättigte, im Innersten gewisse Weisheit.

Hören wir, was in den Sprüchen über die Weisheit gesagt wird:

*Die Weisheit ruft laut auf der Straße*
*und läßt ihre Stimme hören auf den Plätzen.*
*Sie ruft im lautesten Getümmel, am Eingang der Tore,*
*sie redet ihre Worte in der Stadt:*
*Wie lange wollt ihr Unverständigen unverständig sein*
*und ihr Spötter Lust zu Spötterei haben*
*und ihr Toren die Erkenntnis hassen?*
*Kehret euch zu meiner Zurechtweisung!*
*Siehe, ich will über euch strömen lassen meinen Geist*
*und euch meine Worte kundtun.*
*(Sprüche 1, Vers 20 – 23)*

*Wohl dem Menschen, der Weisheit erlangt,*
*und dem Menschen, der Einsicht gewinnt!*
*Denn es ist besser, sie zu erwerben, als Silber,*
*und ihr Ertrag ist besser als Gold.*
*Sie ist edler als Perlen,*
*und alles, was du wünschen magst, ist ihr nicht zu vergleichen.*
*Langes Leben ist in ihrer rechten Hand,*
*in ihrer Linken ist Reichtum und Ehre.*
*Ihre Wege sind liebliche Wege,*
*und alle ihre Steige sind Frieden.*
*Sie ist ein Baum des Lebens allen, die sie ergreifen,*
*und glücklich sind, die sie festhalten.*
*Der Herr hat die Erde durch Weisheit gegründet*
*und seiner Einsicht die Himmel bereitet.*
*Kraft seiner Erkenntnis quellen die Wasser der Tiefe hervor*
*und triefen die Wolken von Tau.*
*Mein Sohn, laß sie nicht aus deinen Augen weichen,*
*bewahre Umsicht und Klugheit!*
*Das wird Leben sein für dein Herz*

*und ein Schmuck für deinen Hals.*
*Dann wirst du sicher wandeln auf deinem Wege,*
*so daß dein Fuß sich nicht stoßen wird.*
*(Sprüche 3, Vers 13 – 23)*

Wissen, was recht ist, und die Kraft haben, es zu tun. Gott erkennen und ihn fürchten, nichts sonst in der Welt.

Daniíl Granin schreibt in seinem jüngsten Buch »Zeitalter der Angst – Erinnerungen«: »Liebe macht furchtlos. Es gibt zwei Kategorien von Menschen: die einen, die nach den Gesetzen der Liebe leben; sie haben keine Angst, sie glauben und tragen Gottesfurcht in sich, eine höhere Furcht. Diese Furcht ist der Anfang der Weisheit, sie befreit von der sklavischen Angst, von der niederen Macht, ihren Erscheinungsformen. Es gibt Menschen, die sich über die Gesetze der Angst zu erheben vermögen.« (S. 146)

»Der normale Mensch ist ein Kampfplatz, wo Gut und Böse, Angst und Mut miteinander ringen. Ihr Duell verläuft bei jedem auf eigene Weise. Freiheit kann man nur erringen, wenn man die Angst überwindet.« (S. 151)

Erinnern wir uns: Das erste Wort bei der Geburt Jesu, das der Engel vom Himmel herab sprach, lautet: »Fürchtet euch nicht.« Und sein letztes Wort – als der Auferstandene den am Leben Verzweifelten begegnet –: »Fürchtet euch nicht.« Immer wieder wird Gottes erstes und letztes Wort sein »Fürchtet euch nicht, ich bringe euch große Freude.«

Hier werden Maßstäbe gesetzt. Hier wird der Gut-Mensch dem Bös-Menschen entgegengesetzt. Es wird für möglich gehalten, daß da einer ist, der nicht auf das Äußere sieht und hört, also alles vom Hören-Sagen hat, sondern dahinter sieht und deshalb versteht, was geschieht, versteht, wer wir sind, der mehr sieht als das, was vorgebracht wird, mehr als alles, was von Statistiken erfaßt werden kann, der keine Datenakten- und Quotenpolitik statistisch frisierter Wahrheiten und instrumentalisierter Richtigkeiten verfolgt, sondern denen, die im Schatten stehen, den Übersehenen, Ansehen verleiht und zu allererst und zu allerletzt das Lebensrecht der Armen im Blick behält.

Der Maßstab der Menschlichkeit einer Gesellschaft ist, wie sie mit den Armen, Kranken, Verlorenen und Vergessenen, den Nicht-allein-Zurechtkommenden umgeht und wie sie für sie da ist. ER, der Messias, wird wortmächtig sein, mit dem »Stabe seines Mundes« den Gewalttätigen schlagen. Und es wird außen wie innen sein. Die Gerechtigkeit ist der Gurt der Lenden und Treue der Gurt der Hüften.

Es geht um mehr als um Recht; es geht darum, daß jemandem Gerechtigkeit widerfährt, die mehr ist als das geschriebene Recht. Die Treue wird der Gurt seiner Hüften: also Zuverlässigkeit, Wiedererkennbarkeit im Wandel der Zeit, kein eilig, den Zeittrends sich anpassender Wendiger begegnet uns.

Wenn ein solcher »das Sagen hat«, dann werden auch die Gesetze des Fressens und des Gefressenwerdens außer Kraft sein, das gewaltsame Pferchen, das Absperren der einen gegen die anderen wird aufhören! Der Tierfrieden wird so eintreten, wie wir ihn an einem idyllischen Bauernhof beobachten können, wo Hund und Katze, Küken und Marder zusammen existieren.

Wenn die Wölfe bei den Lämmern wohnen und die Panther bei den Böcken lagern, dann hört die Existenzangst auf, daß die einen den anderen an die Kehle gehen. Das Lebensrecht wird so gewahrt, daß nicht das Recht des Stärkeren das Recht bestimmt.

Die Welt ist nicht mehr geteilt in Starke und Schwache, Täter und Opfer, Gerüstete und Wehrlose, Räuber und Beraubte …

Was soll das alles? Wann soll das sein? Wo soll das sein? Kann das überhaupt sein? Zu schön, um wahr zu sein? Man wird nicht nur träumen dürfen, man w i r d träumen müssen;

sonst wird die Welt von denen ohne jeden Traum, also von visionslosen Machern, so gemacht, bis sie kaputtgemacht ist. Gleichzeitig müssen Träumer zwischen dem Traum und der Wirklichkeit unterscheiden lernen, indem sie den Zielen mühsam die Wege bauen, den Hoffnungen die täglichen Handlungen folgen lassen, dem Unscheinbaren den Vorschein an- und absehen.

Und letztlich und immer wieder: »Es wird« sagen, statt sich einschüchtern zu lassen von den vielen Stümpfen abgeschlagener, erstorbener Hoffnungen, und nirgendwann sagen: »Es wird nichts, es wird nichts mehr.«

Wenn du glaubst, daß etwas wird, wird auch etwas mit dir! Und du kannst einer sein, der zum Hoffnungsträger wird, ein kleiner grüner Zweig, der anderen Hoffnung bringt, auf dem der Geist Gottes ruht, der Anteil gewinnt an dem, was der Bergprediger in die Welt gebracht hat, unauslöschlich – obwohl er ausgelöscht werden sollte. Der Stamm d i e s e s Kreuzes grünt.

Wolfgang Engler

# Die Ostdeutschen

Kunde von einem
verlorenen Land

*348 Seiten*
*Band 8053*
*ISBN 3-7466-8053-0*

Wolfgang Englers Buch »Die Ostdeutschen« zeichnet ein Bild unerwartet lebendiger Vergangenheit, versucht einer irritierenden wie irritierten Wirklichkeit beizukommen. Ihm geht es, ganz der Dialektik verpflichtet, um das Verlorene, wissend, das es in irgendeiner Form an seiner Aufhebung arbeitet, durch Verklärung oder Aufklärung wiedererscheint. … Engler spricht nicht ohne Doppelsinn von der DDR als einer »Diktatur in Grenzen«, also einer Herrschaft, die nach außen mit strikter Grenzziehung arbeitete, die Räume nach innen ebenfalls vertikal abschottete, aber horizontal durchlässig hielt. Aus ihren Werten, Normen und Zielvorstellungen rekonstruiert er das Bild einer »arbeiterlichen Gesellschaft«, die die Verarbeiterlichung der bürgerlichen Schichten und das Abschmelzen sozialer Barrieren und Differenzen erfolgreich bewerkstelligte, um schließlich an eben diesem Erfolg zu scheitern, am Mangel an Effizienz, Differenzierung und Individualisierung. …

## Mit gespaltener Zunge?

Die deutsche Sprache
nach dem Fall der Mauer

*Herausgegeben von Ruth Reiher
und Antje Baumann*

*Originalausgabe*

*277 Seiten*
*Band 8055*
*ISBN 3-7466-8055-7*

Unmittelbar nach der Wende war es leicht, den Ostdeutschen nicht nur an seinen Jeans, seinen Schuhen oder seiner Brille, sondern auch an seiner Sprache zu erkennen. Heute, zehn Jahre später, fällt die Unterscheidung schwer. Zwar ist die viel zitierte »Mauer in den Köpfen« nicht zu leugnen, aber an der sprachlichen Oberfläche sind die Gegensätze immer weniger festzumachen. Inzwischen hat sich der Ostdeutsche nicht nur in seinem äußeren Habitus, sondern auch in seinen Formulierungen und in seiner Art zu sprechen und zu schreiben dem westlichen Standard angenähert. Diese Anpassung des ostdeutschen Sprachgebrauchs ist bereits so weit fortgeschritten, daß wir nicht mit gespaltener, sondern mit einer nahezu einheitlichen, nämlich der westdeutschen Zunge reden.
Fünfzehn AutorInnen aus Ost und West geben Aufschluß über die deutsche Gegenwartssprache in der Politik, den Medien und im Alltag.

AtV
Aufbau Taschenbuch Verlag

Anna Seghers

Hier im Volk
der kalten Herzen

Briefwechsel 1947

*Herausgegeben*
*von Christel Berger*

*Mit 12 Fotos*
*288 Seiten*
*Band 5172*
*ISBN 3-7466-5172-7*

Im April 1947 kehrte die Autorin von »Das siebte Kreuz« aus dem mexikanischen Exil nach Berlin zurück. Ihre bislang unveröffentlichte Korrespondenz aus dieser Zeit ist ein Dokument besonderer Art: Hier ist nicht nur die Seghers auf sehr persönliche Weise kennenzulernen, präsent sind auch all die Probleme der Heimkehr einer Emigrantin in ein zerstörtes Land, zu Menschen, die den eigenen Anteil am Geschehenen nicht wahrhaben wollen. In diesen Briefen wird deutlich, wie schwer es Anna Seghers fiel, wieder in Deutschland heimisch zu werden. Allein, getrennt von der Familie, ohne die Freunde, die umgekommen sind oder nun in anderen Ländern leben, leidet sie unter der Fremdheit und der Kälte, klagt über die Verwahrlosung der Menschen, schreibt vom Hunger, der »die Leute auch nicht lebhafter im Denken« macht, wünscht sich, wieder einmal lustig zu sein, zu träumen. Die Rückkehr ist keine Heimkehr, und sie ist unsicher, ob sie bleiben wird.

AtV
Aufbau Taschenbuch Verlag

KLEMPERER
»Ich will Zeugnis ablegen
bis zum letzten.«
Tagebücher 1933 – 1945